SAFE WITH SELF-INJURY

자해행동 이해와 개입, 행동감소를 위한

자해상담 가이드

KAY INCKLE 저

이동훈·이화정·김성연
김해진·황희훈 공역

본 역서는 2021년 대한민국 교육부와 한국연구재단의 지원을 받아 수행된 연구임(NRF－2021S1A3A2A02089682).

역자 서문

자해는 어떤 사람들이 하는 것일까?
자해를 왜 하는 것일까?
자해를 어떻게 상담할 수 있을까?

우리 사회에는 자해로 인한 위기사안이 급증하고 이로 인해 초래되는 정신건강문제가 악화되고 있지만 자해에 대해 어떻게 개입하고 대처하는지에 대하여 자세히 알려진 바는 그다지 많지 않다. 이러한 상황에서 자해에 대한 이해와 상담적 개입에 갈증을 느끼는 모든 이에게 도움이 되고자 이 책을 출간하게 되었다. 이 책은 상담 및 치료 현장에서 자해에 대응하고 이를 상담하기 위해 노력하는 분들에게 이정표와 같은 역할을 하고자 하였다. 따라서 자해에 대한 전반적인 이해와 심층적인 지식을 통해 기초적이고 전반적인 내용을 학습할 수 있도록 구성하였다.

우선, 복잡하게 정의되어 있는 자해에 대한 전반적인 이해를 돕고자 1장에서는 자해가 지닌 여러 가지 용어, 유형 등을 통합하여 살펴보았다. 이어서 2장에서는 자해하는 사람들에게 자해가 주는 의미와 목적에 살펴보았으며 3장에서는 그들의 삶의 경험을 구체적으로 탐색해봄으로써 자해의 기능과 이에 대한 상담 방안에 대해 심층적으로 살펴보았다. 4장에서는 자해에 영향을 미치는 사회적 맥락의 요인들을 알아보았으며, 5장에서는 인간중심적 관점에서 자해에 수반되는 여러 가지 문제들을 작업하는 과정에 대해 살펴보았다. 6장에서는 보다 직접적인 개입 방안에 대해 살펴보았으며, 7장에서는 자해 상담현장에서 강조되는 지침을 소개하였다. 마지막 8장에서는 책을 마무리하며 자해와 자살 지원과 관련된 사례연구를 구성하였다.

이 책은 자해하는 사람들을 대면해야 하는 상담 및 치료 현장의 상담자들에게 어떻게 개입하면 좋을지, 내담자가 지닌 특성에 따라 어떠한 차별점을 가지고 상담해야 하는지에 대한 적절한 개입방법을 선택할 수 있도록 도우며, 임상 및 상담전문가를 희망하는 수련생에게는 자해에 대한 심층적 이해를 하고자 공부할 때 참고하기 좋은 교재가 될 것이다. 또한, 학교 현장에서 자해 학생들을 마주하고 대처해야 하는 교사에게는 적절한 대처 방안과 지도방법의 지향점을 제시해 주는 나침반 역할을 할 수 있으리라 기대한다.

이 책을 통해 '자해하는 사람들을 건강하게 기능하는 개인으로 성장시킬 수 있다!'는 희망이 퍼져 나가길 기대해 본다. 끝으로 상담 및 심리치료 분야에 계신 분들에게 꼭 필요한 책이 나올 수 있도록 전폭적인 도움과 지지를 아끼지 않으신 박영스토리의 노현 대표님과 편집자이신 배근하 차장께도 깊은 감사의 마음을 전한다.

성균관대학교
이동훈

차례

CHAPTER 3 내면 세계: 당신이 된다는 건 어떤 것인가?

CHAPTER 4 사회적 모델: 맥락의 중요성

CHAPTER 8 에필로그 끝까지 해내기: 제스트의 사례연구(북아일랜드)

개 관

지난 20년 동안 하나의 현상으로서 자해에 대한 인식이 크게 증가하였지만 아직 많은 부분들이 확실하게 밝혀지지 않았다. 여기에는 자해의 근본적인 이유, 몇몇 집단(예, 젊은 여성)의 사람들이 자기 자신에게 상처를 입힐 가능성이 높은지, 누군가가 자해를 하였을 때 최선의 대처방법이 무엇인지에 대한 질문들이 있다. 자해에 대한 많은, 잘못된 통념, 고정관념 및 낙인이 일반적으로 아직 사회에 남아있기 때문에 더 깊은 혼란을 일으키게 되고 도움이 되는 대응을 방해한다.

이 책은 자해와 자해를 야기하는 경험 및 도움이 되는 대응 방법에 대한 종합적이고 심층적인 이해를 제공한다. 이 책의 정신은 총체적이고 권리에 기반하며 인간중심적이다. 또한 이것은 사회적 정의의 원칙들에 입각한 것이다. 이러한 원칙과 가치는 낙인에 도전하고 개별적인 병리에 대한 단순한 개념을 넘어서 효과적인 대응을 제공하는 데 중요하다. 그것들은 모든 인간의 경험, 특히 정신적 그리고 정서적 고통은 내부적 요인만큼이나 외부적 요인들로 인해 발생하며, 이러한 외부적 요인들은 특별한 주의와 교정을 필요로 한다는 것을 강조한다. 실제로, 이러한 접근은 구체화된 인간 경험에 대한 이해, 인간중심 치료적 요인, 그리고 사회모델의 정치 및 행동주의를 통합시킨다.

이러한 정신은 이 책의 토대가 되는 동기 중 하나였다. 나는 수년간의 다양한 경험의 결과로 자해에 대해 다차원적 관점을 가지고 있다. 예를 들어, 나는 지역

당국 간호 분야의 젊은이들, 성인 정신과 서비스 이용자 및 사회 복지수혜자들과 작업하였으며, 이들 중 많은 이들이 자해를 경험하였다. 또한 나는 자기 자신에게 상처를 입힌 사람들을 대상으로 학문적 연구를 수행하고 학술 논문과 학습 모듈을 제작하였으며 건강 및 사회 실무자들을 위한 교육과 자료들을 고안하였다. 자해에 대한 나의 지식 중 일부는 나의 개인적인 삶과 관계에서 나왔으며 나는 정신 건강 장애와 관련하여 수년 동안 정치적으로 활동해왔다. 이 시점에서 내가 보기에 실질적이고, 총체적이며, 권리에 기반하면서도 자해에 대한 복잡성을 탐구하는 단일적이고 엄격하지만 이해하기 쉬운 책이 없는 것 같았다. 따라서 그러한 책을 펴내고자 시도해온 것이다.

이 책은 학문적 연구와 더불어 다양한 맥락에서 내가 획득한 수년간의 지식으로 만들어진 책이다.[1] 이 책의 주요 연구는 영국과 아일랜드 전역의 서비스 제공자들과 자기 자신에게 상처를 입힌 개인들의 인터뷰에 기반한 내러티브로 구성되어 있다. 나는 연구 인터뷰를 수행하기 위해 비구조화 및 인간중심의 접근법을 사용하였다. 나는 사람들이 나의 의제에 영향을 받기보다는 그들의 경험을 자신의 용어로 논의할 수 있기를 원하였다. 또한 나는 참여자들과의 공식 인터뷰 이전에 참여자들과 만나 나의 연구에 대해 함께 논의하였다. 나는 그들이 참여하기 이전에 나를 만나고, 질문을 하고, 경계점을 정하는 것이 중요하다고 느꼈기 때문이다. 나는 예전에 했듯이 각 인터뷰를 오디오 녹음한 다음 문서화하여 익명으로 처리하였다. 나는 각 참여자에게 그들의 인터뷰 기록 사본을 제공하였고, 그들에게 자료들을 사용하기 전에 내용을 검토하고 생각해 볼 시간을 주었다. 또한 참여자들은 그들이 알려지고 싶은 이름을 결정하였다. 대부분의 경우 가명을 선택하였지만, 보통 개인적인 관련이나 의미를 가진 이름이었다. 다른 사람들은 실명을 사용하기로 결정하였다. 모든 참여자들은 인터뷰 당시 18세 이상이었으며 연령은 최대 40대 중반까지였다.

이 책의 장 주제와 초점은 내가 더 폭넓은 연구, 정책 및 실무 체계 내에서 데이터를 분석하고 맥락화하면서 나타난 주요 주제를 반영한다. 참여자들의 의

---

1) 나는 서비스 사용자가 기대할 자격이 있는 신뢰, 비밀유지 및 존중을 위반하는 것이라고 생각하기 때문에 이 책에서 나의 전문적인 작업에서 얻은 경험들을 명시적으로 사용하지 않았다.

견은 이 책 전체에서 핵심적인 역할을 한다. 그들의 경험과 통찰은 자해를 이해하고 삶의 경험을 바탕으로 하여 자해에 대응하는 것에 있어서 중요하기 때문이다.

내가 인터뷰한 서비스 제공자들은 주로 자원봉사 및 지역사회 분야에서 일하는 사람들로 구성되어 있었다. 정신과 간호사들과 같은 실무자들은 보건 당국의 광범위하고 제한적일 수 있는 감독 없이는 공식적으로 이 연구에 참여할 수 없었다. 하지만 난 몇몇의 전문적 정신과 간호사들과 만나 다양한 문제들에 대해 논의하였다. 이에 있어서 나는 그들의 말을 직접 인용할 수는 없었지만, 이 대화들은 녹음할 때 다른 참여자들이 공개할 수 있는 부분들을 강화하는 데는 확실히 유용했다.[2] 나는 의도적으로 자해에 전문적인 흥미를 가진 서비스 제공자들을 인터뷰하였다. 왜냐하면 단순히 관점의 단면을 보고하기보다는, 이 분야의 가장 현대적인 발전을 모색하고 싶었기 때문이다.

또한 이 책은 문헌 검색의 형식으로 진행된 광범위한 2차 연구를 기반으로 한다. 여기에는 내가 몇 년 동안 수행해온 국제 학술 데이터베이스, 저널 검색 엔진 및 정책 검색이 포함된다. 본 자료는 다양한 규율, 관점 및 연구 방법을 반영하기 때문에 기존의 모든 자해 문헌에 대한 개요를 제공하는 것은 불가능하다. 여기에서 나는 사용 가능한 자료의 전체 범위를 분류하고 비평하는, 광범위한 단어를 사용하는 대신 이 책의 목적을 위해 가장 관련성이 높고 실질적인 내용에 초점을 맞추었다.

공적 및 정책 담론에서는 자해를 일반적으로 자기 손상이라고 한다. 이 책 전체에서 나는 '자해'와 '자기 자신에게 상처를 입히는 사람'이라는 용어를 기술적 정확성과 윤리적인 이유로 사용하는데, 이에 대하여 1장에서 자세히 살펴볼 것이다. 나는 또한 그들 자신에게 상처를 입히는 사람을 도와주는 역할을 하는 사람을 뜻하는 '조력자(helper)'를 자주 언급한다. 이 역할이라 함은 전문적인 능력(예를 들어, 청소년 지도사, 치료사, 사회 복지사 또는 간호사)을 가지거나 친구, 애인, 가족 구성원 또는 동료를 돕고 싶어하는 비전문가들을 말한다. 분명히 이러한 지원 역량에서 오는 관계, 역할 그리고 경계의 측면에서 약간의 차이가 있

---

2) 지난 몇 년 동안 교육 워크숍 및 교육 과정 중에 실시한 논의와 피드백 또한 이 책의 핵심적인 주제 및 이슈를 지속적으로 반복하고 강화한다.

을 수는 있지만, 도움이 되는 대응 방침은 동일하다.

이 책은 자기 자기 자신에게 상처를 입히는 사람들, 그리고 그러한 사람들과 함께 작업하거나 삶을 공유하는 이들을 위해 만들어진 자료이다. 누군가의 삶에서 자해와 그 기능, 의미와 목적에 대한 심층적인 분석은 자신이 돌보는 사람이 왜 자기 자신에게 상처를 입히는지 이해하고자 하는 조력자에게 중요한 통찰력을 제공할 수 있다. 자해를 하는 사람들에게 이 책은 아마도 자신들이 분명히 표현하기 위해 고군분투했던 무언가에 대해 목소리를 내게 해주는 것, 그들이 나쁜 관행과 오해에 도전할 수 있는 힘을 주는 것과 같이 자해의 유효성을 검증할 수 있도록 의도되었다. 구체화된 사회적 개입과 위해감소(harm-reduction)에 관한 장들은 자해를 하는 사람들과 그들의 조력자들 모두를 위한 자료로 만들어졌다. 이 책은 또한 사회복지 업무, 간호, 건강 및 사회 복지, 상담 및 심리학을 포함한 다양한 실습 기반 연구를 수행하는 학생들에게 적합하다. 또한 건강, 질병 및 건강관리에 대한 중요한 접근들에 관심 있는 사회학, 사회 정책 및 사회과학 전공 학생들에게 응용 교재로써 유용할 수 있다.

1장은 자해에 대한 포괄적인 이해를 위한 기초의 시작이다. 여기에서는 자해의 비율과 유형, 그리고 자기 손상 및 자살과의 관계를 살펴보고 '전형적인 자해를 행하는 자'에 대한 통념에 이의를 제기한다. 2장에서는 자해가 외상적 감정과 경험을 표현하고 대처하는 수단으로 작용하는 복잡하고 종종 모순되는 방식을 알아보기 위해 체화 개념을 사용한다. 자해가 이해할 수 없는 이상한 것이 아닌 인간과 깊게 연관되어 있다는 점을 강조하기 위해 다문화적이고 역사적인 증거를 활용한다. 3장에서는 자해의 기반이 될 수 있는 몇몇의 경험들을 제시한다. 방치, 학대 및 보호시설과 같은 다양한 형태의 무효화 및 방해가 자해를 통해 완화될 수 있는 강력하고 지속적인 고통을 야기하는 방식을 알아본다. 4장에서는 소수자 스트레스 개념을 사용하여 사회적 및 맥락적 요인과 자해와의 관계를 강조한다. 여기서 소외된 사회적 정체성과 편견, 차별, 피해가 정신건강에 미치는 영향은 자해와 직접적인 관련이 있는 것으로 나타났다. 이 장에서는 자해를 이해하고 효과적인 대응을 하기 위해 왜 사회 모델 관점과 사회적 정의 정신이 중요한지에 대한 내용을 강조한다.

5장은 자기 자신에게 상처를 입히는 사람들에게 유익한 몇몇의 구체화된 사회적 개입들을 강조한다. 이러한 개입은 자해의 일부 기능을 직접적으로 반영하고 전체적인 정신과 사용자 주도적 기원, 그리고 접근성의 측면에서 여러 가지 이유로 중요하다. 6장에서는 또 다른 사용자 주도 개입, 즉 위해 감소에 중점을 둔다. 한때 법정 서비스 사이에서 논란이 되었던 위해 감소는 자해를 중단시키려는 시도보다는 자해에 대한 훨씬 더 효과적이고 의미있는 대응으로 인식되고 있다.[3] 이 장은 자해에 대한 위해 감소 접근법의 역사, 정신 및 근거뿐 아니라 위해 감소 대응에 대한 단계별 가이드를 보여준다. 7장에서는 유사한 형식을 보여주지만 이번에는 효과적인 자해 정책과 관련하여 설명한다. 여기에는 다양한 서비스 및 조직에 적용할 수 있는 정책 양식들이 포함되어 있다. 정책 작성 및 이행에 대한 초점은 서비스 내에서 작업하는 이들뿐만 아니라 서비스를 사용하는 사람들에게도 유용하다. 정책이 어떻게 개발되고 실행되는지에 대한 이해는 자해에 대한 잘못된 관행과 오해에 도전할 수 있는 중요한 통찰력과 자원을 제공할 수 있다.

각 장은 '학습한 내용 실무에 적용하기' 섹션으로 마무리된다. 이 섹션에서는 각 주제에서 배운 내용을 도움이 되는 대응을 위한 실용적인 기법으로 변환하는 데 전념한다. 이러한 모든 섹션들은 고정된 모델 또는 프로토콜이 아닌 지침을 만드는 원칙에 근거한다. 원칙은 유연하고 인간 중심적인 반응을 할 수 있도록 허용하는 반면 고정된 모델들은 제한적이고 억압적일 수 있기 때문이다. 각 "학습한 내용 실무에 적용하기" 섹션에서는 해당 장의 내용에서 도출된 자해의 주요 정의된 특징을 강조한다. 이러한 정의들은 누적되어 정책, 실무 및 이론적 자원으로 사용할 수 있는 포괄적인 전체적 정의를 구축하기 위한 것이다. 또한 각 장의 마지막 섹션에는 원칙과 관행을 통합하고 적용하는 데 도움이 되는 두 가지 간단한 개인 연습들을 포함한다.

에필로그 '끝까지 해내는 것(Going the Distance)'은 데리(Derry)/런던데리

---

3) 2004년부터 국립보건관리원(National Institute for Health and Care Excellence, NICE)의 지침은 자해를 하는 사람들에 대해 단기(NICE, 2004) 및 장기(NICE, 2011)의 위해감소 기술을 사용할 것을 권장해왔다.

(Londonderry) 지역의 자해 및 자살 서비스인 Zest에 대한 간략한 사례 연구와 함께 책 전체에서 알아본 주요 문제, 원칙 및 실무를 맥락화한다. 1996년에 설립된 Zest는 자해에 대한 가장 선구적이고 효과적인 대응을 구현하는 커뮤니티 기반 서비스이며 북아일랜드 법정 서비스 소개 경로에 통합되었다. 마지막으로, 책의 말미에서는 학습 연습 부록이 있으며, 그룹 또는 개인이 더 역동적이거나 논의에 초점을 맞추는 방식으로 주요 주제와 문제를 탐색할 때 사용할 수 있다.

CHAPTER

1

자해의 본질적 요소:
개입 이전에 이해해야 할 것

자해의 본질적 요소:
개입 이전에 이해해야 할 것

이번 장에서는 이 책의 바탕이 되는 기본적인 내용들을 다룬다. 자해에 대한 완전한 이해와 의미있는 대응을 위한 틀을 제시한다. 이 장은:

- 자해와 자살을 구별하고 자해의 범위를 강조한다.
- 인구 전체의 자해율에 대한 증거를 비판적으로 탐색하고 자해의 범위와 유형을 분석한다.
- 특히 광범위한 맥락에서 자해 경험을 설명하는 적절한 용어를 제안한다.
- 성별, 나이, 그리고 자해 사이의 관계를 탐색한다.

이러한 다각적인 접근방식은 자해에 대한 통념, 고정관념, 잘못된 정보를 파헤치는 작업적 정의를 구축하며, 어떤 모범 사례가 확립될 수 있는지에 대한 명확하고 정확한 이해를 제공한다. 반대로 잘못된 정보, 두려움 또는 편견에 기반한 대응은 도움을 주기보다 도리어 해가 된다.

자해와 자살

자해라는 용어는 즉각적이고 직접적인 의도와 목적을 가지고 신체에 통증 및 손상을 유발하는 것을 의미한다. Babiker와 Arnold는 자해를 '자살의도 없이 자신의 신체에 고통 및 손상을 가하는 것'으로 설명한다(1997: 3). 사살과 사해를 구별하는 것은 매우 중요하다. 자해는 '자기 파괴의 정반대'인 대처기제이다. [자해를 하는 사람들]은 그들 스스로를 보호하기 위해 노력하고 있다. 그들의 자해는 자기자신을 파괴하고 싶어서라기보다는 그들의 자해는 "함께" 머물고 살아남기 위해 투쟁하는 데 도움을 준다(1997: 7). 자해는 사람들에게 실생활에 없는 어느 정도의 통제, 안도 및 자기 위안을 제공하는 대처기제이다. Spandler와 Warner는 자해에 대해 '개인은 스스로 통제하고 조절할 수 있는 자해행동을 통해 압도적이고 참을 수 없으며, 종종 상충되는 감정, 생각 또는 기억을 표현하고, 일시적으로 안도감을 얻는다'고 설명한다.

또한 자해를 하는 이들은 자해와 자살 간의 차이를 강조한다. 예를 들어 Joseph은 다음과 같이 말하였다:

> 나의 경우, 자해를 하는 것이 자살을 하고 싶다는 의미가 아니라는 것은 굉장히 분명하다. 당신은 스스로 깊고 돌이킬 수 없는 손상을 입히고 싶지 않을 것이다… 이것은 자살과는 다르다. 나는 절대, 절대로 자살을 하고 싶었던 적이 없다.

'사람들은 대처하고 앞으로 나아가기 위해서 자해를 한다고 말한다.' 그리고 '[내담자들은] 자해가 의미하는 것에 대해 매우 명확하다: 그것은 절대 자살 시도가 아니었다, 사실은 살기 위한 시도였다'라고 서비스 제공자들은 반복적으로 표현한다.

이러한 자해와 자살 간의 명확한 구분은 1936년 Karl Menninger가 자기 자신에 맞서는 사람(Man Against Himself)을 출판했을 때의 연구에서도 입증되었다. 하지만 법정 및 정책적 관점에서의 자해와 자살은 종종 하나로 합쳐지며 자해는 자살 시도 또는 그러한 시도를 향한 첫 번째 단계로 간주된다. 특히 사람이 약물을 과다 복용하였거나 신체 중 취약한 부분을 칼로 그었을 때, 또는 '고의적인 자해' 또는 '준자살행위'와 같은 용어가 사용되는 경우에 특히 흔하다고 볼 수 있다(예: National Suicide Research Foundation, 2010). 이러한 두 용어는 정확히는 반복적으로 실패한 자살시도를 의미하지만, 자해를 설명하거나 자해와 자살 시도를 하나로 합칠 때도 자주 사용된다. Joseph이 과다 복용 후 입원하여 심리평가를 받은 경험은 이러한 접근 방식의 부정적인 결과를 강조한다: 이는 그의 고통을 더할 뿐 아니라, 그에게 지원을 제공하지 못하게 하고 그가 향후 도움을 구할 가능성을 감소시킨다. Joseph은 다음과 같이 말하였다:

> 저는 당황스러웠어요. 왜냐하면 당신이 알약을 삼키면 그들은 당신이 자살을 시도하고 있다고 생각할 거예요. 그렇지만 저는 그런 게 아니었거든요. 제가 제 자신을 긋는 것과 같은 이유로 약을 삼켰던 거였어요. 저는 그것을 같은 것으로 연관시켜요. 하지만 그들은 당신이 자살을 시도하고 있다고 봐요. 저는 아니었지만요. 저는 그것이 그렇게 정의되고 생각되는 것을 원치 않았기 때문에 그 곳에서 가능한 한 빨리 벗어나고 싶었어요.

자살과 자해는 의도의 측면에서 분명하게 구별된다: 자해는 신체에 해를 끼치더라도 가능한 모든 수단을 동원해 삶을 지속하고 대처해보려는 시도이다. 한편 자살은 더 이상 삶이 지속되는 것을 원하지 않는 것이다. '자해는 한 사람의 삶에 대한 담론을 지속하는 반면, 자살 시도는 그 담론으로부터 사람을 분리하여 개인을 그들의 의식이나 존재로부터 제거한다'(Babiker & Arnold, 1997: 2). 또한 사람들은 일반적으로 자해를 자살 사고와 감정을 피하고 그들의 인생을 보존하는 수단으로 설명한다(Arnold, 1995; Gallup, 2002; Pembroke, 2007a). Elaine은 '내가 그걸 하지 않았다면[예: 자해], 오늘 여기 앉아 있지 않을지도 몰라요.'라고 표현했다. 하지만 자해와 자살의 근본적인 의도는 완전히 다른 반면, 실제로 입는 부상은 매우 비슷할 수 있다. 예를 들어, 목 주위에 끈을 묶고, 동맥과 정맥이 있는 신체 부분을 긋고, 약물을 과다 복용하거나 유해한 물질들을 삼키는 것은 자해와 자살 모두의 수단으로써 활용될 수 있다. 더하여, 인지된 상처나 부상의 심각성은 그 이면의 의도를 보여주지 않는다. 어떤 사람들은 결과적으로 죽을 의도로 아주 적은 양의 약물을 삼키는 반면, 다른 사람들은 다량의 독성물질[실제로 생명에 위협을 줄 수 있는]을 죽음을 의도하지 않고도 복용할 수 있다. 마찬가지로, 의도가 반대일 경우에도, 절단된 동맥은 자살 시도로 보일 수 있고, 겉보기에 보다 작은 상처들은 비자살적인 것으로 보일 수 있다. 어떤 사람들은 자해로 인한 사고로 목숨을 잃기도 하는데, 이것이 바로 위해감소(6장)가 중요한 이유이다. 따라서 자해와 자살은 완전히 다른 동기와 기능을 가지고 있지만, 이는 단순히 부상의 유형이나 심각도를 통해서는 알 수 없다. 이러한 구분을 명확하게 하는 것은 행위 이면에 있는 개인의 의도이다.

더 복잡하게 이야기하자면, 대부분의 경우 개인은 자신의 행동의 목적, 즉 그들이 삶을 지속할 것인지 끝낼 것인지에 대해 명확하다. 또한 그들은 그 결과를 무시할 수도 있다: '개인은 복잡하고 양가적이며 그들의 정확한 의도에 대한 혼란스러운 관점들을 가질 수 있다'(Baiker & Arnold, 1997: 6). Mark는 '자살에 대한 양면성, 예를 들어 죽고 싶지는 않지만, 내가 살거나 죽거나에 상관하지 않는 그러한 애매모호한 영역, 즉 "별로 상관없는" 시기'에 대해 설명하였다. 또한 자해의 전력이 있는 일부 사람들 또한 자살을 시도한다. '자해를 자주하는 개인은 종종 다른 때에 다른 수단을 사용하여 자살 의도를 가지고 자신을 해칠 수도 있다'(Baiker & Arnold, 1997: 6). Amanda의 경우 그러하였다: '나는 세 번 정도 입원을 했었고 자해가 일종의 자살로 바뀌었어요. 더 이상 내가 나 자신에게 무엇을 하고 싶은게 아니라 스스로를 죽이고 싶은 것이었어요.' 그러나 여기서 인식해야 할 뚜렷한 두 가지 특징이 있다. 첫 번째는 누군가가 자살을 시도하여 죽고자 한다면, 그들은 자해를 할 때와는 다른 방법을 사용하여 스스로에게 해를 입힐 것이며, 이는 행위의 목적과 의도가 다르다는 것을 나타낸다. 이것은 Amanda가 스스로에게 '하고 싶었던 것'과 '자살하고 싶은 것'을 구별한 것에서 분명히 알 수 있다. 또한 6장에서는 위해감소에 대해 살펴볼 것인데, 자해를 하는 개인(부상의 잠재적인 치명성에 대해 종종 양가적이더라도)은 그들의 생명을 위험에 빠트리는 부상은 피하려고 노력한다. Joseph은 '내가 무얼 하는지 모르는 사람들은 내가 자살을 시도하는 것이라고 생각하였지만, 나는 절대 내 목을 베려고 하지 않았고, 절대 나의 손목을 자르려고 하지 않았다.'고 말하였다. 마찬가지로 마크는 '나 자신을 상처 입혀 피가 난 적도 있지만 나는 그게 전혀 위험하지 않다는 것을 알고 있었고, 의학적 치료가 전혀 필요하지 않다는 것도 알고 있었다.'라고 말하였다.

다음으로 자살과 자해를 구분하는 중요한 특징은, 통계에서는 종종 자해를 하는 사람들이 자살에 더 취약할 수 있다고 보고하지만(예: National Suicide Research Foundation, 2010), 이는 자살 시도로써, 혹은 자살 그 자체를 향한 움직임으로써의 자해와는 다르다. 자해는 정신적 고통에 대한 반응이며, 보통 개인이 이미 겪고 있는 어려움의 수준을 나타낸다. 아주 직설적으로는, 자신의 몸을 해치는 것이 기분을 나아지게 한다면, 상황은 실제로 분명히 고통스러울 것이라는 점이다. 그 후에 고통의 원인이 증가하거나 개인의 상황이 악화되거나, 그들의 대처기제가 제거되었다면, 대처할 동기를 완전히 잃어버리고 자살충동을 느낄 수 있다. 모든 종류의 고통, 그리고 자해, 섭식 장애, 중독과 같은 그와 관련된 '해로운' 대처기제를 경험하는 사람들은 모두 자살에 더 취약하다(Conner et al, 2014; Pompili et al, 2004). 하지만, 이러한 음식, 약물, 그리고 알코올 자체의 사용이 잠재적으로는 치명적인 결과를 초래할 수 있지만 자살을 초래한다고는 볼 수 없다.

전반적으로 자해, 자살 및 준자살행위는 연속선상에 있는 것 또는 동등한 것으로 정의되지만, 그들의 동기와 기능은 완전히 다르다. 자해는 사람들이 자신의 상황에 대처하고 가능한 어떤 방식으로든 자신의 삶을 지속하기 위한 방법이다. 자살은 그러한 상황에서 죽음을 통해 벗어나려는 시도이다. 하지만, 부상의 유형과 심각도는 근본적인 의도를 나타내지 않는다. 자신을 해치는 사람 자신만이 이면에 있는 의도를 알 수 있다. 또한 사람들은 자신의 행동의 결과에 대해 양가적이거나 무시할 수 있지만, 다시 말해 이것은 그들의 어려움과 고통의 깊이를 보여주는 것이지 자살과의 직접적인 상관관계를 나타내지는 않는다.

자해: 유형과 수/숫자

자해는 종종 스스로를 긋는 것 및/또는 약물을 과다 복용하는 것으로 정의되며, 이는 자해의 가장 일반적인 형태로 여겨진다(Babiker & Arnold, 1997; Gallup, 2002; Warm, Murray & Fox, 2003). 그러나 사람들은 신체를 태우고 화상을 입히는 등 다양한 방식으로 스스로에게 상처를 입힌다(열, 화염 또는 화학 물질을 사용하여 행해질 수 있음). 신체의 일부를 때리거나 부딪치게 하는 행위; 몸을 긁기, 꼬집기, 깨물기 및 찰과상을 내기; 피부 아래 또는 신체의 구멍에 날카로운 물건을 삽입하기; 상처에 손 대기; 끈으로 묶기; 머리 뽑기(의학적 용어로 발모광(trichotillomania)이라고 하며, 유일하게 자체진단이 가능한 자해이다). 때때로는 화학 물질이나 가정용 세정액을 사용하여 피부의 표면을 문지르고, 날카로운 물건이나 유해 물질을 삼키는 것; 삼키는 물질이 약물 또는 마약일 때 이를 과다 복용이라고 한다(Inckle, 2010a).

모든 인구의 자해율에 대해 정확히 알기는 매우 어렵고 자해를 측정하기 위해 시도된 연구는 거의 신뢰하기 힘들다. 통계는 사용된 자해의 정의 그리고 A&E 부서(예: National Suicide Research Foundation, 2010), 대학교 캠퍼스(예: Gollust, Eisenberg & Golberstein, 2008), 또는 교도소(예: Lord, 2008)와 같이 정보를 수집하는 방법 및 정보를 도출한 맥락 등을 포함한 여러 요인에 영향을 받는다. 이러한 요인들은 데이터가 가변적이며 불완전하다는 것을 의미한다. 예를 들어, 자해율은 자주 A&E부서 데이터를 사용하여 계산된다(예: National Suicide Research Foundation, 2008; 2010). 그러나 대부분의 자해가 응급 의료 서비스의 눈에 띄지 않는다는 것은 널리 알려져 있다(Chandler, Myer & Platt; Gratz, Conrad & Roemer, 2002; Long & Jenkins, 2010). 2009년 아일랜드 A&E 부서에서는 자해로 인한 12,000건의 입원이 있었지만, 이는 전체 발생 건수의 5분의 1(또는 그 이하)에 해당하는 것으로 추정되었다(National Suicide Research Foundation, 2008). 따라서 A&E의 수치는 실제 자해 사건의 극히 일부만을 보여주며 전반적인 상황을 보여주지 않는다.

또한, 아일랜드 통계는 자해율을 계산하는 데 있어서 더 많은 문제들을 보여준다. 첫째, 모든 자해 부상은 '고의적 자기 손상'의 일반적인 범주에 해당하기 때문에 이 통계에서는 자살 의도로 인한 부상과 그렇지 않은 부상을 구분하지 않는다(National Suicide Research Foundation, 2008; 2010). 둘째, 오직 다섯 유형의 부상만이 데이터에 포함되어 있다: 알코올과 마약/약물 과다 복용, 익사 시도, 목 매달기, 총상 및 열상(예: 스스로 긋기)(National Suicide Research Foundtion, 2010: v). 머리를 치기, 상처 방치하기, 뼈에 금이 가게 하거나 골절시키기, 화상 및 찰과상 입히기와 같이 스스로 했다고 보기 어려운 (그리고 더 흔한) 부상은 모두 이 수치에 포함되지 않는다. 자해에 대한 통계는 항상 자해의 정의와 연구가 수행되는 수단의 영향을 받는다. 따라서, 오직 다섯 가지 범주의 부상만 사용하는 연구(예: 명백하게 스스로가 초래했으며 잠재적으로 치명적인)는, 더 광범위한 정의를 사용하고 자가 보고된 자해를 포함하는 연구보다 낮은 자해율을 보이며 다른 모집단에서 보고된다. 예를 들어, 아일랜드 10대 청소년의 자해율은 의도적인 자기 손상의 정의를 사용할 때 9%(Morey et al., 2008)에서 더 넓은 정의를 사용하였을 때 20%(UNICEF Ireland, 2011)까지 다양한 결과를 보여주었다. 마찬가지로 영국에서는 사용된 정의와 측정도구에 따라 청소년 비율이 6.7%(Mental Health Foundation, 2006)에서 47.4%(Williams & Hasking, 2010)까지 다양하다. 미국에서는 '청소년'의 수치는 13%(Moyer, 2008)에서 16%(Goolust, Eisenberg & Golberstein, 2008)까지, 대학생 나이의 젊은 성인의 38%, 그리고 전체 성인의 22%(Gollust, Eisenberg & Golberstein, 2008)인 것으로 나타났다.

마지막으로, 통계에 나타나는 자해 유형은 종종 가장 흔한 것으로 추정되며, 따라서 긍정적이든 부정적이든 가장 관심을 많이 받는 유형들이라고 할 수 있다. 아일랜드에서는 약물 과다복용과 긋기가 있다. 하지만 이러한 부상들은 응급치료가 필요할 가능성이 높고 자신 스스로 행한 것을 숨기기 가장 어렵다는 이유 때문에 가장 흔해 보일 뿐이다. 긁기, 감염된 상처, 화상, 뇌진탕, 타박상, 골절 또는 뼈를 부러트리기와 같은 다른 부상들은 응급치료를 받을 가능성이 적거나 사고에 의한 것으로 보다 쉽게 설명된다. 더 포괄적인 정의를 사용하는 자기보고 설문은, 덜 눈에 띄는 유형들이 사실 가장 일반적임(그리고 가장 적게 인식됨)을 시사한다. 여기에는 머리 박기, 상처회복 피하기, 그리고 스스로 때리기를 포함하며 이 사람들은 일반적으로 한 가지 이상의 방법을 사용한다(DiStefano, 2008; Gollust, Eisenberg & Golberstein, 2008; Heslop & Macaulay, 2009). 실제로 한 연구에서는 상처회복 피하기의 비율과 머리나 몸을 세게 치는 비율이 35% 이상이며, 스스로 긋는 것은 11% 정도로 낮다고 보고하였다(Gollust, Eisenberg & Golberstein, 2008). 비슷하게, 일본에서, 9%의 여자 고등학생, 그리고 8%의 남성 고등학생이 스스로를 긋는다고 하였으며, 12%의 여자와 28%의 남자가 스스로를 때린다고 보고하였다(DiStefano, 2008). 따라서 자해에 대해 눈에 보이는 것과 알려진 것(또는 추정된 것)은 실제 발생률 및 유병률과 거의 관련이 없을 수 있다. 그러나, 분명한 것은 자해는 매우 흔하며, 종종 비밀스럽고 흔히 오해를 받는 경우가 많다는 점이다.

용어

자해를 측정하는 방식이 다양한 것과 마찬가지로 자해를 설명하는 데 사용되는 용어 또한 다양하다. 여기에는 자기 손상, 고의적 자기 손상, 자기 훼손, 자기 자신에게 가하는 폭력, 자기 파괴적 행동, 스스로 상처냄, 준자살 행위 그리고 비자살적 자해가 포함된다. 그러나 이러한 용어는 다양한 의미를 가지며 여러 가지 면에서 문제가 될 수 있다. 고의적 자기손상, 자기 훼손, 그리고 자기 자신에게 가하는 폭력과 같은 용어는 자해하는 사람들에게 부정적인 영향을 미치는 가치 판단을 하게 한다. 예를 들어, 고의적 자기 손상에서 '고의'는 자살 시도 및 자해를 총칭하는 용어일 뿐만 아니라 접두사 '고의'가 비난 또는 경멸적인 의미를 담고 있기 때문이다. 무언가를 고의적으로 한다는 것은 잘못되거나 나쁜 것을 일탈적이거나 악의적인 의도로 행한다는 것을 의미한다. 그리고 이러한 병리화는 자해에 대한 의학적 담론의 중심이 되어 왔다(Cresswell & Karimova, 2010). 마찬가지로 '행동(behaviour)'이라는 단어는 일반적으로 나쁜 것으로 간주되는 행위(action)에만 사용되기 때문에 부정적인 의미를 내포한다. 이것은 특히 지적 장애를 가진 사람들의 자해가 대처 방식이 아닌 '도전적 행동'으로 프레임화 되는 방식에서 특히 중요하다(Heslop & Macaulay, 2009). '폭력'이나 '훼손'과 같은 단어도 위험과 혐오가 결합된 강력한 부정적 의미를 가지고 있으며, '파괴', '상처', '위해'와 같은 단어도 마찬가지로 부정적이다. 또 '준자살 행위'와 같은 용어는 이면의 의도와 관계없이 모든 자해 부상의 일반적인 용어로서 고의적 자기 손상과 유사한 문제를 갖는다. 또한 자해를 여성처럼 성별화하거나 하찮은 경험으로 반영하는 '비자살적 자해', '민감한/섬세한 자해 증후군(delicate cutters syn-drome)', 그리고 '중등도의 표면적 자해(Favazza, 1996)'와 같은 의학 용어도 있다. 이와 관련된 것은 아래에서 논의될 것이다. 마찬가지로 자해는 종종 '관심 추구'라 여겨지며, 이는 자해한 사람들에게 관심을 가질 가치가 없다는 것을 의미할 뿐 아니라 자해행위의 근거가 되는 정서적 고통의 수준을 최소화하는 것이며, 대부분의 자해가 비밀스럽다는 것을 인식하지 못하는 것이다.

요약하자면, 이러한 모든 용어는 부상을 최소화하고, 이를 더욱 '심각한' 문제들과 대조시키는 결과를 가져온다.

전반적으로 자해에 관한 용어는 관련된 사람들을 비난하고, 병리화하거나 최소화하고 무효화하는 경향이 있다는 점에서 문제가 있다. 이러한 용어들은 사람들이 자해를 어떻게 이해하고 이에 대해 어떻게 반응하는지에 영향을 미친다. Mark에게 '고의적 자기손상'이라는 용어는 특히 문제가 되었다. 그는 자신의 부상을 '고의'로 정의하는 것은 그에게 TV를 보는 것과 같은 대안적 활동을 '선택'할 기회가 있다는 것을 함축한다고 느꼈고, 이는 그의 자해와 관련된 상황과 기능을 전혀 반영하지 못한 것이었다.

내가 정말 싫어하는 것 중 하나는 고의적 자기손상이라는 표현이다. 왜냐하면 절대 고의적인 게 아니기 때문이다. 그 행동에 의도는 없었다. 나는 그 당시 아주 어린 아이였다. 집에서 겪은 끔찍한 상황들 때문에 그러한 행동을 하는 어린 십대, 심지어 십대 이전의 아이였다.

Clare의 경험은 '자기 자신에게 가하는 폭력'과 같은 용어가 자신을 해치는 사람들이 타인에게 폭력적이고 위험하다는 부정적인 인상을 심어준다는 것을 보여준다. 그녀는 첫 자해 인식 훈련 경험 중 하나를 다음과 같이 말했다.

내가 생존자 치료 집단의 조력자와 공동 훈련을 했을 때, 나는 첫 훈련 날에 자해에 대한 나의 경험을 조금 이야기했다. 그리고 나는 그 집단원들에게 질문을 받았다. 조력자인 Janet은 그들에게 자신들이 받고 싶지 않은 질문은 하지 않도록 조심하라고 요청하였다. 그러자 한 여성이 손을 들고 '당신은 다른 사람을 학대합니까?'라고 물어보았다.

말과 표현은 참으로 강력하다. 이 말과 표현들은 사람들이 어떻게 보여지고 평가되는지에 대한 의도된 메시지와 의도하지 않은 메시지를 모두 전달한다. 이 책에서 나는 자해라는 용어를 사용한다. 왜냐하면 가장 단도직입적으로 설명되며 사용가능한 용어들 중 가장 가치 판단적이지 않기 때문이다. 하지만, 자해라는 용어는 '부상'이 대체로 부정적이거나 나쁜 것으로 이해된다는 점에서 문제가 아예 없다고는 할 수 없으며 또한 물리적인 차원에서의 경험에만 초점을 맞춘다. 이상적으로는, 나는 '자기 자신에게 상처를 입히는 사람들'이라는 표현을 선호한다. 왜냐하면 이러한 표현은 부상보다는 사람을 중심에 두고, '상처' 또는 '상처를 주는 것'은 육체적, 정서적 고통 모두를 의미하기 때문이다. 이 정의에서, 그 사람들과 그들의 정서적 및 육체적 고통이 가장 중요하며 이것은 의미 있고 지지적인 대응에 있어서 결정적인 역할을 한다.

자기 손상

자기 손상은 내가 자해라고 부르는 행동을 설명할 때 자주 사용되는 또 다른 용어이다. 그러나 엄밀히 말하면, 자기 손상은 자해보다 더 넓은 범주의 경험을 설명하며, 이 둘의 차이를 이해하는 데 도움이 된다.

자기 손상은 신체에 통증이나 손상을 유발하는 모든 행위를 말하지만 이는 직접적이거나 주요한 목적이 아닐 수 있다. 자기 손상은 보편적인 인간 현상이다; 어떠한 형태의 자기 손상은 사회적으로 받아들여질 수 있으며 종종 의무적일 때가 있고 그렇지 않은 것들도 있다. 사회적으로 받아들여질 수 있는 형태의 자기 손상에는 음주, 카페인, 흡연, 먹으며 위안을 얻는 것, 과도한 운동, 접촉 스포츠와 위험을 감수하는 활동들이 있다. 또한 뽑기 및 왁싱, 성형 수술과 하이힐을 신는 것 또한 포함된다. 타투, 피어싱 그리고 다른 형태의 신체변형 또한 자기 손상의 형태이며, 이는 개인의 나이, 성별 등의 상황(사회적 지위, 직업, 거주하고 있는 더 넓은 문화)과 신체 표시에 대한 범위와 가시성에 따라 사회적으로 허용되거나 허용되지 않을 수 있다. 사회적으로 허용되지 않는 형태의 자기 손상은 섭식 장애, 중독, 약물 남용, 성적 위험감수, 싸움 및 비주류 성형수술과 문화적으로 받아들여지는 규범을 벗어난 외모를 만드는 신체 변형을 포함한다(Inckle, 2007).

자해는 자기 손상의 큰 범위에서의 한 특정 범주이자, 사회적으로 잘 받아들여지지 않는 범주로 가장 잘 이해된 바 있다. 자해와 자기 손상은 즉시성과 의도 측면에서 구분되지만, 자기 손상과 특히 사회적으로 수용 가능한 형태의 자기 손상에 대한 대처기제를 이해하는 것은 자해를 이해할 수 있는 유용한 방법이 되기도 한다. 예를 들어, 흡연, 음주, 먹으며 위안을 얻는 것, 과도한 운동 등은 일반적으로 부정적인 감정과 경험에 대처하며 그로부터 위안과 안도를 찾는 방법으로 사용된다. Clare는 '대부분의 사람들'의 대처방식은 때때로 자기 손상적이라고 언급하였다. 예를 들어 미용 행위, 신체 변형 및 성형 개입과 같이 신체의 겉모습에 영향을 미치는 다른 형태의 자기 손상은 개인이 그들의 신체를 통제하고, 신체를 통하여 자신을 표현하거나, 그들이 자신들에 대해 어떻게 느끼는지 또는 어떻게 느끼고 싶은지를 보여주는 외적인 몸을 만든다(Inckle, 2007). 자해는 이러한 유형의 자기 손상과 완전히 동일한 방식으로 기능하지만 더 강렬하고 즉각적인 수준에서 발생한다. 왜냐하면 감정과 경험이 이러한 유형의 자기 손상이 중재할 수 있는 일상적 스트레스 및 갈등보다 훨씬 더 힘들게 느껴지기 때문이다.

섭식 장애, 중독 및 약물 남용 또한 종종 자해의 형태로 분류되지만, 이것들이 (예: Miller, 1994) 신체에 야기하는 통증과 손상이 일반적으로 덜 직접적이고 덜 즉각적이며, 부차적인 목적 또는 결과라는 점에서 자기 손상에 가깝다. 그러나 이러한 형태의 자기 손상과 자해 간에는 많은 유사점과 교차점이 있는데, 이러한 모든 행위들이 종종 매우 유사한 감정, 경험, 인생사에 대응하는 데 있어 대처기제로 작용한다는 것이다. 또한, 사람들은 흔히 이들을 혼합하여 사용한다(Murray, Warm & Fox, 2005; Gollust, Eisenberg, & Golberstein, 2008; Hasking et al., 2008; UNICEF Ireland, 2011).

나의 연구 참여자들 중 다수는 음식과의 관계에 대한 문제뿐만 아니라 알코올 및 약물 사용기간에 대해서도 설명하였다. 어떤 이들에게는 이러한 것들이 궁극적으로 자해의 대체물이 되었고, 다른 이들에게는 이러한 것들이 자해를 강화하였다. 어린 시절부터 자해를 해온 Colm은 그가 알코올과 마약에 접근할 수 있게 되자(10대 중반), '알코올과 마약은 그것을 대체할 수 있는 탈출구였다.'고 하며 알코올과 마약이 어떻게 자해를 대체하기 시작했는지 설명하였다.

나이가 들어가면서, 알코올 중독은 무언가를 장악했고 제거하기도 하였다. 알코올 중독은 많은 것들을 지워버렸다. 알코올 중독은 삶을 지워버리고, 현실을 지워버렸지만 자해도 어느 정도 지워버렸다.

Colm, Mark, Rachel과 Joseph은 또한 알코올과 마약이 자해의 대체제가 되는 시기를 설명하였다. 반대로 Amanda의 알코올과 약물 사용은 그녀의 자해를 더 강화시켰다.

나는 알코올과 약물을 남용했을 것이고, 그 물질들은 무언가를 더하고 더 강화시키고 악화시킨다고 생각한다. 나는 음주와 자해 때문에 입원을 15번 했고 나는 종종 벽면에 패드를 댄 방에 갇혔다.

실제로 아일랜드에서 중독은 자해로 인한 병원 입원과 밀접한 관련이 있으며 (National Suicide Research Foundation, 2010), 알코올과 약물은, 취하지 않았을 때보다 훨씬 더 심각한 부상을 초래하는 탈억제제의 역할을 한다. 국제적으로, 중독(intoxication)과 자해의 이중적인 위험에 대한 관심이 증가하고 있으며 (Hasking et al, 2008; Haw et al, 2005; Hawton, 2011; NICE, 2011; National Suicide Research Foundation, 2008; 2011; Rossow et al, 2007), 가족 내 알코올과 약물 남용 또한 자해의 위험요인이 될 수 있다(Deliberto & Nock, 2008)(3장 참조).

알코올, 약물 및 음식 문제에 대한 치료 시설에는 자해를 하는 내담자들이 많은데 특히 사람들이 대처수단으로 사용하는 것들을 사용하지 못하게 되거나, 이에 접근하지 못하게 되는 경우에 자해가 발생한다. 개인의 감정과 경험을 제거하거나 대처하는 방법이 '사라지면', 그들은 종종 직접적인 자해로 되돌아간다. 이는 정신적 고통에 대한 대응이 일차적인 '증상'보다는 근본적인 원인에 초점을 맞춰야 한다는 것을 보여준다. 그렇지 않으면 사람들은 극심한 정서적 어려움에 처해 있더라도 주된 대처방법이 없기 때문에 안정을 갈구하고 대처할 수 있는 다른 방법을 갈구하게 된다(6장 참조). 최면 요법을 사용하여 자해를 '치료'한 Joseph의 경험은 근본적인 문제에 대한 변화가 없을 때 유해한 대처방식이 서로 대체되는 방식을 보여준다. 따라서, 최면 요법이 더 이상 자해를 하지 않는 선까지는 '효과적'이었음에도 불구하고 그의 심리적, 정서적 문제가 해결되지 않았기 때문에, 그는 단순히 또 다른 대처방식인 음주를 하게 되었다:

> 그 후의 삶이 별다르게 나아진 게 없다[예: 자해를 중단하게 된 이후]. 나는 그 행위에 아쉬움을 느끼진 않았지만, 나는 여전히 자존감이 낮았고 모든 면에서 예전과 같지만 긋는 행위를 하지 않을 뿐이었다. 그 후 나는 대신 술을 마시게 되었다! 의식적인 결정이 아니었다![웃음] 자해에서 알코올로 옮겨가는데 그리 오래 걸리지는 않았다. 한 행위에서 다른 행위로 옮겨가게 되는 이유는 같은 문제 때문이다. 나의 경우에는 그랬다.

마찬가지로, 음식을 통제하는 것이 주된 대처방식인 개인에게 하루에 특정 양만을 섭취하게 하는 '섭식장애 치료'에서와 같이 대처방식을 사용하지 못하게 하면 개인은 직접적 자해를 통해 근본적인 문제를 관리하고, 이에 대처하게 된다 (Pembroke, 1996 참조). 자해를 하는 사람들은 음식과 관련된 문제들을 흔하게 경험했으며 Colm, Emma, Elaine, 그리고 Clare의 경우가 이에 해당된다. Colm은 '내가 조금씩 나이를 먹어가면서 나는 강박적으로 더 많은 양을 먹게 되었다' 라고 말한 것에 대해 설명하였다. Colm에게 식습관은 특히 문제가 되었다: '내 몸과 건강을 가장 손상시킨 것은 사실 음식이었다.'

전반적으로 자해와 자기손상은 여러 가지 중요한 면에서 구별되지만, 경험과 감정에 대한 대처, 표현, 통제를 위한 메커니즘으로써 자해를 이해하는 것은 자해의 일부 기능과 자해에 도움이 되고 도움이 되지 않는 반응들을 이해하는 데 유용할 수 있다. 설명하자면, 몇 년 동안 담배를 피워왔고 직장에서 매우 힘든 하루를 보낸 후 스트레스를 해소하고 하루의 편안함을 느끼기 위해 담배를 피우는 사람을 상상해보아라. 친구, 동료 또는 그들의 치료자가 성급하게 담배를 못 피우게 하면서 흡연은 비합리적이고 위험하며, 용납할 수 없고, 심지어 역겹다고 주장한다면 긍정적인 반응이 나오지 않을 것이 분명하다. 또한 흡연 또는 스트레스에 대한 의미 있고 지지적인 논의로 이어지지도 않을 것이다. 흡연자는 오히려 더 담배를 피우고 싶어 할 것이며, 아마도 더해진 스트레스에 대처하기 위해 더 많은 양의 담배를 피우게 되고 '조력자'로 인해 화가 나고 관계가 멀어질 것이다. 그 이후로 그들은 힘든 시기에 조력자에게 의지하지 않을 것이며, 그들의 유일한 안정과 대처의 수단으로 흡연을 더 하게 될 것이다. 심지어 그들은 부정적인 관심을 피하기 위해서 흡연 사실을 비밀로 유지하기 위해 더한 노력을 할 수도 있다.

이렇게 보면, 비수용적인 예방적 접근방식은 분명히 도움이 되지 않고 부적절하지만, 여전히 자해에 대한 반응의 중심이 된다. Elaine은 다음과 같이 지적하였다: '자해하는 사람을 "중단"시키는 것은 그들을 멈추게 할 수 없다… 자해는 그냥 사람들이 멈출 수 있는 행동만으로 볼 수 없다… 멈출 수 없는 것이고, 가능하다면 애초에 하지도 않았을 것이다.' 마찬가지로 Clare는 '그만하라는 말을 듣는 것은 실제로 유용하거나 의미있는 반응이 아니다. 오히려 당신의 기분만 나빠지게 만들고, 어차피 당신은 그 행동을 할 것이다.'

전반적으로 자기손상(Self-injury)은 그 목적이 신체에 즉각적이고 직접적인 통증과 손상을 야기한다는 점에서 자해(Self-harm)와 구별된다. 하지만 일부 형태의 자해처럼, 이 행위는 힘든 감정과 경험을 할 때 이를 표현하고, 대처하고, 안정을 얻는 수단이다. 자상은 종종 자해로 불리지만(인용문에서는 용어 원래의 형태로 남겨둔다), 중요한 차이점들이 있다.

성별과 자해[4)]

오랫동안 자해는 주로 여성, 특히 여성 청소년의 경험이며, 남성 또는 남성

---

4) 이 영역의 일부분들은 Sage Journals as Inckle, K (2014). Strong and Silent: men, masculinity and self-injury. Men and Masculinities 17(1): 3-21에서 처음 출판되었다.

청소년들 사이에서는 드물다고 여겨졌다. 이는 주로 여성의 불안정성에 대한 정신과적 관점의 결과이며 위에서 언급된 바와 같이 자해에 대해 더 문제가 되고 있는 일부 용어로 이어졌다. 하지만, 이러한 가정은 실제 경험을 묘사하기보다는 자해가 정의되고 측정되는 방식의 문제를 더 잘 보여준다. 이것은 자해에 대한 오해뿐 아니라 성별 고정관념과 성차별에 근거한다. 1990년대에 페미니스트들은 성별과 자해에 대한 정신과적 접근에 이의를 제기하는 여러 출판물들과 서비스를 제작하였으며, 여성과 소녀들에 대한 성 불평등과 성적, 신체적 폭행이 정신질환 및 자해와 어떻게 연관되었는지를 강조하였다(예: Arnold, 1995; Babiker & Arnold, 1997; Miller, 1994; Newham Asian Women's Project, 1998; Smith, Cox & Saradjian, 1998). The Basement Project와 Bristol Crisis Service for Women (현재의 Self−injury Support)은 이러한 시기에 설립되어 여성의 필요와 경험에 맞는 정보, 자원 및 서비스를 제공하였다. 오늘날, 여성과 소녀에 대한 성 불평등과 폭력은 전 세계적으로 중요한 문제로 남아있으며 여성의 건강과 복지에 지속적인 영향을 미친다(Women's Health Council, 2007). 그러나 이것은 성별과 자해 사이의 관계에 대한 완전한 설명은 제공하지 않으며 남성의 경험에 더 많은 관심을 기울일 가치가 있다.

그러나 다음에 나오는 성별과 자해에 대한 논의에서 다수 민족(백인)과 흑인 및 소수민족(BME) 간의 차이를 고려하지 않는다는 것을 알아야 한다. 성별과 자해에 대한 수치는 민족 문제로 인해 복잡해진다. 예를 들어, 자해율, 시도되거나 완료된 자살율은 젊은 백인 여성보다 아시아 여성, 특히 젊은 아시아 여성층에서 훨씬 더 높았다(Siddiqui & Patel, 2010; Watts, 2005). 이러한 주제들은 4장에서 더 자세히 논의된다.

역사적으로, 여성과 소녀는 모든 형태의 정신 질환에 더 취약한 것으로 간주되어 왔는데, 이는 여성 생물학에 대한 의학적 및 정신의학적 측면에서 이 학문들은 여성이 남성보다 생물학적으로 더 약하고, 덜 안정적이며, 더 취약하다고 정의한다. 이 말은, 결함이 있는 여성 생물학으로 인해, 예상되는 여성의 행동들 중 모든 일탈적인 행동이 질병으로 간주되어 왔다는 것을 의미한다. 반대로, 어떤 남성이 예상되는 남성의 역할에서 벗어난 행동을 할 경우, 이는 질병보다는 일탈로서 간주되어 진료를 받기보다는 처벌을 받는다. Jane Ussher(1991)는 이런 부분을 '미친 여자'와 '나쁜 남자'라고 설명하였다. 이러한 경향은 오늘날 대다수의 수감자들이 남성이고(Evans & Wallace, 2008), 정신 질환 진단을 받은 사람들의 대부분이 여성이라는 점에서 분명하다고 볼 수 있다(Affi, 2007; Ussher, 1991).[5]

과거에는 여성과 소녀들이 생식기능, 호르몬 주기, 그리고 특히 사춘기와 월경과 같은 변화의 시기에 더 취약하다는 관점에서 여성 진단 비율이 높게 나타났다(Frost, 2000). 실제로 히스테리와 같은 초기 정신질환 중 일부는 순전히 여성 생물학의 관점에서만 정의되었다. 자궁이 분리되어 여성의 뇌로 들어가 그녀를 미치게 만들었다고 여겨진 것이다(Ussher, 1991). 오늘날 정신질환에 대한 생물학적, 성별에 근거한 설명은 줄어들고 있지만, 성별 특성과 정신병리의 원인으로 유전학과 '뇌 구조'에 초점을 맞추고 있다는 것은 성별 분류가 완전히 사라지지 않았음을 의미한다.

여성과 자해의 관련성에 대한 두 번째 이유는 생물학이 아닌 사회 문화적 요인과 성역할에 근거하며 자해의 기능에 대한 오해이기도 하다. 자해가 폭력 혹은 공격의 한 형태로 정의될 때, 성별 규범에서 여성과 소녀가 분노, 공격성 혹은 폭력적 감정이나 행동을 겉으로 표현하는 것을 받아들이지 않기 때문에 여성들은 이러한 감정과 행동을 자신의 내적으로 향하게 할 가능성이 높다. 남성과 소년들은 반대로 화나 공격적인 감정을 자유롭게 표현할 수 있으며, 접촉 스포츠부터 공공 폭력까지 모든 범위의 신체적 활동에 참여할 수 있기 때문에 그들의 감정을 직접적인 자해 없이 표현할 수 있다. Dusty Miller가 말했듯이 '남자는 행동으로 표현하며 여성은 내적으로 행동함으로써 표현한다'(1994: 6).

그러나 자해는 '행동으로 표현하는 것/내적으로 표현하는 것' 두 가지를 모두 포함하기 때문에 이러한 비유는 맞지 않다. 이러한 조잡한 용어들의 측면에서 자해는 외현화되고, 신체적이고 종종 '폭력적인' 행동을 포함한다는 점에서 '행동으

---

5) 많은 저자들은 또한 정신과 진단이 사회적 통제의 수단이라고 주장한다. 이는 사회적 격변이나 불안이 발생할 때 정신과 기관에의 '대형 감금'과 더불어, 진단의 성별화뿐만 아니라 BME 및 낮은 사회경제적 위치의 사람들에게 주어지는 진단의 발생률과 치료 기준의 차이에 있어서도 명백하다(Sedgwick, 1982).

로 표현하는 것'이 분명하다. 동시에, 자해는 사람들이 내면의 감정, 사고 및 기억을 통제하고 조절하는 것이며 비밀의 과정인 경우가 대부분이기 때문에 '내적으로 표현하는 것'이기도 하다. 그러므로 '행동으로 표현하는 것'과 '내적으로 표현하는 것'과 같이 조잡한 이분법적 관점에서 성별과 자해를 연관시키는 것은 자해의 기능과 개인의 삶에서의 존재와 목적에 대한 오해에 바탕을 두고 있다.

더욱이, 취약함 및 정서적 고통보다는 폭력성 및 공격성('행동으로 표현하는 것')과 남성 및 소년과의 문화적 연관성은 자해가 정의되고 인식되는 방식에 중대한 영향을 미치며, 남성의 자해를 방치하게 하고 그들을 위한 적절한 서비스와 대응을 부족하게 한다. 예를 들어, 한 청년이 주먹으로 벽을 치면 외적인 공격 행동으로 보이지만, 그(또는 소녀)가 머리와 같은 신체의 다른 부분으로 벽을 치면 공격적으로 물건을 손상시킨다기보다는 자신에게 상처를 입히고 있다고 인식될 것이다.

나의 연구에서 서비스 제공자와 서비스 사용자는 남성성의 규범이 자해의 정의에 영향을 미치고 남성에 대해 묵살하는 반응을 일으키는 방식을 예리하게 알고 있었다. Elaine은 '이러한 접근법은 여성과 남성, 둘 다에게 도움을 주지 않는다.'고 느꼈다. 서비스 제공자들은 또한 이런 종류의 성별화의 부정적인 영향을 인정하였다. 물건을 때려부수는 남자들이 있다면 분명한 것은 그들이 치는 벽을 비롯한 것들은 고통 받지 않으며, 고통 받는 건 그들 자신이다. 다른 사람이 관찰한 내용은 다음과 같다: '화가 나서 벽을 치거나 문을 발로 차거나 하는 그런 행동들을 하는 모든 젊은 남성들은 그들 스스로를 아프게 한 것이다.' 더욱이 이러한 종류의 사건들은, 벽을 치는 예시로 이어가자면, 여성보다 남성에서 사회적으로 더 수용 가능한 것으로 간주된다. 여성이 벽을 친다면, 그저 '전형적인' 남성의 공격성으로 기록되는 것이 아닌 무언가 '잘못되었고' 고통이나 어려움이 근본적인 원인으로 인정될 것이다.

여성의 자해가 발생하는 세 번째 이유는 또한 성별과 관련된 사회 문화적 요인에 기반을 두고 있지만, 이번에는 자해의 기능보다는 자해의 바탕이 되는 경험에 초점을 맞춘다(예: Babiker & Arnold, 1997; Gallup, 2002; Miller, 1994; Smith, Cox & Saradijan, 1998; Ussher, 1991). 이 접근은 자해가 가장 일반적으로 무력감, 성적 학대, 자신의 삶이나 신체, 또는 트라우마에 대한 자율성 및 통제의 부족에 대한 바응이라는 주장에 기반을 둔다. 여성과 소녀를 성적으로 대상화하고 남성의 성정체성에 힘과 권력을 부여하는 성별과 성정체성 규범은 여성이 성적으로 착취당하고 피해를 입을 가능성이 훨씬 더 높다는 것을 의미한다. 성 불평등은 또한 여성과 소녀가 남성에게 의존하거나 남성의 지배와 학대에 도전할 수 있는 힘과 자원이 적다는 것을 의미하기도 한다. 따라서 성적 착취와 학대에 대한 여성의 취약성이 증가하고 이에 맞설 수 있는 자원과 자율성이 감소하는 것은 여성과 소녀가 자해를 대처방식으로서 사용할 가능성이 크다는 것을 의미한다.

이러한 취약성과 자해 사이의 연관성은 어느 정도 사실이지만(3장 참조), 더 중요한 것은 이것이 여성의 경험만이 아니라는 사실이 점점 더 인식되고 있다는 것이다. 남성과 여성이 경험하는 취약성과 피해를 입는 유형에는 성별차이가 있지만 전체적인 정도는 아니다. 예를 들어, 남성은 여성보다 평균 6년 더 빨리 사망하며, 질병과 관련된 스트레스를 더 많이 경험하고, 사고와 살인의 피해자가 될 가능성이 더 높다(Evans & Wallace, 2008). 남성은 또한 노숙자가 되고, 마약과 알코올 의존을 경험하고 투옥되거나 정신병원에 입원할 가능성이 더 높으며(Evans & Wallace, 2008; White, 2006), 이러한 경험들은 자해와 유의한 상관관계가 있다. 더욱이 남성은 자살로 사망할 가능성이 훨씬 더 높다. 아일랜드에서는 연간 자살 사망자의 80%(National Suicide Research Foundation, 2008)를 남성이 차지하며 영국에서는 75%(Evans & Wallace, 2008)를 차지한다. 그리고 자살은 자해와 직접적인 관련이 없더라도 이것은 분명히 만연하고 미해결된 남성의 심리적 스트레스를 나타낸다. 또한 신체 및 지적 장애가 있는 남성과 여성은 비장애인보다 성폭력과 학대에 취약하다(Equality and Human Rights Commission, 2011; Shakespeare, Gillespie Sells & Davis, 1998). 아일랜드에서는 기관 보호시설에서 여성과 남성의 신체적, 정서적 및 성적 학대가 동등한 수준으로 흔하게 이루어진다는 것을 발견했다(Ryan, 2009). 마지막으로, 여성들이 더 신체적으로 억압받고 현재의 성별 구조와 규범에 더 제한받지만, 남성은 정서적으로 투옥되고 감시당할 가능성이 더 높으며(Evans & Wallace, 2008 참조),

자해는 신체적 경험과 정서적 경험, 양쪽과 동등하게 밀접한 관계가 있다. 따라서 취약성, 무력감 및 학대경험은 자해와 관련이 있는 것은 사실이다. 또한 성별의 규범과 불평등이 여성과 소녀들을 특정 유형의 위험과 취약성에 노출시킨다는 것도 사실이다. 그러나 이것이 여성과 소녀가 자해와 관련된 모든 위험과 취약성을 경험할 가능성이 더 높고, 따라서 남성보다 자해할 가능성이 더 높다는 것을 의미하지는 않는다. 성별 구조는 자해와 연관하여 중요하지만 잘 인식되지 않는 관계가 있는 남성과 소년에게 특정한 취약성과 위험을 발생시킨다.

최근 몇 년 동안 남성과 여성의 자해율에는 차이가 거의 없다는 인식이 높아지고 있다(Gollust, Eisenberg & Golberstein, 2008; Gratz, Conrad & Roemer, 2002; Long & Jenkins, 2010; Pattison & Kahan, 1983). 우리는 자해를 성별로 설명함에 있어 남성들을 고려하지 않았다는 것을 감옥에서의 자해율이 높다는 것만 보아도 알 수 있다(Babiker & Arnold, 1997; Smith, Cox & Saradjian, 1998). 게다가, 남성과 여성의 자해에 차이가 있다면 남성과 소년들에게는 부상의 유형과 방법, 부상을 해석하는, 더 정확히는 등한시하는 방식이 실제 발생율보다 훨씬 더 중요하다. 예를 들어, 가장 일반적인 형태가 아닌, 스스로 긋는 것과 과다복용만이 자해로 인정되는 경우, 자해의 대부분과 그로 인한 타박상, 긁기, 화상 및 골절이 간과된다. 남성과 소년이 눈에 띄는 상처와 부상을 입는 것을 사회적으로 허용하고 신체손상을 종종 스포츠 부상과 같은 영웅적인 남성성의 형태와 관련시키는 성별 규범 맥락에서는 남성 자해가 대부분 인식되지 않는다. 한 서비스 제공자는 다음과 같이 설명하였다:

소년들과 관련하여 최근 생겨난 문제인데, 소년들은 자해를 해왔으며 우리는 그것을 인식하지 못해왔다. 우리는 그것을 럭비로 인한 부상이나 스케이트보드를 타다가 입은 부상이라고 간주해왔지만, 사실, 18살쯤 된 그는 발 골절이나 손목 골절로 21번이나 입원을 했었고, 모두 그가 스스로 한 것이었다.

또한 남성과 소년의 신체적, 정서적 취약성을 무시하며 그들의 경험을 전통적 성별규범으로 해석하는 문화적 전례가 있는데, 이로 인해 그들의 자해 경험은 무효화된다. 매우 빈곤한 지역에서 자랐고 가정과 지역 사회에서의 폭력을 경험한 Colm은 어렸을 때부터 자신을 해쳤지만 한 번도 발견되지 않았으며, 그는 이렇게 말하였다: '당신이 [지역 이름]에 사는 남자아이라면, 학교에서 구타를 당하는 것은 대부분의 아이들에게 일상적인 일이며, 신체의 상처와 부상은 단지 남자들의 당연한 어린 시절 경험으로 여겨졌다'. 다른 맥락에서 Mark는 남성성의 문화가 자신의 자해를 감췄던 방식을 설명하였다.

눈가가 검게 변하고 입술이 찢어졌을 때도 있었다. 내가 나 자신을 때릴 때 얼굴을 많이, 매우 격렬하게 때리는 경향이 있었고 나는 사람들로부터 걷어 차이고 다니는 사람처럼 보였을 것이다. 나는 항상 변명을 하였다: '얼굴이 왜그래?', '아, 넘어졌어'라고 하였고 당시 무술을 하던 때가 있었고 하지 않던 때가 있었지만, 사람들은 내가 계속 무술을 하고 있다고 생각하였다. 그래서 나는 '오, 알다시피', '클럽에서 다쳤어'라고 하였다.

반면에 여성의 신체는 남성의 신체보다 훨씬 더 세심히 살펴지며 신체적 부상을 포함하여 피부에 흠, 불완전함 또는 여성의 규범에서 벗어난 흔적이 없어야 한다는 기대가 존재한다. 여성의 신체, 성 정체성 및 행동은 모든 연령대에서 남성의 신체보다 훨씬 더 철저하게 관리된다는 사실과 함께 특히 여성이 자신의 생물학적 및 외부 위협에 취약한 것으로 보이는 청소년기 동안에는 더욱 철저하게 관리된다(Frost, 2000). 따라서 자해가 여성과 소녀들 사이에서 훨씬 더 눈에 띄고 문제가 되는 것은 놀라운 일이 아니다. 동시에 여성과 소녀들은 아름다워지고, 인정받고, 심지어 '자연스러워' 보이기 위해 매일 자신의 몸을 고통스럽게 하고 때로는 약화시키는 행위(예: 뽑기, 왁싱, 코르셋, 하이힐 착용, 음식 제한)를 해야 한다고 여겨진다. 많은 여성과 소녀들이 여성의 체화라는 모순적인 요구에 시달리며 종종 Liz Frost(2000)가 묘사한 '신체 혐오'를 경험하며, 이는 자해와 밀접한 관련이 있는 것으로 발견되었다. 몸에 대한 혐오와 자해의 연결고리는 우리가 무언가를 좋아하지 않으면, 그것에 상처를 입히고 손상시키는 것이 쉽다는 점에서 이해할 수 있다.

마찬가지로 '신체 혐오'는 지적 장애가 있는 사람들 사이에서 자해의 원인으로 흔히 인용되며 (Heslop & Macaulay, 2009), 그들의 삶을 형성하는 제약들과 문화적 인식을 반영한다. 예를 들어, 지적장애가 있는 사람들은 행동, 외모 및 삶의 선택 측면에서 엄격하게 감시되며, 그들의 성정체성은 완전히 존재하지 않거나 과도하거나 약탈적이고 위험한 것과 같이 병리적으로 해석된다(Wilkerson, 2002).

마지막으로, 성별과 자해의 관계성을 고려할 때, 자해를 하는 트랜스젠더의 경험을 고려하는 것이 중요하다. '트랜스(trans)'라는 용어는 그들이 느끼는 정체성에 맞춰서 신체에 의학적 개입을 시도했는지의 여부에 관계없이 성별 및 성 정체성이 출생 시 정해진 성별(즉, 남성 또는 여성)과 동일하지 않은 사람들을 의미한다.6) 트랜스들은 역사적으로 전 세계에 존재해왔다. 많은 소규모 문화는 현대의 '서양(western)7)'문화보다 훨씬 더 복잡한 성별과 성 개념을 가지고 있다. 여기서 트랜스젠더는 정상적인 성 정체성 범위의 일부이다(Brettell & Sargent, 2004; More & Whittle, 1999). 그러나 '서양' 의학에서는 트랜스라는 것을 정신질환으로 정의한다. 일반적으로 성 정체성 장애(GID)8)로 정의되지만 해리성 정체감 장애 또는 다중인격 장애로도 정의된다(DiStefano, 2008).

비표준적인 성별 표현을 병리화하는 문화 내에서 트랜스로 사는 경험은 정신건강과 안녕감에 중요한 영향을 미친다. 연구에 따르면 트랜스젠더의 76%가 항우울제를 복용했고 53%가 자해를 경험하였다(McNeil et al., 2012). 자해의 중요한 요인은 성 정체성 갈등과 관련된 문제였으며 63%는 성전환 이후보다 이전에

---

6) 다른 용어로는 트랜스젠더(transgender), 트랜스섹슈얼(transsexual), 비이항성 성별(non-binary gender), F2M, M2F, 및 성별 변이(gender variant)가 포함된다. 나는 포괄적이고자 'trans'를 사용한다.

7) '서양'이라는 용어를 사용하는 것은 세계를 '서부/규범과 비-'서부/기타의 계층 구조로 나누는 민족 중심적인 세계관에 바탕을 두고 있기 때문에 정치적으로 논쟁의 여지가 있다. 그러나 '서양의' 가치와 관점은 건강과 질병에 대한 접근 방식에 큰 영향을 미쳤으며, 그 중 많은 것들은 특히 자해에 대한 이해와 대응에 역효과를 낸다. 그러므로 많은 사상, 믿음, 관점의 '서구' 기원은 이 용어의 무비판적인 사용을 정당화하는 것 없이 인정되어야 한다. 이 책에서 '서구'라는 용어가 사용되는 곳이 어디든지 간에, 나는 이를 비판적으로 사용하는 것을 의도하며, 비판적인 사용을 강조하기 위해 인용부호 안에 쓰고 대문자를 사용하지 않는다.

8) DSM-5는 '정신 장애'에 대한 두 가지 주요한 '서구적' 정신 진단 매뉴얼 중 하나이다(다른 하나는 World Health Organization의 ICD-10이다). DSM-5는 GID에 대한 이의제기에 대응하여 GID의 정의를 일부 수정했다. 그러나 진단이 완전히 삭제되지는 않았다.

더 자해를 많이 했다고 답했다. 자신을 해하는 가장 흔한 방법은 긋기, 주먹질, 머리치기, 물기 등이 있었지만 가슴과 성기 '절단' 또한 흔했다. 중요한 것은 자기 거세가 특정 형태의 자해로 인식되고(Favazza, 1996) 트랜스젠더에 의해 자주 보고되지만(McNeil et al, 2012), GID 진단 기준에는 포함되지 않았다는 것이다.

McNeil과 동료(2012)들은 트랜스젠더의 60%가 특히 트랜스 정체성과 관련된 이유로 자해를 한다고 밝혔다. 그 이유에는 신체 혐오, 치료 문제, 의료 서비스 및 제공자, 사회 전반에서의 부정적인 태도가 포함되어 있었으며, 20%는 자신이 보내진 성 정체성 클리닉에서 치료를 받은 것이 직접적으로 자해를 하게 된 결과를 초래했다고 보고했다. 그들은 또한 지지부족, 괴롭힘, 죄책감 및 수치심, 관계 붕괴, 고립, 외로움 및 아동학대를 포함하여, 성전환에 특정되지 않는 자해의 다양한 이유를 보고하였다. 이러한 감정과 경험은 정체성에 관계없이 자해하는 사람들에게 공통적이다. 이는 특정 젠더 경험이 특정 취약성을 조장하는 반면 자신을 해치는 모든 사람들에게 공통된 주제가 있음을 강조한다. 이에 대해서는 3장과 4장에서 자세히 살펴본다.

나이와 자해

여성성이 정신적 취약성 및 자해와 관련된 것과 같이 청소년기도 마찬가지로 관련이 있다(예를 들어, Gollust, Eissenberg & Golberstein, 2008; Moyer & Nelson, 2007; UNICEF Ireland, 2011을 보아라). 청소년기는 그 자체로 정신 질환과 거의 동의어로 간주될 정도로 취약성, 일탈 및 기능 장애와 점점 더 연관되어 왔다. 청소년기는 그 자체로 '다양한 개입과 개선이 필요한 어려움과 혼란의 시기'이다(Frost, 2000: 81). 따라서 이러한 견해는 잠재적으로 청소년 자해의 중요성을 최소화하고 청소년기가 단지 시작점이라는 가정을 강화한다. 그러나 많은 사람들은 Mark(용어에 대한 위의 내용 참조)와 Colm(위의 성별에 대한 부분 참조)이 설명했듯이 자해가 발견되기 전에 상당한 기간 동안 다양한 방식으로 그들 자신을 해쳐왔다. 그럼에도 불구하고 시작점은 자해가 전문 서비스의 주목을 받는 지점으로 추정된다. Clare의 경험에 따르면 '20살에 정신과를 처음 방문하였고 적어도 그 이전의 10년 동안 자해를 해왔다. 그럼에도 불구하고 정신과 의사는 3년차인 것으로 진단(diagnosed third year nerves)하였다[예: 대학 마지막 학년 시험].'

따라서 자해하는 어린이 및 청소년에 대한 상반되는 태도들이 존재한다. 청소년은 청소년기에 특히 자해와 또래의 압력에 취약한 것으로 여겨지지만 동시에 더 어린 아이들의 자해의 증거는 종종 등한시되었다. Mark와 Emma의 경험은 어린 시절 자해의 중요성뿐 아니라 성인들이 얼마나 빨리 그들의 자해를 최소화하려 했는지 강조한다. Emma는 다음과 같이 설명하였다:

자해를 하게 된 첫 번째 기억은 5살 때 아래층으로 뛰어내려서 정신을 잃은 것이었다. 나는 성적으로 학대한 사람을 피하기 위해서 그랬었다. 나는 이것이 내가 나이가 들면서 정기적으로 자해를 하게 된 계기라고 생각한다.

Mark도 비슷한 시기에 자해를 시작하였다고 한다:

자해 또는 자상에 대한 첫 기억은 4살이었고, 내가 날카롭게 깎은 막대 사탕 스틱으로 내 입안에 상처를 입혔다. 그리고 나중에는 머리를 뽑는 시기를 정확하게 기억하고… 공격적인 단계에 이르렀고 상당한 양의 부분탈모가 있었으며, 아마 그때가 10살에서 14살 사이였을 것이다. 나의 엄마는 첫 번째 사건을 알고 계셨지만 내 생각에는 어리다는 이유로 넘어갔던 것 같다… 하지만 그 단계에서 집안에 갈등이 있었다… 10살 이후로는, 분명히 내가 앉아서 머리를 뽑으면 엄마가 '뭐하니? 머리 좀 그만 뽑아!'라고 했었다. 하지만 내가 뭔가 바보 같은 행동을 한다는 것 그 이상으로는 생각하지 않았었다.

Clare의 자해는 십대에 점점 더 분명해졌지만, 그녀는 어른들이 그것을 간과하려 했다는 것을 알았다:

10살 무렵부터 자해를 했지만 20살까지는 어떤 서비스도 받아 본 적이 없었다. 15살 무렵쯤에

학교로 엄마가 데리러 왔다가 무언가를 들은 듯한 어머니가 '손목에 이 상처들은 어쩌다가 생기 거니?'라고 하였고 나는 '아, 철조망 때문에 이렇게 됐어요.'라고 하였다. 실제로 나에게 더 많은 질문을 하거나 '앞뒤가 안 맞는데?'라고 생각하는 것보다 이 설명을 더 쉽게 받아들였다고 생각했다. 그래서, 뭐, 눈치를 챈 사람들도 있었다고 생각하였지만, 아무도 실제로 그것에 대해 무언가를 하지 않았다.

Emma는 어른들이 십대 때 자신이 자해를 한다는 것을 알고 있었지만 모두 비슷하게 그것에 대해서 그녀에게 이야기하지 않았다고 말했다. '나는 대마초를 피우다가 13살 때 학교에서 퇴학을 당했고, 이 무렵에 담임선생님은 내가 자해를 한다는 것을 알게 되었다. 이것에 대해서 별 이야기를 하지 않았었다.'

Mark와 Clare는 자해가 등한시 되는 방식에 대해 복합적인 감정을 가지고 있었다. 두 사람 모두 도움이 되는 반응(예를 들어, 그들이 겪고 있는 심리적 스트레스와 어려움에 초점을 맞추는 것)이 그 시기에 그들의 인생에서 큰 영향을 미쳤을 것이라고 느꼈다. 그러나 성인이 된 그들은 자해에 대한 건설적인 반응을 얻을 수 있는 가능성이 매우 낮다는 것을 알고 있었다. Calre는 다음과 같이 이야기하였다: '되돌아보면, 나는 감사하다[자해가 무시된 것이]. 글쎄, 정말 복합적인 감정인데…' 나는 그것이 큰 실패라고도 생각했다. 왜냐하면 내가 생각했을 때, 그 시기에 도움이 되는 반응은 아주 큰 변화를 가져왔을 것이기 때문이다. Mark는 다음과 같이 동의하였다:

만약 누군가가 관심을 주고 올바른 방식으로 반응했었다면, 그래… 나는 당시 매우 내성적이었고, 누군가가 관심을 갖고 발견해주는 것이 필요했을 것이다. 그런데, 이렇게 이야기하지만, 나는 누군가가 나를 자해하는 것으로부터 분리하려고 시도한다면, 그 사람을 싫어했을 것이다. 알다시피, 누군가가 부상이나 탈모 또는 다른 결과물을 알아차리고 그것에만 집중했다면 말이다. 그럼에도 불구하고, 예를 들어, 자해는 행해지는 그 행위 자체만이 다가 아니라는 사실이 나에게 매우 강하게 자리 잡고 있다. 나에게 일어나고 있는 것은 얼마나 힘들었는지에 대한 것이었으며, 다른 모든 것들은 이와 관련하여 일어나고 있었다. 따라서, 나의 두려움, 세상에 대한 두려움, 외로움, 때때로는 고립, 자해가 전부라기보다는 모든 다른 것들의 부분이었고, 아직까지 내가 행하고 있는 것이며, 알다시피, 자해는 무언가에 대한 증상으로 보인다. 맞다, 그 자체로도 중요하다, 특히 내가 삶을 위험에 빠뜨렸을 때에는 말이다. 하지만 더 중요한 것은 '문제가 무엇인지?'이다.

전반적으로 청소년들은 매우 중요한 이유로 자해를 하지만, 자해를 하는 청소년들에 대한 접근 방식은 종종 그들의 부상에 대한 중요성을 축소하고 청소년이 문제가 있다고 여긴다.

마지막으로, 성인과 노인들이 자해를 하지 않는다는 일반적인 인식이 있다. 그러나 특별하게 노인과 자해에 초점을 맞춘 연구는 많지 않지만, 교도소, 정신과 및 전문 병원과 지적 장애를 가진 사람들을 위한 기관들에 있는 성인들의 자해에 대한 많은 증거들이 있다(Birch et al, 2011; Liebling, Chipchase & elangi, 1997; Lord, 2008; Groves, 2004; Heslop & Macaulay, 2009). 자해를 하는 노인(65세 이상)의 특정 경험에 대한 연구는 다른 취약 집단과 유사한 특징을 강조한다: '외로움, 서비스 지원 부족 및 열악한 지역 사회의 통합이 중요한 요소이다.'(Dennis et al, 2005: 539). 또한 다른 형태의 학대와 마찬가지로 노인 학대 문제가 자해와 관련있을 수 있다는(Help the Ages, 2004; Phelan, 2013) 인식이 증가하고 있다(3장 참고).

자해는 어린 아이일 때부터 노인에 이르기까지 모든 연령대에 걸쳐 존재한다고 볼 수 있으며, 삶의 과정의 특정 단계에서 더 잘 보일 수 있지만, 이는 자해의 본질적인 속성이라기보다 연령(및 성별)의 사회적 구조를 반영한 것이다. 한 서비스 제공자는 다음과 같이 말했다: '우리가 본 가장 어린 아이는 7살이었고 가장 나이가 많은 사람은 68세였다. 70세가 가장 나이가 많다고 생각했지만 그 당시 68세였다. 많은 이들이 남성이었다. 특별한 특징이 있는 것 같지는 않았다.' 전반적으로 자해를 정의하고 측정하는 것과 관련된 다른 문제와 마찬가지로 성별과 연령에 대한 가정과 특히 청소년 여성의 자해율이 더 높다고 가정하는 것은 정확하지 않으며, 잘못된 표현으로 비롯된 것으로 밝혀졌다.

✖ 챕터 요약

이 장에서는 자해에 대한 철저한 이해를 위해 필요한 핵심 주제들을 알아보았다. 여기에서 자해와 자살시도의 차이, 그리고 자기 자신에게 상처를 입히는 사람들의 방식의 범위가 포함되었으며, 모든 내용은 고정관념에 저항하고 자해에 대한 많은 가정에 이의를 제기한다. 사춘기 여성이 자해와 자해를 발생시킨 근본적인 경험 모두에 취약하다는 등의 자해에 대한 오해에도 이의를 제기한다. 자해를 정의하고 측정하는 방법에 대한 비판적 탐구는 또한 자해를 하는 사람들을 적절하게 알아차리고 대응하지 못할 때의 잠재적인 영향을 강조하였다. 따라서 이 장에서는 효과적인 대응을 위한 첫 번째 단계로 자해에 대한 광범위하고 전체적인 이해를 위한 기초를 제공한다.

이 장에서 살펴본 주제들은 개입하기 전 이해하는 것에 대한 중요성을 다룬다. 유용한 반응을 하기 전에 각 개인의 경험을 이해하는 것이 중요하다. 이러한 이해를 하기 위해서는 시간이 소요된다. 진단 체크리스트의 몇 가지 간단한 질문이나 통계적 설명에 기반한 추정으로는 해낼 수 없다. 또한 전체를 설명하기 위해 자해의 유형이나 범위를 가정할 수 없다. 시간을 가지고 각 개인에게 귀를 기울이고 그들의 심리적 스트레스에 대해 듣고 이를 통해 전달되는 내용을 듣는 것이 필수적이다. 너무 자주 자기 자신에게 상처를 입히는 사람들은 자살이 임박했다는 잘못된 두려움 때문에 자신의 자율성과 개별성(그리고 종종 그들의 존엄성과 권리)이 박탈되는 '위기 대응' 상황에 처하게 된다. 자살과 자해의 차이를 이해하면 이러한 두려움을 완화하고 적절한 관심과 이해를 위해 시간과 공간을 이용할 수 있는 환경을 만들 수 있다.

●○ 학습한 내용 실무에 적용하기

정의	자해는 대처하고 살아남는 것이다.
작업원칙	• 개입하기 이전에 이해하기 • 꼬리표를 붙이지 않고 귀 기울이기
실무적용	• 반응이 아닌 심사숙고 • 적극적인 경청

정의: 자해는 대처하고 살아남는 것이다.

자해는 대처하고 생존하는 방법이며 종종 누군가가 한동안 사용해온 방식이다. 위험보다는 회복의 조짐이라고 볼 수 있으므로, 큰 위기개입은 필요하지 않다. 누군가 자신의 생명을 위험에 빠뜨릴 수 있는 부상을 입은 경우에는 의료 조치를 받아야 한다. 개인이 목숨을 끊으려고 했는지 확실하지 않은 경우, 이에 대해 명확하고 직접적으로 질문해야 한다.

작업 원칙

1. 개입하기 이전에 이해하기

이 원칙은 모든 대응 및 서비스의 기반이 되어야 하며, 모든 관련 세부사항을 명확하게 이해할 때까지 어떠한 조치도 취하지 않아야 한다는 것을 의미한다. 위기 상황은 즉각적인 반응을 요구할 수도 있지만 자해는 이러한 점으로 보았을 때 위기라고 하지 않으며 조력자들은 행동하기 전에 개인과 그들의 심리적 스트레스에 대해 듣고 이해하는 시간과 공간을 확보해야 한다.

2. 꼬리표를 붙이지 않고 귀 기울이기

첫 번째 원칙을 바탕으로, 각각의 사람이 개인으로서 경청되고 받아들여지며, 조력자들은 그들의 경험에 섣불리 꼬리표를 붙이거나 분류하지 않고, 그 사람의 관점에서 이해할 수 있도록 하는 것이 중요하다. 꼬리표는 의사소통을 중단시키며 종종 개인이나 경험을 정확하게 반영하지 않는 정보에 기반을 둔다. 위에서 설명한 것처럼 자해에 대한 많은 통계 및 정의가 실제 경험과 일치하지 않는다는 점에서, 특히 중요하다.

활동

- 살아오면서 당신이 사용해왔던 모든 대처방식을 적어보아라.
- 그 리스트를 세 열로 나누어서 분류해보아라: 건강한, 해로운, 중립적인
- 당신이 주로 해로운 대처방식으로 분류된 방법을 사용하는 사람이라면 기분이 어떨지 생각해보아라.
- 당신이 자해한 사람들에게 꼬리표를 붙이거나 평가를 하는 방식에 있어서 이 활동을 통해서 무엇을 배울 수 있다고 생각하는가?

응용 연습

1. 반응이 아닌 심사숙고

이해는 정보뿐만 아니라 심사숙고가 필요하다. 따라서 심사숙고하는 것은 도움이 되는 대응을 위해 필수적이다. 심사숙고는 우리 자신의 '수하물', 즉 우리의 감정 및 욕구를 다른 사람들의 감정 및 욕구로부터 구분하는 방법이다. 또한 당장 드러나는 상황보다 더 큰 그림을 그리는 방법이기도 하다. 심사숙고를 촉진하는 간단하고 효과적인 방법은 특정 상황에서 존재했던 생각, 감정 및 감각에 초점을 맞추고, 이러한 것들이 어디에서 생겨나게 된 것인지 알아보는 것이다. 학술지가 도움이 될 수 있으며 동료, 슈퍼바이저, 또는 친구와 이야기를 나누는 것 또한 도움이 된다. 심사숙고를 연습하는 것은 매우 어려운 상황에서도 자기 인식과 반응을 향상시킬 수 있다. 성찰적인 전문가는 자신의 감정과 반응을 파악하고 다루며, 다른 사람의 필요와 경험에 집중할 수 있는 시간과 공간을 만든다. 이러한 실천은 자해에 도움이 되는 대응에 있어서 매우 중요하며, 이 개입들은 자기 자신에게 상처를 입힌 사람의 욕구들보다는 도움을 주는 사람의 두려움과 불안을 해결하는 데에 종종 초점을 맞춘다.

2. 적극적인 경청

적극적인 경청은 건강 및 사회복지분야의 많은 전문가들의 핵심 기술이다. 하지만, 일상적인 업무의 압력에 의해서 쉽게 등한시 된다. 또한 삶의 모든 영역에서 큰 효과를 낼 수 있는 기술이기도 하다. 완전한 주의를 기울이며 편견 없이 듣는 것이 가장 효과적인 반응 중 하나이기 때문에 시간을 가지고 적극적으로 경청하는 기술을 되살리는 것이 중요하다. 자해를 하는 사람들은 '진심으로' 경청하는 것이 그들에게 제공할 수 있는 가장 긍정적인 지지 중 하나라고 설명한다.

Clare는 경청을 도움이 되는 반응의 가장 중요한 요소라고 설명하였다:

모든 개인에게 적용 가능한 유일한 원칙은 경청하는 것이다. 때때로 그것은 사람들이 말하고 싶어 하지 않은 내용을 듣는 것일 수도 있다. 그럼 그 말에도 경청하고 당신이 듣는 것들을 명확하게 존중을 해라! 개의치 말고 계속 그렇게 해라!

Amanda는 조력자가 '그 사람에게 일어나는 일을 믿어야 한다; 어떤 식으로든 그들에게 꼬리표를 붙이지 말아야 한다; 정말로 듣고 경청해야 한다'고 강조했다. 그럼에도 불구하고, 경청은 종종 평가절하되고 사람들은 '더 많은 것을' 해야 한다고 느낀다. 이는 자해 서비스의 자원 봉사자들에게는 빈번한 경험이었는데, 그들은 종종 '듣기만 하는 것을 매우 무력하게 느끼고 이것의 가치에 대해 정말로 의문을 품게 되지만, 실제로 듣기만 하는 것은 정말로 강력하다'라고 설명했다. 이전에 적극적인 청취를 시도하지 않았던 사람들을 위해, 이용할 수 있는 많은 자원이 있고,[9] 집에서 연습하는 것 또한 매우 강력한 결과를 가져올 수 있다!

활동

- 당신이 '발끈하여' 순간적으로 반응한 상황을 떠올려봐라. 이는 대화 중에, 혹은 문자, 이메일, 혹은 SNS에 대한 반응일 수 있다.
- 이제 당신이 모든 맥락적 관점과 어떻게 행동할지를 결정하기 전에 무엇이 일어나고 있는지에 세심한 주의를 기울였던 상황을 생각해보아라.
- 당신은 첫 번째 상황을 줄이고 두 번째의 방식으로 반응할 가능성을 높이기 위해 무엇을 할 수 있다고 생각하는가?

---

9) 예시로, www.mindtools.com/CommSkll/ActiveListening.htm (accessed 23 August, 2016)을 참고하라.

CHAPTER

2

고통의 구체화:
자해의 기능

고통의 구체화:
자해의 기능

　　이전 장에서는 자해가 사람들이 자신의 감정과 경험을 다루기 위해 사용하는 대처방법이라고 강조하였다. 이번 장에서는 자해가 이러한 방식으로 기능하는 방법과 이유에 대해 알아볼 것이다. 인간의 경험을 구체적으로 이해하고, 세계 각지에서 온 신체 의식의 목적을 탐구하는 것은 신체적 고통과 손상이 강력한 정서적, 신체적, 상징적, 사회적 그리고 신체적 영향을 가진다는 것에 대한 통찰을 제공한다.

　　신체 상해(자신 또는 타인에 의한)는 오래되고 보편적인 인간 전통의 일부인데, 이는 모든 시대에 걸쳐 집단과 사회에 있어 중요한 기능을 해왔다. 신체절단, 고통 및 피는 다양하고 강력한 상징적 의미를 가져왔다(그리고 계속 가지고 있다)(Babiker & Arnold, 1997: 20).

　　신체에 대한 직접적인 고통과 부상이 보편적인 인간 현상이라는 것을 인식하는 것은 자해에 대한 더 심층적인 이해를 가능하게 하며 자해에 대한 두려움, 혼란 및 오해의 상당 부분을 없앨 수 있다.

　　또한 이 장에서는 자해 기능의 범위와 이에 있어서 종종 모순되는 성질을 강조한다. 자해의 기능은 광범위하게 이해될 수 있지만 항상 개인에게 고유하며 모두에게 적합한 대응 모델은 존재하지 않는다. 그럼에도 불구하고, 자해의 기능을 이해하기 위해서는 체화를 이해하는 것이 중요하다.

체화(Embodiment)

일반적인 '서양' 문화, 특히 '서양' 의학에서는 정신, 신체, 정서, 그리고 사회/문화를 구분된 독립체로 여기며[1], 질병은 단순히 정신적 또는 육체적 병리라는 인간에 대한 단편적인 인식을 가지고 있다. 그러나 일반적으로 인간의 경험은, 특히 자해의 경우, 이러한 관점보다 더 복잡하다.

개개인의 신체가 집단적인 사회적 신체를 반영하고 있고, 각 신체는 끊임없이 다른 인체를 창조하고 지탱하고 있다는 것은 분명하다. 현실의 오인, 죄책감, 부정적인 자기상, 반사회적 행동 그리고 우리가 개인의 정신질환과 연관 짓는 모든 증상들은 공동의 '신체'의 심리적, 사회적, 문화적, 육체적 온전성과 관련되지 않고는 이해할 수 없다(Favazza, 1996: xiii).

나아가 이런 식으로 인간의 경험을 단편화하는 것이 가능하거나 바람직하다는 생각은 오래된 철학과 관행과는 반대되는 것이다. 이는 인간성의 신체적, 정서적, 정신적, 사회적, 영적/상징적 측면과의 상호연결성에 뿌리를 두고 있다. 이러한 전체적인 관점(오늘날 치료법에 점점 더 많이 통합되고 있는(5장 참조))은 우리의 신체, 정신, 정서, 에너지/정기를 서로 분리할 수 없는 것으로 여기고 우리가 살고 있는 맥락에 의해 형성되는 것으로 간주한다. 이러한 방식으로, 우리의 모든 경험들은 구체화된다. 즉, 신체적, 감정적, 정서적, 사회적, 상징적, 정신적 요소들이 교차하는 것이다. 우리의 정체성, 정서, 경험은 우리의 신체를 통해

---

[1] '서구'라는 용어를 사용하는 것은 세계를 서구/일반과 비서구/기타 계층으로 나누는 민족 중심적 세계관에 바탕을 두고 있기 때문에 정치적으로 논쟁의 여지가 있다. 그러나 '서구적인' 가치관과 관점은 건강과 질병에 대한 접근방식에 큰 영향을 끼쳤고, 그 중 상당수는 특히 자해를 이해하고 이에 대응하는 데 역효과를 초래한다. 따라서 여러 사상, 신념, 관점의 '서구'적 기원은 이 용어의 무비판적 사용을 정당화하지 않고 인정될 필요가 있다. 이 책에서 '서구'라는 용어가 사용되는 곳이라면, 나는 그것을 비판적으로 사용할 것이고, 나는 역쉼표(inverted commas)로 배치하고 이 비판적 용법을 강조하기 위해 대문자를 사용하지 않는다.

조정되고 전달된다. 이 근본적인 체화/전형(embodiment)은 신체에 대한 육체적 고통과 상해가 이 모든 차원, 즉 육체적, 정신적, 정서적, 사회적, 상징적 측면에서 강력한 영향을 미친다는 것을 의미한다.

체화/전형(embodiment)된 관점은 우리의 능력, 경험, 의미 형성 과정의 복잡한 상호관계를 강조하고, 자해가 대처기제로써 기능하는 방법을 이해하는 핵심이다.

이 장은 다음과 같은 주제를 통해 자해의 기능을 탐구한다. 1) 신체적 및 상징적 기능, 2) 사회적 및 정치적 기능, 3) 정서적 및 대인 관계적 기능. 마지막 부분에는 자해를 통한 대처의 역기능에 대한 탐구가 포함된다.

신체적 및 상징적 기능

치유와 의학

신체에 고통과 부상을 입히는 것의 첫 번째 기능은 신체적, 상징적 용어로 치유와 안도감을 제공하는 것이다. 현대의 '서양' 의학은 신체적 건강과 정신적(그리고 정서적) 건강을 분리하고 실존적 또는 영적 행복의 문제를 완전히 의학의 영역 밖에 있다고 간주하는 단편적이거나 분리된 모델에 바탕을 두고 있다. 그러나 이것이 항상 그랬던 것은 아니다; 이 분리가 일어난 것은 비교적 최근이다. 19세기 이전에는 육체적(열병, 매독, 홍역 등)인 것, 정신적/정서적(신경발작, 우울증 또는 '무기력')인 것, 영적(악령에게 홀리는 것)인 것 모두 신체와 구분될 수 없다고 여겨 모두 신체적인 개입으로 치료되었다. 1세기가 넘는 기간 동안(그리고 유럽 지역에서는 20세기 초까지), 피를 뽑는 것이 이러한 개입 중 가장 일반적이었다(Hackett, 1973). 피를 뽑는 것은 인간의 몸이 몸속을 헤집고 다니는 각 개인의 신체적, 정신적, 정신적 차원을 상호 연결시키는 네 가지 체액(humours)으로 이루어져 있다는 믿음에서 시작되었다. 이러한 체액(humours)의 불균형에서 교란이 일어났고, 그 중 피가 가장 강력했기 때문에(그리고 물리적 증거가 있는 유일한 것) 채혈은 균형을 회복하고 환자를 다시 건강한 상태로 되돌리기 위해 이용됐다(Hackett, 1973). 정맥을 숨쉬게 한다고(Breathing a vein) 알려진 출혈은 일반적으로 건강을 증진시킨다고 믿었으며, 태아를 건강하게 하기 위해 임산부에게 정기적으로 피를 뽑는 것을 권장하기도 했다. 실제로 피를 뽑는 것이 유행하여 유복한 집안에서는 피로 화려하게 장식된 그릇이 집안 유산의 일부가 되었고, 이를 집안의 은제품들과 함께 대대로 물려주었다(Starr, 2000).

피를 뽑는 것은 더 이상 현대 의학에 속하지 않지만, 피는 그 상징적인 힘을 잃지 않았다(아래 참조). 실제 권위 있는 의학전문지 'The Lancet'은 환자의 피를 흘릴 때 사용했던 날카로운 칼날 기구에서 그 이름을 따왔다(Hackett, 1973). 게다가, 신체적인 개입은 정신적 혹은 정서적 상태를 치료하기 위해 전기충격요법(ECT), 뇌수술, 혐오요법 등을 포함한 정신과 실습에서 계속 사용되었다(Dickinson, 2015).

자해는 비슷한 방식으로 기능한다: 이는 정신적 또는 정서적 상태를 다루기 위해 신체적인 개입을 사용하는 치유의 시도로서, 매우 강력한 영향을 미칠 수 있다. 실제로 Joseph은 10대 때 종종 쓰러지고 과호흡하며 부분적으로 의식을 잃곤 하는 압도적인 불안발작(anxiety attacks)에 대응하기 위해 자기 자신에게 상처를 입히기 시작했다:

그것은 언제나 공황 발작과 함께 시작되곤 했는데, 주위에 아무도 없을 때 내가 혀를 삼킬까 늘 두려웠고 나는 숨을 참았다. '내가 스스로에게 고통을 준다면 공황 발작이 일어나지 않고 기절하지 않고 혀를 삼키지 않을 것'이라고 생각했다. 그래서 나는 심한 고통을 통해 그것을 못하게 하도록 내 자신을 베곤 했다.

그리고 Joseph은 '물론, 그것은 이성적인 사고가 아니었다'고 느꼈지만, 그럼에도 불구하고 다음과 같은 효과가 있었다: 그가 자해하기 시작했을 때, 공황 발작은 줄어들었다. 그러므로 Joseph의 자해는 그가 당면한 어려움과 직결된 기능이었다는 것을 알 수 있다. 그런 만큼, 자해를 관리방법으로 삼았다는 사실보다는 그의 극심하고 압도적인 불안감의 원인에 초점을 맞추는 것이 도움이 되는 대응일 것이다.

한의학과 같은 오래된 형태의 의학과 치유에서는 심신, 정신, 그리고 신체적, 정서적 고통과 웰빙과의 관계에 더욱 복잡하게 접근한다. 예를 들어, 침술은 바늘을 이용하여 체내의 보이지 않는 에너지 흐름을 활용하고 신체적인 치유뿐만 아니라 정서적/정신적 이완을 촉진한다. 이는 불면증, 만성통증에서부터 중독에 이르기까지 전 범위에 걸쳐 이용된다(Brumbaugh, 1993; Vickers et al., 2012). 자해는 정확히 같은 방식으로 기능한다: 신체적 개입은 다양한 맥락에서 정신적, 정서적 안도감을 제공한다.

또한 자해는 눈에 보이지 않는 정서적 고통을 눈에 보이는 육체적 상처로 옮겨 치료하고 치유할 수 있는 상징적 기능을 가진다(Babiker & Arnold, 1997; Chandler, 2013). '물리적 고통을 다루는 것이 손으로 만질 수 없는 고통을 다루는 것보다 더 쉽다 […] 고통이 없어진 것은 아니지만 그래도 여전히 도움이 된다(Chandler, 2013: 724). 이러한 상징적 치유는 신체적 영향만큼 강할 수 있으며, 특히 사람들의 고통과 분투가 은폐되거나 거부되었을 때 더욱 그렇다: '내가 불안감이나 공포감을 느낄 때, 그것은 타당한 결과처럼 느껴진다'; '고통을 어느 정도 덜어주는 데 도움이 된다'(Babiker & Arnold, 1997: 75-76). 그러면 신체적 고통은 직접적이고 상징적으로 치유감을 제공할 수 있다.

피와 상징

신체적 부상의 상징적 특징, 특히 눈에 보이지 않고 어쩌면 인식되지 않는 내면의 고통을 명백한 '실제'인 외상으로 옮기는 정서적 효과를 이해하는 것 역시 피와 출혈의 강력한 상징적 기능을 잘 보여준다. 오늘날, 우리의 첨단 기술 사회에서, 우리는 스스로를 이성적이고, 과학적이고, 논리적인 것으로 간주하지만, 우리의 문화는 우리 몸에 대한 상징성, 미신, 신비주의로 가득 차 있다.

피는 모든 신체 물질 중 가장 상징적인 것이다 […] 뛰는 심장에 의해 몸속으로 퍼져가는 피는 생명력의 본질이다. 피를 흘린다는 건, 태어날 때 생명을 주고, 죽을 때는 생명을 뺏어간다. 오랜 시간 동안, 피는 피의 희생에서 십자가에 못 박히고, 성도들의 순교에 대한 육체의 고행과 예수의 상처를 나타내는 황홀한 성흔부터 성찬식에서 그리스도의 피를 나타내는 포도

주를 마시는 것과 같이 고통과 구원, 경건함과 깨달음을 보여주기 위해 종교적 의식에 사용되었다: 출혈은 항상 초기 의학의 채혈에서부터 악감정의 심리적 해방까지 항상 치유를 상징해 왔고, 은유적으로 '나쁜 피를 제거한다.'라고 알려졌다(Strong, 2000: 34).

'출혈은 항상 치유를 상징한다'의 인식은 부상의 강력하고 전이적인 효과를 이해하는 데 필수적이다. (위에서) Strong이 언급했듯이, 이것은 역사를 통틀어 의학, 종교, 사회적 의식에 없어서는 안 될 요소였고, 오늘날 개인 차원에서 행해지는 것만큼 강력하다. 몸에서 분비되는 피를 보고, 사람들은 더 차분해지고 죄책감을 덜어내며 나쁜 감정을 몰아내며 오염되지 않은 자아의식으로 회복된다(Babiker & Arnold, 1997; Harris, 2000; Spandler, 1996). Amanda는 '내가 13살이나 14살 때, 내 손에 피가 나는 것을 보기 위해 창문을 때려 부수고 다녔던 사건이 있었다'라고 말했다. 다른 사람들은 '내가 피를 보면 안심하고 모든 끔찍한 것들이 사라지는 것 같다고 느끼고 괜찮아진다'는 것을 알고 있었다(Babiker & Arnold, 1997: 72) 그리고 '세면대에서 피가 흘러내려가듯이 분노와 괴로움도 사라진다'(Harris, 2000: 167)라고 말한다:

만약 내가 한 번만 그어서 내 혈관에서 피가 나오는 것을 본다면, 그것은 나를 깨끗하게 할 것이다. 내 혈관에 달라붙어 있는 더러움이 모두 없어졌다는 것을 느끼게 해준다(Spandler, 1996: 31).

자해에서 흘러나오는 피는 사회적, 심리적, 정서적 차원에서 강력한 상징적 기능을 가진다. 이러한 기능들 중 많은 것들이 사회와 종교적인 관습에 통합되어 있고, 이것은 또한 사람들이 자해를 할 때 강력한 심리적 영향을 끼친다.

제거(purging)와 처벌

의학에서와 마찬가지로 신체 부상, 고통 및 피를 흘리는 것은 특히 처벌, 구속 및 구원과 관련하여 전 세계의 영적 관행에서 치유 및 정화를 행하는 매우 중요한 수단이다. 신체를 제거하고 정화하고 처벌하는 것은 일반적으로 인간의 신체에 대해 부정적인 견해를 가지고 있는 수직적이고 가부장적인 종교에서 신성한 관습으로 간주된다. 이러한 종교의 경우 명확한 권력서열을 가지고 있으며, 하나의 남성신으로부터 시작하여 남성을 따라 이어진다. 여기에서 개인은 죽음이나 의식적 관행을 통해 육체로부터 분리되면서 순결이나 영적 은총상태에 도달할 수 있다. 또한, 개인(일반적으로 남성)은 신체적 고통과 금식을 이겨내면서 그들의 육체적 욕구를 초월한다.

기독교에서 신체적 고통과 궁극적으로 죽음을 통해 성취되는 신성함은 기독교 세계의 부활절 축제 기간 동안 예수의 고문, 십자가 처형과 재현에서 나타난다. 기독교 전통은 또한 그들의 죄를 속죄하고 은총의 상태에 들어가기 위해 고문, 금식, 자기희생을 겪은 성도들과 순교자들로 가득 차 있다(Favazza, 1996; Synott, 1993). 기독교인이 행하는 자학의 역사적 관행은 고행자가 자신의 죄를 속죄할 뿐만 아니라 더 넓은 공동체 또는 인류 전체의 죄를 구원하는 데에 사용된다. 그리고 세속 문화에서도 우리는 스포츠와 피트니스 훈련 또는 극단적인 다이어트/변신을 위한 계획을 포함하여 극도로 힘든 식이요법을 하는 사람들에게 큰 존경을 표한다. 신체의 욕구와 충동을 극복한 사람들은 매우 가치 있고 영웅적이라고 존경받는다.[2] 따라서 강력한 종교적, 사회적 담론에서는 신체적 고통과 괴로움을 높은 사회적 지위뿐만 아니라 개인 및 집단적 정화 및 속죄와 동일시한다.

자해는 이러한 기능을 실현할 수 있다: 사람들은 일반적으로 자해를 자기처벌과 정화의 한 형태이며, '나쁨/불량'에 대한 속죄의 수단 또는 '나쁜' 것을 빼내는 수단으로 설명한다(Harris, 2000). 마찬가지로, 개인의 자해는 다른 사람이나 상황에 개입하여 나쁜 것으로부터 구원받으려는 것일 수 있는데(Babiker & Arnold, 1997), 특히 종종 성적 학대의 경우와 같이, 경계와 잘못에 대한 책임이 모호한 상황에서 그러하다.

Joseph은 자해가 자신의 불안을 직접적으로 완화할 뿐 아니라 더 상징적이고

---

2) 고강도 훈련과 생활습관으로 인해 어린 나이에 쇠약해지거나 장애를 얻은 프로스포츠인들도 높은 평가를 받고 있다. 그들의 영구적인 부상 및/또는 장애는, 비록 실제로 그렇더라도, '고의적', '비합리적', '관심을 끌려고 하는' 또는 정신질환을 나타내는 것으로 간주되지 않는다. 이는 깊은 고통과 외상으로부터 살아남기 위해 자신의 몸을 해친 사람들보다 확실히 더 그러하다.

처벌적인 방식으로 작용한다는 것을 알게 되었다:

> 자라오면서, 나 자신이 싫었기 때문에 아마도 처벌의 한 형태였을지도 모른다. 처벌과 통제는 내가 겪고 있는 일, 내가 한 일, 그리고 또 소유권과도 연관시킬 수 있는 두 단어이다.

Colm은 또한 자신이 경험한 학대로 인한 수치심과 증오를 내면화한 결과인 그의 자해에 대한 처벌적 요소를 설명하였다:

> 나는 나 자신을 꼬집기 시작했고 컴퍼스로 찌르기도 하고 머리를 박고 나 자신을 때렸다. 그리고, 다시 돌아보면, 지금은 알지만, 그냥 낮은 자존감 때문이 아니라 자기 혐오였던 것 같다.

자해의 기능에 대한 구체화된 접근 방식은 신체 상처의 의미와 목적 그리고 이 둘과 신념체계 및 관행의 전체 범위와의 유사성을 강조한다. 자해의 기능에 대한 이러한 견해는 왜 특정 반응이 도움이 되지 않고 역효과를 내고, 많은 경우에 자기 자신에게 상처를 입히는 사람의 근본적인 감정과 신념을 악화시키는지에 대한 이유를 설명한다. 예를 들어, 어떤 방식으로든 기분이 나쁘거나 잘못되었다고 느껴서 자해가 처벌의 한 형태로 기능할 때, 처벌적 반응은 그러한 정서들을 증가시키고 더 빈번한 자해로 이어지게 할 것이다. Amanda의 정신 병원에서의 경험은 이 경우를 잘 보여준다. Amanda에게 자해와 관련된 감정은 주로 자기비난과 처벌이었다:

> [자해에 대한] 그러한 감정이 올라오면 보통은 내가 하루 동안 실수를 한 것에 대해 나를 비난한다. 그리고 이것은 점점 [커진다]. 내 마음은 거기에 더하여 더 악화되고 강렬해져서 나 자신을 힘들게 할 것이다.

그러나 그녀의 자해가 기분이 나쁘다고 느끼는 것이나 무언가 잘못되었다고 느끼는 것과 관련이 있음에도 불구하고 Amanda는 자해를 '나쁜' 행동으로 간주하며 이를 처벌하는 시스템을 가진 병원에 입원했었다:

당신이 어떤 식으로든 틀렸고 그것에 대한 처벌을 받아야 한다고 말한다. 마치 당신이 범죄를 저질렀고 그것을 하는 것에 대해 잘못되었다고 느끼게 만들었다.

분명히 이러한 환경은 Amanda의 안녕감에 긍정적인 영향을 미치지 않을 것이며, 자해의 원인에 대한 부정적인 감정을 더하였다. 그녀는 '나는 실제로 6개월 동안 [이름]병원에 갇혀있었다… 그 6개월 동안 나는 나의 감정을 다루는 정말 부정적인 방법을 배웠다'고 설명했다.

그럼에도 불구하고 자해에 대한 처벌적인 대응이 일반적이다:

자기 손상을 하는 여성들은 처벌이 터무니없고 부적절해 보일 정도로 깊은 고통을 표현하고 있다. 교정 및 정신건강 직원 모두 여성이 처벌을 받지 않으면 또 반복적으로 자기 손상을 할 것이라고 우려한다. 이것은 근절되어야 하는 잘못된 생각이다. 가혹함과 죄책감은 종종 이러한 행동으로 이어졌으며, 더한 처벌로 이어진다. […] 이것은 바뀌지 않을 것이며, 자기 손상이 나타내는 역동성과 고통을 다루기 위한 환경을 조성하지 않을 것이다(Lord, 2008; 933).

그러므로 자해에 대한 어떠한 반응이든 근본적인 감정과 경험을 강화하지 않고 더 심한 심리적 스트레스와 부상을 초래하지 않는 것이 중요하다. 따라서 각 개인의 자해가 가진 기능을 이해하는 것은 자해가 다루는 문제뿐만 아니라 도움이 되는 대응방법에 대한 통찰력을 제공한다. 그러나 자해의 기능은 사람마다 다를 뿐만 아니라 시간이 지남에 따라 달라질 수 있다는 것을 인식해야 한다. 이러한 기능들은 아래 예에서 살펴볼 수 있듯이 때때로는 서로 완전히 모순될 수 있다.

고통, 존재감과 현실

신체에 고통을 주고 상처를 내는 것은 토착적인 영적 믿음 체계의 신성한 관습에 있어서 필수적이다. 이러한 경우에는 신체에 가하는 이 행위가 더 긍정적이고 덜 위계적이며, 덜 가부장적이다. 이러한 문화에서 고통과 상처는 처벌의 형태가 아니라 영적 진보의 수단이나 인내의 위업을 겪는 개인의 능력에 대한 증거로써 기능한다. 어떤 의식은 지구상의 영역을 떠나 영혼의 영역으로 들어가기 위해 개인이 긴 고통의 기간을 거치게 하고, 거기서부터 깊은 지혜와 통찰력을 가지고 돌아오게 한다(Favazza, 1996). 이러한 영향을 상징적 용어나 직접적인 물리적 용어로 이해할 수 있다: 장기간의 신체적인 고통이나 부상은 신체에 엔도르핀(자연적인 진통제)을 분비하게 하고, 이것은 상태의 변화를 유도한다. 자해는 정확히 동일한 방식으로 기능할 수 있다: 부상의 고통과 그들의 생리적 효과는 참을 수 없는 현실로부터 즉각적인 안도감을 주거나 탈출구를 제공할 수 있다. Colm은 어렸을 때, 자신이 견디는 신체적, 정서적, 성적 학대에 대한 통제력이 없었지만, 자신에게 고통을 줌으로써, 자신이 처한 환경으로부터 어느 정도 안도감을 얻을 수 있다는 것을 알게 됐다. 그는 자해를 '현실도피'의 한 형태라고 표현했다:

> 나는 그것[자해]을 이용해서 내 삶에서 나의 주의를 딴 데로 돌리고, 무슨 일이 일어나고 있는지를 집중하지 않으려고 했다. 내 자신에게 고통을 주었을 때, 나는 내 몸의 고통과 그것이 얼마나 불안하고 고통스러웠는지에 초점을 맞추었고, 그 순간만큼은 나에게 탈출구가 되었다.

Colm에게는 몸에 통증을 유발하는 것이 견딜 수 없는 상황으로부터 휴식을 제공했다. 그러나 사람들이 고통 및 자해와 맺는 관계는 천차만별이다. 개인은 스스로 상처를 입었을 때 고통을 인지할 수도 있고 못할 수도 있으며, 이는 자신에게 중요하거나 중요하지 않을 수 있다(Chandler, 2013). 따라서 자해를 하는 일부 사람들에게는 완전히 반대의 효과가 있을 수 있다: 그들에게 탈출구를 제공하는 것이 아니라 그들을 다시 그들의 몸과 주변의 현실로 끌어들이는 것이다.

> 어떤 사람들은 스스로 단절시키면서[예: 육체/현실을 도피] 통제할 수 없는 스트레스에 대처하고, 이를 위해 [예: 육체를 떠남] 자기 손상 행위를 한다. […] 역설적으로 다른 사람들은 자해로 인한 고통과 신체 부상을 이용해 자신의 의식을 다시 몸에 불러오는 등 스스로 단절되는 기간을 끝내기 위해 자기 손상 행위를 한다(Cameron, 2007: 83).

만약 개인이 무감각하거나, 단절되거나, 현실과 동떨어져있다고 느낀다면, 그것은 트라우마에 대한 일반적인 반응이고 자신의 몸에 고통을 유발하는 것은 그들이 살아있고, 다시 현실로 느끼게 하는 데 도움이 될 수 있다. 이러한 부상은 사람들에게 그들의 신체와 즉각적인 현실에 대한 기본적인 내용을 가르칠 수 있다(Babiker & Arnold, 1997; Cameron, 2007; Chandler, 2013; Gallup, 2002). 일부 사람들은 이 과정을 자신들과 다시 결합하는 한 방법으로 묘사한다:

> 마치 자신이 아닌 다른 누군가가 상처받는 것을 보는 것처럼 자신의 감정에서 떨어져 있게 된다. 상처는 떨어진 둘을 하나로 모으거나 약간의 고통을 느끼는 방법이다. 신체적 고통은 정서적 고통을 수반하기 때문에 결국 둘 다 고통을 느끼게 되는데, 이는 아무것도 느끼지 못하는 것보다는 어느 정도 낫다(In Horne & Csipke, 2009: 659-660).

> 때로는 어떤 확실한 것을 느낄 수 없고, 모든 것이 뒤죽박죽으로 뒤섞여 있는, 그저 좌절감 그 자체이다. 이때 내가 가끔 느낄 수 있는 유일한 것이 바로 [자해]이다(Chandler, 2013: 725).

부상은 직접적이면서도 종종 모순되는 방식으로 작용한다. 따라서 의미 있는 대응은 자해가 어떻게 기능하는지 탐구하도록 도와주는 것이다. 이 과정에서 부상이 직접적, 상징적 기능을 모두 가지고 있다는 것을 명심하는 것이 중요하다: 자해는 '불안, 비인격화, 절망과 같은 고통스러운 증상으로부터 일시적인 안도감을 제공해준다. […] 그것은 또한 구원, 치유, 질서정연한 인간의 매우 심오한 경험에 대해서도 다루고 있다'(Favazza, 1996: xix). 이러한 상징적 기능들은 많은 토착 문화의 의식에서도 나타나는데, 이것은 자해의 사회적, 정치적 차원을 분명히 한다.

사회적 및 정치적 기능

자해의 사회적, 정치적 기능을 탐구하기 위해서는, 많은 인생 경험들이 사회 구조와 연결되어 있다는 점에서 '정치적'이라는 것을 이해하는 것이 중요하다. 사회학자 C Wright Mills(1959)는 실업과 같은 '사적인 문제'를 자주 경험하는 것은 사실 더 넓은 경제사회 구조와 관련해서 '공적인 문제'라고 주장했다. 마찬가지로 고통과 자해의 취약성은 사적인 문제만큼이나 공공(정치적)의 문제이다: '일반적으로 정신건강, 특히 자해는 개인적인 문제뿐만 아니라 정치적 문제이다. 자해는 자해가 발생하는 사회적 조건과 불가분의 관계이다'(Babiker & Arnold, 1997: 56). 이것은 사회구조와 소수자 스트레스(minority stress)와 관련된 4장에서 더 자세히 탐구된다. 따라서 여기에서는 사회구조가 안녕감에 강력한 영향을 미치며 어떤 신체 관행이 허용되고 어떤 것이 병적인 것으로 간주되어 영향을 미치는지를 알아두면 충분하다.

전사 마크/자국(Warrior Marks): 생존과 인내/참을성

많은 전통적인 문화 관습에서, 영구적인 상처를 만드는 의식적인 신체손상은 중요한 사회적 기능을 가지고 있다. 의식적인 문신이나 흉터를 통해 생기는 상징적인 상처는 그 사회 안에서 개인의 역할과 기능을 수행할 수 있는 힘과 능력을 나타낸다(Brain, 1979; Rubin, 1988). 예를 들어, 마오리 문화에서 젊은 남성이 사회에서 성인 남성의 역할을 완수하기 위한 나이와 필수지식이 충족되면 얼굴 문신을 한다. 모코(Moko)라고 불리는 이 문신은 얼굴 전체를 덮고 있으며 얼굴의 구체적인 윤곽을 따라 각 사람마다 다르게 디자인되었다(Brain, 1979). 모코는 잉크와 특별한 끌을 사용하여 손으로 새겨지고 시각 효과뿐만 아니라 촉각 효과도 만들어 낸다(자세한 내용은 Gathercole, 1988 참조). 얼굴 전체에 끌로 문신을 새기는 데는 분명 오랜 시간이 걸리고 엄청난 신체적, 정서적, 심리적 힘이 필요하다. 따라서 이러한 의식화된 전사 마크/자국(warrior marks)[3]은 문자 그대로 개인의 힘, 능력, 사회적 지위를 구현하며, 이는 상징적인 표현뿐만 아니라

---

3) Alice Warker와 Pratibha Parmer(1993)은 'warrior marks'라는 용어를 여성 생식기 절단 수술로 언급했다. Alice Warker의 Possessing the Secret of Joy(1992)에서 주인공인 Tashi는 의식의 극심한 고통과 그로 인한 성기능 장애에도 불구하고 그녀의 문화에서 관례에서 정한 것보다 훨씬 더 많은 나이에 자발적으로 여성 생식기 절단을 겪는다. 이는 Tashi에게 그녀의 문화에 대한 헌신과 그녀의 충성을 상징한다.

새기는 과정을 포함한다.

자해는 매우 비슷한 방식으로 기능한다: 이러한 '전사 마크/자국(warrior marks)'은 그 사람이 그들의 삶을 지속하기 위해 가장 어려운 상황을 극복할 수 있는 생존자임을 증명할 수 있다. 이것은 Joseph에게 사실이었는데, Joseph은 자기 몸을 긋고 난 후 몸에 생긴 부푼 자국이 어떻게 특별한 의미를 갖는지 묘사했다: '당신이 전투를 뚫고 온 것 같았고, 그 상처들이 그것을 증명하는 것 같았다.' 다른 사람들은 '나는 내 상처가 매우 자랑스럽다. 이 상처는 마치 내가 겪은 일의 증거인 전투 상처(battle scars) 같다'고 말한다(Babiker & Arnold, 1997: 79).

그러나 '서양' 문화에서 우리는 신체 표시를 인내, 사회 통합, 생존 욕구의 강력한 상징보다는 부정적이고 질병, 일탈 또는 사회적 소외의 징후로 간주한다. 그럼에도 불구하고, 부상과 그들이 남긴 상처를 전사의 자국으로 이해하는 것은 도움이 되는 반응이거나 되지 않는 반응뿐만 아니라 자해를 더 깊이 이해하는 데 중요하다. 예를 들어, 부상으로 인해 자해가 매우 흔한 동시에 낙인을 당하는 경험인 상황(병원, 치료실 등)에 놓이게 되면, 개인의 경험을 독특하고 강력하게 표현해 왔던 부상을 최소화하고 정상화하는 효과가 있을 수 있다(아래 참조). 마찬가지로 '걱정하지 마, 곧 낫게 될 것이고, 상처가 있었는 줄도 모르게 될거야'라는 말과 같은 상처에 대한 선의의 대응은 자해를 무효화시킬 수 있다. 만약 그 상처가 누군가 견뎌낸 공포의 상징이고 '전투'를 하고 그것을 극복하려는 그들의 시도라면, 이런 종류의 반응은 역효과를 낳는다. 두 경우 모두, 더 심한 부상이 더 큰 효과를 가진 것으로 인식될 수 있다는 의견이 있다. 이러한 맥락들은 잠재적으로 엄청난 충격을 주는 결과를 초래할 수 있는 자해에 대한 매우 혼란스러운 메시지를 전달한다. Elaine에게는 자해에 대한 엇갈린 메시지들이 청소년 병동에서의 삶의 사회적 고립을 야기했고 그녀의 부상은 긁힌 상처에서 바늘을 꿰매야 하는 상처로, 그러고 나서 피부 이식을 필요로 하는 상처로 매우 빠르게 확대되는 비참한 결과를 가져왔다: '3년이라는 기간 안에 아주 사소한 상태에서 아주 심한 상태로 갈 수 있다.'

나는 자기 손상 행위가 무언가에 대한 소통의 한 형태였기 때문에 그 상처가 정말 작다면 나는 정말 끔찍할 때도 있었다. 다른 방법으로 표현할 수 없는 것에 대한 것인데, 상처가 사라지거나 정말 작을 때, 그건 옳지 않았다.

병동에서의 문화(culture of the unit)는 Elaine의 상처의 의미와 목적을 강화했다:

나는 모든 종류의 규칙을 가지고 있었다: 나는 열 바늘이 넘을 때에만 자기 손상으로 취급했다. 난 위로 기준을 올리고, 올리고 또 올렸다. 내가 꿰멘 것은 그저 자기 손상일 뿐이었다. 당신도 알다시피 바느질이 어디서 끝나느냐에 중점을 두었다. 단지 큰 부상일 경우에만 자해이고, 이 경우에만 문제이고, 가치 있고, 중요하게 여겼다. 피부 이식이 필요 없는 작은 부상으로는 충분하지 않았다.

Elaine의 경험은 자해를 최소화하고 자해의 의미와 목적을 인식하지 못하는 것의 파괴적인 영향을 보여준다(Crouch & Wright, 2004). 따라서 자해를 대처기제로 이해하되, 근본적인 괴로움의 중요성을 무시할 정도로 '정상화'하지 않는 것이 필수적이다. 불건전하거나 최소화하는 방식으로 자해를 정상화하는 것은 또한 그러한 서비스에서 직원이 도움을 받지 못하고, 둔감해지고, 소진에 취약해진다는 것을 나타내는 것일 수 있다.

통제와 자기 정체성

많은 토착 문화에서, 신체 마크/자국(body marks)과 그에 수반되는 고통과 부상은 중요한 사회적 상징성과 지위를 가지고 있다. 실제로, 그들은 문화에 대한 인간의 능력을 보여주는 '문명의 표식'으로 간주되어 왔으며, 이는 많은 사람들의 주장에 따르면, 다른 동물들 중에서 우리를 특별하게 구분하는 능력이다 (Rubin, 1988). 그러나 '서구' 문화에서 신체 마크는 낮은 사회적 지위, 일탈, 범죄성 및 '광기'와 관련이 있다. 역사적으로 범죄학과 정신과에서는 모든 신체 마크를 문신이나 자해의 상처 등으로 정의하였고 정신 질환 및/또는 범죄 경향의

지표로 사용하였다(Shrader, 2000). 신체 마크는 '원시적 문화' 및 '하위' 계층과 관련이 있으며 완전한 인권이나 지위를 갖지 못하는 사람들을 칭하는 데 사용하였다. 예를 들어, 노예가 된 사람들은 그들을 포로로 잡은 사람의 재산이라는 표시로 낙인이 찍혔다. 좀 더 최근의 사례로는 홀로코스트(Holocaust) 기간 동안, 포로수용소 수감자들에게 숫자문신이 새겨졌다. 오늘날 문신은 낙인반응이 덜하다(문신의 유형과 범위, 문신을 한 사람의 성별, 사회 계층 및 직업에 따라 다르다). 그러나 신체 흉터나 마크가 악함과 광기와 연관된다는 인식은 여전히 강하게 남아있다. 그래서 '좋은' 신체는 깨끗하고 표시가 없고, 흉터는 할리우드 영화에서 '나쁜 녀석'의 공통된 특징으로 남아있다(Parker, 2000). 그러므로 표시된 신체 마크는 여전히 '일탈적'이고 바람직하지 않으며 피해야 할 것으로 간주된다.

그러나 사람들이 이미 낙인찍히거나 소외되고 배제된 경우, 종종 신체는 사람이 힘과 통제력을 행사할 수 있는 유일한 것이다. 여기서 신체 마크는 신체에 대한 통제권을 되찾거나 낙인이 찍힌 정체성의 의미를 파괴하는 기능을 할 수 있다. 범죄 조직에서는 문신이 신분을 의미하고 감옥에서도 자신이 만든 타투(homemade tattoos)가 흔히 보인다(Schrader, 2000). 또 다른 예는 '소년원'으로, 지방자치단체나 청소년 범죄자 제도에 관리 받는 젊은 여성들이 자신의 왼쪽 눈 바로 밑에 애교점의 형태로 자신이 만든 타투(homemade tattoos)를 하는 것이다(Inckle, 2007). 따라서 개인의 지위를 깎아내렸던 마크는 개인의 권력을 되찾고 자신의 정체성에 대한 통제를 시도하고, 이를 되찾으며 새로운 의미가 부여될 수 있다.

자해는 똑같은 방식으로 기능할 수 있다. 그것은 개인이 자신의 신체와 병리학적 정체성에 대한 통제권을 재확보하는 수단이 된다. 이것은 사람들이 자신의 정체성과 자율성에 대한 자신의 느낌을 박탈당하거나(예: 감옥, 병원 또는 지역 당국 치료센터), 경계가 침해되고 그들의 신체가 다른 사람의 재산으로 취급되는 경우에(장애가 있는 사람들에게 흔한 경험이다) 특히 흔하다. 여기서 자해는 신체와 자아 정체성을 되찾는 수단이 될 수 있다. Clare에게는, 자해가 당신의 힘이 절대적으로 최소인 환경에서 어떤 식으로든 영향을 미치는 것이었고, 그녀는 다른 사람들이 '자신의 몸이라는 것을 표현하기 위해 자기 자신을 해친다'라고 말했다(Babiker & Arnold, 1997: 77).

되찾기와 통제는 정서적, 심리적, 상징적 수준의 영향뿐만 아니라 즉각적인 물질적 기능을 가질 수 있다. Joseph에게는 '통제'와 '소유권'은 자해의 중요한 요소였다:

> 그것은 내가 무언가에 대해 소유권을 가지고 있다고 느끼게 해주었다. 또한 통제가 가능했고 이는 관심에 대한 것이 아니라[예: 타인을 통제하는 것], 당신 자신의 소유에 대한 것일 수 있다.

따라서 Joseph의 부상은 긍정적인 복구 기능을 가졌고 동시에 그의 자아 정체성에 부정적인 영향을 미쳤다: '그들은 내 것이다, 비록 내가 별나다고 느껴졌지만'

통제는 삶에서 권력, 선택 또는 자율성이 거의 없는 사람들에게 특히 중요하며(이것은 3장에서 더 자세히 설명된다), 이는 Helen Spandler의 연구에서 젊은 이들에 의해 강조되었다: '주변에서 일어나는 일을 통제할 수 없을 때 통제는 중요하다 [⋯] 외부와 사회로부터의 압력은 통제할 수 없지만, 스스로에게는 할 수 있다'(1996: 32). 마찬가지로 지적 장애를 가진 사람들은 종종 선택과 통제의 부족을 자해의 필수 요소로 강조한다: '가끔은 나 혼자서 하고 싶지만, 혼자 할 수 없다'(Heslop & Macaulay, 2009: 39).

Rachel과 Emma에게 자해에 대한 통제와 소유권의 기능들은 보다 심리적이고 상징적인 수준에서 작동된다. Rachel은 자신의 공간과 사생활에 대한 경계가 없는 환경에서 자랐다. 그녀는 '침해(invasive)'와 '절대적(absolute)' 체제를 묘사했고, 그녀의 부모님의 기풍은 '너는 우리 것이다'이었다. 정서적, 심리적 결과로서, 자해만이 '내 것'이 되는 것이었다. 그녀가 스스로를 그었을 때, Rachel은 그녀의 몸과 감정을 통제했다:

> 내 자신을 긋는 것의 핵심은, 내가 내 몸을 통제하고, 다른 사람들은 아무것도 할 수 없고, 이는 내가 온전히 만든 내 것이고, 내 모든 문제를 다른 사람들로부터 안전하게 떨어뜨려 아

무에게도 말하거나 공유할 필요가 없다는 것이다. 내가 아무에게도 말하기 싫었던 이유는 내가 아무도 믿지 않았기 때문이다.

Emma에게 자해의 통제 요소는 어린 시절 내내 일련의 파괴적인 인생 경험에 대한 복잡한 심리적, 상징적 반응이다. 그녀가 계속해서 상처받고 배신당하는 안전하지 않은 세상에서, 그녀의 자해는 그녀의 유일한 보상이자 통제 수단이 되었다:

내가 가장 쉽게 할 수 있는 일은 신경을 쓰지 않고자 노력하는 것이었고, 그래서 내가 신경 쓰지 않는다는 것을 보여주기 위해 내 자신을 긋고, 내가 느낀 모든 것에 대한 좌절감을 표현하고, 내 인생을 통제하고자 노력했다.

자해가 통제나 침착함을 되찾는 행위일 때, 자해를 막기 위한 어떤 대응도 역효과를 낳는다. 한 사람이 가진 마지막 자기 통제 수단을 없애려고 하는 것은 그것에 대한 욕구를 더 강하게 할 뿐이다. 마찬가지로, 자해뿐만 아니라 개인의 욕구와 경험이 무시되거나 무효화되는 환경에서는 복구 기능이 악화될 뿐이다. 불행히도 이것은 병원, 교도소, 지방당국의 보호센터에서 흔히 볼 수 있는 대응으로, 이미 트라우마 사건 및 인정을 받지 못하는 많은 사건들을 견뎌낸 사람들은 그들의 자율성과 정체성이 더 침식되는 경험을 한다. 이것은 정신과 입원 환자로서의 Claire 경험에서 설명된다:

어떤 병원들은 사람들이 가진 모든 것을 완전히 빼앗아 가지만, 그들은 여전히 자기 손상을 할 수 있는 방법을 찾는다. 그리고 모든 개성과 자율성 그리고 모든 것을 빼앗는 것이 왜 자해를 더 악화시키는지 아는 것은 어렵지 않다.

통제력을 유지하려는 개인에게 더 엄격한 통제체계를 부과해 대응하는 것은 파괴적인 순환을 일으킨다. 그것은 더 많은 해를 끼치고, 고통과 자해의 근본적인 원인을 다루는데 아무런 도움이 되지 않는다. 통제하고자 하는 충동은 특히 청년들에게는 강하고 역효과적인 영향을 미칠 수 있으며, 이는 젊은이들의 일반적인 병리화(1장 참고)뿐만 아니라 자해에 대한 특정한 대응에서도 분명히 나타난다. 한 서비스 제공자는 다음과 같이 언급했다:

> 사람들은 종종 어린이와 청년들의 고통을 심각하게 받아들이지 않는 것 같다. 그들은 그들 내면에 어떤 상처가 있는지 보지 않고, 그들의 행동에만 초점을 맞춘다. 하지만 사람들은 당신이 아무리 원해도 당신은 그들이 하는 모든 것을 통제할 수 없고, 가능한 자기 손상 행위의 모든 경우의 수를 예방하기 위한 치료 접근법을 세울 수 없다는 것을 받아들이기 어려워한다. 당신은 그들의 고통을 덜도록 돕는 것을 목표로 치료를 계획해야 한다.

마지막으로 자해의 통제와 복구 기능을 이해하는 것은 왜 자해에 대한 대응(response)을 이끌어내는 것이 즉시적인 반응(reaction)을 하는 것보다 중요한지를 강조한다. 반응(reaction)은 빠르고 충동적이고 극심한 공포를 가져다 주며 역효과를 낳는다. 왜냐하면 그것이 개인과 그들의 욕구에 대한 깊은 이해보다는 위기 감정에 바탕을 두기 때문이다. 대조적으로 대응(response)은 더 느리다; 그것은 신중하게 고려된 결과고 상해의 여러 측면을 고려하는 것을 바탕으로 하기 때문이다. 가장 도움이 되는 대응(response)은 대부분 즉각적인 반응(reaction)의 반대이다. 이것은 특히 통제 욕구에 적용된다. 자해가 통제의 한 형태로 기능할 때, 이것이 얼마나 어려운 일인지 상관없이 필요한 외부 통제는 더 많은 것이 아니라, 더 적다.[4]

청소년 문화, '전염'과 '학습된 행동'

청년들을 통제하려는 충동은 특히 청년들이 부정적인 또래 영향력과 또래 집단 문화에 지나치게 민감하다는 믿음에서 두드러진다. 실제로, 이것은 종종 자기 자신에게 상처를 입히는 사람들을 위한 또래 지지 그룹에 대한 불안감을 유발하는데, 이는 그들이 서로에게 점점 더 심각하고 기만적인 방법을 가르칠 것이라는 잘못된 우려 때문이다. 그러나 우리가 5장과 6장에서 보게 될 것처럼, 또래 지지

---

4) 통제는 경계와 같지 않다. 우리는 모두 유지되고 존중되는 명확한 경계선을 필요로 하지만, 우리들 중 타인이 강하는 통제로 이익을 얻는 사람은 거의 없다.

는 자기 자신에게 상처를 입히는 사람들에게 가장 효과적인 자원 중 하나가 될 수 있으며, 자해는 대개 주류의, 예방기반의 서비스에서 악화된다.

또래들의 영향력에 대한 불안은 청소년 문화와 그들이 자해를 조장하는 것으로 추정되는 성향에 대한 '도덕적 패닉'(Cohen, 1972)에서 분명히 나타난다. 역사적으로 이런 불안감은 펑크족부터 생겼고, 고트족과 현재 Emos가 그 뒤를 이었다. 그리고 이러한 하위문화권의 관행들이 가시적이고 때로는 고통스러운 신체 관행을 사용하여 개인을 주류 사회와 다르거나 대립하게 하는 특정 정체성을 만들어 낸다는 점에서(그리고 이것은 분명히 자기 손상 중 한 형태임) 실제로 자해의 기능 중 일부를 공유할 수도 있지만, 이것은 자해와 같지 않다. 나아가 하위문화적인 이미지와 관행에 내재된 '다르다는' 감각은 어려운 삶의 경험이나 더 넓은 세계에 특히 민감하거나 또는 대립하는 느낌에서 비롯될 수 있다. 실제로 Emo라는 용어는 '정서적으로 열려 있다' 또는 '정서적으로 불안정하다'를 의미하며, Emos는 자신들이 다른 사람들에 비해 정서를 깊이 느낀다고 묘사한다.[5]

청소년 문화는 인간이 사회적 존재로서 비슷한 세계관, 인생경험, 감정을 공유하는 사람들과 뭉치는 경향이 있다는 것을 반영한다. 따라서 자신이 다르다고 느끼는 사람들은 서로를 동일시하고 때때로 그 차이를 가시화할 수 있는데, 이는 그들이 지지하는 스포츠팀의 셔츠나 저지를 입고, 그 옷을 입은 채로 그 사람들과 시간을 보내며, 폭음과 같은 다소 위험한 행동을 함께 하는 것과 별반 다르지 않다. 따라서 청소년 하위문화나 집단을 자해사유로 간주하기보다는 집단을 하나로 만든 경험과 감정에 대한 더 깊은 고찰이 있어야 한다. 한 서비스 제공자는 청소년들이 단순히 또래들의 압박이 아닌 어른들과 같은 이유로 자해를 한다고 강조했다. '그들은 정서적 고통을 겪고 있으며 그들의 삶에 또는 그들의 정서에 존재하는 어떤 것에 대해 대처할 수 없기 때문에 자기 손상을 행한다.'

게다가 우리가 현재 대중매체의 시대에 살고 있음에도 자해(및 관련된 기저의 외상 또는 고통)는 독립적이고 비밀리에 경험된다. 따라서 비슷한 경험을 가진 누군가를 찾는 것은 매우 큰 안도감을 가져다 줄 것이다. Rachel이 17살에 집을 나왔을 때 그녀는 마찬가지로 자해를 하는 젊은 여성과 룸메이트가 되었다.

---

5) Emo 문화의 개요를 알려면 Chernoff & Widdecombe, 2015 참조.

'난 이 소녀와 함께 살게 되었고 그녀는 자해를 했어요… 저는 이렇게 생각했어요.' "그래 나 뿐만이 아니구나." 이전에 Rachel은 자신이 하는 것이 어떤 것인지 또는 자신이 아닌 다른 사람들도 이것을 한다는 것에 대해 인식하지 못하고 있었다.

　　내가 자해를 시작했을 때 나는 그게 무엇인지도 몰랐어요. 그것은 가위 같은, 맞아 가위였어요. 처음 자해를 했을 때 창가 위에 가위로 했던 것이 기억이 나요. 가위를 집어 들었는데 솔직히 뭔지 몰랐어요. 난 그것에 대해 아무것도 몰랐거든요. 그래서 그것[자해라고 불리는]은 사실 별로 관련이 없었어요. 그저 저에 관한 것이었고, 저는 제 방에 혼자 있었고 누구도 신경 쓸 만한 일이 아니었거든요.

어린 시절부터 청소년기 그리고 성인기까지 다양한 방법으로 자기 자신에게 상처를 입혔던 Mark는 자신의 성인의 삶에서 어떻게 자해로 대처행동을 규정하고 그것에 대해 어떻게 정보를 얻기 시작했는지 설명했다.

　　제 말은 제가 제 인생을 통틀어서, 그 중요한 사건이 발생하기 전까지 전 자해를 하지 않았으며 자해라는 단어가 무엇인지 몰랐다는 겁니다. 전 정말 몰랐습니다. 제 인생에서는 이런 일들이 그냥 진행 중이었고, 어떻게 일어났는지 기억나진 않지만, 자해에 대해 찾아봤고 읽어보게 되었습니다. 그리고 자해가 이러한 일들을 말한다는 것을 발견하게 되었고 저는 자해가 무엇인지를 찾고 충격을 받았습니다. 만약 당신이 자해를 한다면… 이러이러할 것이라는 내용이었어요.

오늘날에도, 사람들은 자해와 함께 만성적인 고립 속에서 살 수 있는데, 연구 결과, 자해를 하는 사람의 2/3가 자해가 자신들에게만 특별한 것이라 믿는다고 한다(Hodgson, 2004).[6] 게다가 경험적으로 알 수 있듯이 이 책에 나오는 3, 4세 정도의 어린아이들에게 자기 자신에게 상처를 입히는 것은 드문 일이 아니며 (LifeSIGNS, 2004; Spandler, 1996 또한 참고할 것), 이것은 분명 단순히 또래 집단의 압력이나 인터넷 사이트 때문이라고 할 수 없다. 자기 자신에게 상처를 입

---

6) Hodgson의 보고서에서 발견된 연구 결과의 일부 측면은 유용하지만, 분석의 상당 부분은 무비판적이고 이 책 전반에 걸쳐 내가 이의를 제기하는 신념과 고정관념을 강화하는 경향이 있다.

히는 많은 사람들은 그들의 행동을 자해로 규정짓지 않으며 자해를 하는 다른 사람들과 자신을 동일시하지도 않는다. Mark는 자해(또는 자기 손상)라는 이름이 자신의 경험에 맞지 않는다고 느꼈고 그것은 여러 가지 측면에서 그에게 영향을 미쳤다.

> 그날 그리고 그 시간에 제 기분이 어떤지에 따라 [그것]이 미치는 영향은 달라졌어요. 경계선 성격장애와 연관되어 있는 것 같은 것들은 항상 무서웠어요.

자해에 대한 가정과 그것에 대한 개인의 경험 사이에는 많은 차이가 있다. 사람들은 자해와 관련된 고립과 혼란을 '또래압력', '전염', '학습된 행동'보다 훨씬 흔하게 경험한다.[7]

이러한 관점에서 자해 경험이 있는 사람들의 집단은 일탈적인 행동이기보다는 '자연적'이며 잠재적으로 도움이 되는 사회적 과정으로 볼 수 있다. 자해를 조장한다고 알려진 집단과 청소년 문화는 겉모습으로 판단되어서는 안 된다. 그러한 집단은 오히려 더 깊은 근본적인 문제의 존재, 세상으로부터의 고립감 또는 다르다는 감각, 그리고 유사한 경험을 가진 다른 사람들과의 연결에 대한 필요성을 잠재적으로 나타내는 것으로 볼 수 있다. 단순한 판단은 불필요한 고정관념만을 부추길 뿐 자해나 내재된 고통에 대한 이해를 높이는 데 아무런 도움이 되지 않는다. 이는 캐나다 연구(Lewis et al., 2011)에 대한 반응에서 설명되는데, 이는 청소년들에게 높은 평가를 받은 자해를 설명한 유튜브 게시물에 대한 것이다. 언론에서는 이를 청소년들이 생각 없이 따라하는 자해행동에 대한 미화라고 해석했다. 그러나 이 보고서는 실제 이 동영상이 긍정적 평가를 받은 이유가 청소년들이 동영상을 통해 새로운 행동을 따라할 수 있어서가 아니라 동영상이 많은 사람들이 자해와 관련해 느끼는 고립감과 기괴함을 타파해주었기 때문이라고 조심스럽게 밝혔다.

그럼에도 불구하고, '집단문화'와 '학습된 행동'과 같은 일반적인 가정에 대한

---

[7] 자해에 관한 라벨링과 그것에 대한 개인의 경험 사이의 이러한 불일치는 내 연구에서 빈번한 주제였고 Flesh Wounds의 '정상적'이라는 이야기에서 탐구된다(Inckle, 2010b).

도전은 사람들이 서로에게 대처방법을 배우는 것이 스스로 그것들을 발견하는 것보다 더 빠르다는 것을 부정하지는 않는다. 이러한 현상은 고통을 겪고 있는 사람들을 병원이나 지방 당국 보호시설과 같은 환경에 인위적으로 함께 묶는 경우에 발생할 수 있다. 이러한 환경은 종종 개개인을 상당하고 아마도 더 도전적인 어려움을 가진 사람들과 가까이 접촉하게 둠으로써 고통을 악화시킨다. Clare가 지적한 바는 다음과 같다.

> 전 괴롭고 불안한 사람들을 괴롭고 불안한 사람들이 가득한 병동에 집어넣는 정신과의 방식을 한 번도 이해해 본 적이 없어요. 이것은 옳지 않아요! 그렇잖아요, 여러분이 만약 기분이 안 좋고, 불안할 때, "오 그래, 나는 내 자신을 엄청나게 고통스럽고 불안한 사람들에 둘러쌓인 장소로 데려가야겠어!"라고 말한다고 상상해보세요. 물론 당신은 그렇게 하지 않겠죠. 이건 완전 상식에 반하는 거예요. 그건 당신의 기분을 악화시킬 것이고, 당신을 더 나쁘게 만들 것이고, 저는 이러한 방침이 논리가 없다고 자주 생각해 왔어요(Shaw & Hogg, 2004: 174-175).

이러한(또는 다른) 상황에서 사람들은 대처방안으로 자해를 발견할 수 있다. 한 서비스 제공자는 '사람들이 고통과 괴로움을 느끼고 있다면 [자해]가 효과가 있을 수 있어요'라고 이야기했다. 그녀는 사람들이 어떻게 자해를 접하게 되는지 설명했다. '어떤 형태로든... 그리고 그들은 생각한다, "이게 나한테 효과가 있을까?" 아시다시피, 자해를 한 사람들 중 어떤 사람들은 그게 도움이 되지 않아요. 그래서 자해를 멈추게 되죠. 하지만 굉장히 많은 사람들의 경우에 자해가 도움이 됩니다.'

사람들은 다른 사람들과 접촉함으로써 자해와 같은 대처기제를 접할 수 있다. 그러나 이것이 사람들이 자해하는 중대한 이유 없이 단순히 행동을 따라하는 것을 의미하지는 않는다. 사람들은 자해가 기능적일 때만 자해를 하며, 이는 자해가 완화시킬 기존의 고통이 있음을 나타낸다. 무엇보다 스스로의 몸에 상처를 입히는 행위가 기분을 더 낮게 만든다면 그것은 이전에 강한 고통이 존재함을 의미한다. 더군다나 내가 운영하는 훈련과 강좌에 참여하거나 내 작업물을 읽은 사람들 중에 자해에 대해 더 알게 되면서 자해를 시작했다는 사람은 아무도 없었다. 마찬가지로 내가 독자들에게 챕터를 읽은 후 나에게 자신들의 전 재산을 보내고 그들의 눈을 찌르라고 지시한다고 해서 독자들이 그렇게 하지는 않을 것이다. 자기 자신에게 상처를 입히는 사람들도 다른 사람들과 똑같이 분별력과 지능을 가진 사람으로 존중받아야 하며, 다른 어떤 이유로도 비이성적으로 위험한 행동을 모방할 것으로 인식되어서는 안 된다. 마지막으로 행동을 학습할 위험이 있다면 자해, 특히 자살 또는 살인을 행한 사람들을 한 기관에서 닫힌 구역에 넣는 것은 말도 안 되는 일이다. 이것은 최소한의 돌봄에 대한 기초적인 의무를 위반하는 것이다.

불의와 항의

'학습된 행동'과 같은 개념에 대해 비판적으로 생각하는 것은 또한 사람들이 자기 자신에게 상처를 입히는 상황에 대해 비판적으로 살펴보는 것의 중요성을 강조한다. 이러한 인식은 자해(또는 다른 문제)의 결과로 사람들이 있게 된 곳뿐만 아니라 발달적 및 현재의 환경으로도 확대되어야 한다. 사람들이 처한 상황과 자해는 고통의 원인이라는 점과 이러한 경험들을 심화시키거나 완화시킨다는 점에서 복잡한 관계를 가진다(4장 참고). 예를 들어 사람들이 바로잡을 의지 없이 심각하고 지속적인 불평등을 겪는 상황에서 그들에게 자신의 몸은 종종 저항과 항의의 최종 수단이 될 수 있다. 이것은 북아일랜드와 인도를 포함한 정치투쟁의 역사를 통틀어 단식투쟁의 사례에서 확인된다. 최근에는 2002년 호주 Woomera 수용소에서 수용된 망명자들이 비인간적인 상황에 대해 저항하며 단식투쟁이 일어났다. 많은 억류자들 또한 수용소와 망명신청절차에서 그들의 권리와 인간성이 부정당한 것에 대한 상징적인 항의로 입술과 눈을 꿰맸다(Groves, 2004)(수용소는 2003년에 문을 닫았다).

자해 또한 비슷한 방식으로 작용할 수 있다. 당면한 상황 그리고/또는 넓은 사회 환경이 모두 불공평하거나 갇힌 것 같은 느낌을 줄 때(심리적, 신체적 또는 상징적), 상처와 부상은 저항으로 작용할 수 있다. 여기서 성역할은 특히 중요하며, 많은 작가들은 여성과 소녀들이 전통적으로 여성성을 규제하는 것에 대응하기 위해 어떻게 신체적 고통과 자해의 박탈(Babiker & Arnold, 1997; Frost, 2000) 그리고 섭식장애(Bordo, 1993; Orbach 1986)저항의 방식으로 탐구해왔다. Susie Orbach(1986)는 거식증을 '단식투쟁'이라고 말하며, 직접적인 신체적 고통과 손상은 억압의 구조에 대항하여 강력하게 주장할 수 있다고 하였다: '여성이 스스로의 몸을 상하게 하면, 여성은 사회가 소중히 여기면서도 하찮게 여기는 것을 동시에 망칠 수 있다.'(Babiker & Arnold, 1997: 40).

신체적인 저항은 보다 사적이고 개인적인 차원뿐만 아니라 사회정치적 차원에서의 불합리와 불평등에 저항하는 강력한 인간적 자원이다. '작은 마을'의 문화에서 자란 Mary는 그녀의 어린 시절 했던 자해로 인해 권력자들이 어떻게 공모하여 자신을 겁주고 고립시켰는지 설명했다. '13살 때 "네가 자해를 하는 동안엔 학교에 갈 수 없다."라는 말을 들었어요.' Mary의 지역 보건의는 그녀에게 다음과 같이 알렸다(부정확함): '그것은 GBH(grievous bodily harm; 매우 안타까운 신체적 상해)입니다. 스스로에게 할지라도 불법이며 계속하게 될 경우 체포될 수 있습니다.' 그녀는 어떻게 되었는지 설명했다: '저희 아버지는 가드[경찰관]를 고용해서 그가 집에 올 때마다 매일 저에게 이 말을 하게 했어요.' 그러나 이러한 권위주의적인 반응은 Mary의 저항과 자해의 기능을 강화시킬 뿐이었다: '그 효과는 완전히 반대로 작용했어요!'[8]

정서적 및 대인관계적 기능

정서적 기능

자해의 널리 알려진 기능 중 하나는 정서를 표현하거나 조절하는 역할을 한다는 것이다. 이것은 자해가 안도감 또는 압도된 느낌이나 감당하기 어려운 정서의 완화를 제공한다는 점에서 나타난다(Babiker & Arnold, 1997; Chandler,

---

8) 이는 연구 인터뷰가 아닌, Mary가 내 작업에 사용할 수 있도록 승낙해 준 개인적인 대화에서 따온 것이다.

2012; Spandler, 1996; Spandler & Warner, 2007). Colm과 Rachel 모두 정서적 해소에 대해 분명히 말했다. Colm은 자신의 신체에 상처를 주는 자해가 어떻게 '정서적 고통에서 시작해' '탈출구'를 제공했는지 설명했다. Rachel에게 자해는 다른 배출구가 없는 감정을 표현하는 수단이었다: '제가 스스로를 긋는 것은 어떻게 할 수 없을 정도로 너무 긴장했을 때예요. 그래서 저는 그걸 풀어줘야 해요.' Helen Spandler의 연구에서 또한 청소년들은 자기 자신에게 상처를 입히는 것이 해소와 감정들로부터의 도피를 어떻게 제공하는지에 대해 말했다: '이건 방출하는 것 같아요. 약을 먹고 나면 기분이 좋아지고, 저를 잘게 그으면 기분이 좋아져요(1996: 27);' '저를 긋는 건 피난처를 만드는 것과 비슷해요. 다른 것들이 어떻게 되는지 생각하지 않아요(1996: 28)'. 신체적인 고통은 우리의 의식을 지배하고, 모든 주의를 요하며, 일시적으로 다른 모든 생각이나 감정을 소진한다는 점에서 중요한 생존기능을 가지고 있다. 그래서 자해의 고통은 즉각적인 정신적 그리고/또는 정서적 안도를 직접적인 경로로 즉시 제공할 수 있다. (그러나 자기 자신에게 상처를 입히는 모든 사람이 고통을 느끼는 것은 아니라는 점을 주의하는 것이 중요하다.)

압도적인 감정에서 안도를 찾는 것에 대한 필요성 또한 문화적인 의미가 있다. 예를 들어, 노골적인 감정표현을 피하는 것은 합리적이고 냉정한 방식을 선호하는 '서구' 문화에서 필수적이다. 노골적인 감정표현(주요 스포츠 또는 삶에서 중요한 행사, 실제 술에 취했을 때 이외에는)은 의심스러운 것으로 보인다. 우리는 감정을 숨기고 그 속에 큰 동요를 일으키지 않고(특히 눈에 보이지 않는 동요), 그 영향을 받지 않을 것으로 기대된다.[9]

그러나 세계 일부 문화권들에서는 이것이 반대일 수 있다. 이런 곳에서는 정서와 강력한 정서적 경험은 훨씬 더 잘 수용되며, 이는 사회 집단의 규범 및 관행과 통합된다. 이러한 문화에서는 사별과 같은 경험이 삶의 변화를 줄 수 있다는 것을 인식하고 있으며 사람들이 바로 '극복하거나', '평소대로 돌아간다거나', '용감한 얼굴을 하고 있는 것'을 기대하지 않는다. 대신 이러한 감정들이 구체화

---

9) Jack Barbalett은 '적절한 기본 감정이 없다면 이성은 곧 그 반대로 변한다.'(Inkle, 2007: 86)는 이유로 이성과 감정의 이분법이 모순이라고 지적해왔다.

되고 의식화된다. 예를 들어, 인도에서는 '자신의 몸을 때리고 찢음으로서 여성 조문객들은 정서적 고통을 자신의 신체적 고통으로 대신할 수 있고 자신의 몸을 상실의 증거로 변화시킨다(Mallot, 2006: 170)'. 다른 문화권에서는, 의식 행사 동안 중요한 정서적 경험들을 몸에 영구히 새기기도 한다. 그렇게 함으로써 인생을 바꾸는 사건들이 시각적으로 상징화 되고, 이에 따라 그 사회에 속한 모든 사람들이 이를 알아보며, 개인의 경험에 대해 그들의 관습과 전통에 따라 반응할 수 있게 된다. 예를 들어, New Guinea에 Chimbu Province에서는 남성 친척의 죽음을 경험한 여성의 경우 장례 중 손가락 관절을 절단하여 그들의 상실을 영구적으로 알아볼 수 있도록 한다(Brain, 1979; Favazza, 1996).[10] 절단된 손가락 관절은 여성의 상실과 슬픔이 무시되거나 감춰질 수 없다는 것을 의미하며, 그녀가 속한 사회의 구성원들은 모두 이를 알아보고 반응한다. 실제로 사별이 자신의 일부분이 사라진 것처럼, 신체적인 느낌으로 경험되는 것은 드물지 않다. 이처럼 신체에 상실을 표시하는 것은 정서적 강도를 반영하고 동시에 사회적 인식과 지지를 불러오는 방식으로 상실경험을 표현하는 것이다.

자해는 비슷한 방식으로 기능하며 또한 슬픔, 상실과 관련이 있다(3장). 자해는 덜 중요시 여겨지거나 인정받지 못하거나 무시되었던 감정과 경험을 영구적으로 표현하는 수단이 될 수 있다. 사람들은 종종 그들의 상처를 보이지 않는 무언가에 대한 뚜렷한 표시라고 설명한다: '그건 제가 볼 수 있는 것이에요. 이것은 제 내면의 고통을 실제적이고 중요하게 만들어요(Babiker & Arnold, 1997: 79).' Rachel은 그녀의 상처를 오늘날의 그녀를 만들어준 사건에 대한 영원한 증표라고 설명했다.

자해의 흔적들 중 제가 보면서 [기억하면서] '저건 그거였지' 또 '저건 그거였지'하며 좋아하는 것이 몇 가지 있는데, 아시다시피 저는 기억력이 좋지 못해서 자해는 마치 저에게 카탈로그의 역할을 하고, 어떠한 측면에서는 저에게 매력적이에요. 아시다시피 그건 일어났던 일들을 떠올리게 하고, 나는 그것을 하기에 더 나은 사람이죠.

---

10) 구현된 애도 관행은 젠더화되는 경향이 있다. 즉, 여성의 신체에 시행된다(Mallot, 2006).

마찬가지로 Monique(Strong, 2000: 201)는 '각 흉터를 보는 것은 그 당시에 내가 겪은 일을 표시하는 것과 같아요 […] 저는 하나하나의 흉터에 어떤 일이 있었는지 기억하고 있어요.'라고 설명했다. 정서적 경험과 그것을 표현하는 상처의 관계는 문자적이며 상징적이다. 문자적 측면에서 인간은 육체적 감각을 통해 감정을 경험한다(이후 우리는 언어를 통해 이름을 붙이고 해석하는 것을 배운다). 상징적 측면에서 상처, 부상 그리고 영구적인 흉터는 깊지만 보이지 않는 정서적 상처와 상실에 대해 목소리를 낼 수 있다. 많은 문화에서, 이러한 기능들은 개인과 그들의 트라우마적 경험을 문화적 환경 내에서 강력하게 통합하는 사회적 규범과 관행 속에서 인정받는다. '서구' 사회에서, 이러한 과정은 기념 타투(memorial tattos)에서 보여지는데, 이것은 타투이스트들이 요청받는 가장 흔한 디자인 중 하나이다(Benson, 2000). 여기서 부러진 손가락 관절과 유사한 타투는 사별을 경험한 사람의 몸에 상실한 사람을 새기고, 주위의 사람들이 읽고 반응할 수 있는 신체적 및 상징적인 증표를 만든다(Davidson, 2017 참조).

정서의 신체적 특징과 신체적 표현, 관리를 이해하는 것은 도움되는 반응을 하기 위해 필수적이다. 마찬가지로 부상에 초점을 맞추기 보다는 신체적 부상 뒤에 가려진 정서를 탐색하는 것이 의미 있는 도움을 제공하기 위해 필수적이다. 또한 부상이 둘 이상의 기능을 가질 수 있고, 직접적 및 상징적인 수준 모두에서 동시에 작용할 수 있다는 것을 인식하는 것이 중요하다. 예를 들어, Heslop와 Macaulay(2009)는 자해가 종종 사람들의 기분을 좋게 하면서 동시에 더 나쁘게 만든다는 것을 발견했다.

편안함

또 다른 명백한 자해의 역설적인 부분은 신체적 부상과 상처가 편안함과 자기위안의 근원을 제공할 수 있다는 것이다(Gallup, 2002; Harris, 2000). 처음엔 고통에서 편안함을 얻는 것이 비상식적이라고 느낄 수 있지만 이는 치유, 의학 그리고 미용행위에 대한 우리의 문화적 신념에 내재되어있다. 만약 치료법이 침습적이고 고통스럽거나 불편한 부작용을 가지고 있다면, 사람들은 종종 그렇지 않은 치료법보다 그것의 결과를 더 높게 평가한다. 또한 고통에서 위로를 받는 것은 초기 발달단계에서의 관계의 질을 반영하는 것일 수도 있다: 만약 정서적 발달이 (방치나 학대와 같이) 상처나 고통과 함께 안전함과 보살핌이 동시에 경험되는 상황에서 일어난다면 개인은 스스로와의 관계에서도 이를 반영할 가능성이 높다. 청소년 병동에서 보낸 시간 동안 Elaine은 자해를 통해 사랑에 대한 욕구를 표현했으며, 가능한 유일한 형태의 보살핌에 접근할 수 있었다.

자기 손상은 정말로 소통의 한 형태에요. 제 말은 사람들이 관심을 끌기 위해서 자해를 한다는 것이 아니에요. 그런 환경에 있을 때, 아시다시피 누군가 당신에게 시간을 쏟는 상황은 당신에게 붕대가 필요할 때뿐이라는 거죠. 그리고 저에게 있어서 꽤 자주, 제가 보살핌을 받았던 유일한 시간은 제가 제 [몸의 일부]를 꿰매고 있을 때였어요. 그래서 아시다시피, 가족이 없는 사람인 저에게 의료서비스를 제공하는 간호사가 의료적 보살핌을 줘야만 하는 형태로 보살핌이 이뤄졌던 거예요. 그리고 그게 제가 생각해본 부모님의 보살핌과 가장 비슷했어요.

Rachel은 그녀의 자해를 그녀에게 사랑, 편안함, 그리고 안전함을 주는 '애완동물'로 설명했다.

그건 마치 애완동물 같았어요. 제가 무슨 말 하는지 아시겠어요? 그건 다른 사람은 모르는 저의 것이었고, 제가 믿고 비밀을 털어놓을 수 있는 것이었어요. 왜냐하면 저는 저의 감정에 대해 오랜 시간 동안, 정말로, 정말로 그리고 아직까지도 다른 사람을 믿지 못하기 때문에… 그건 마치 내 옆에서 나를 위로해주는 작은 생명체 같았어요. 그리고 지금은 위로가 필요할 때 이따금씩 들어오는 생명체인 것 같다고 느껴요.

자해의 기능은 그것에 대한 적절한 반응처럼 비상식적으로 보일 수 있지만, 그만큼 중요한 것이다.

신체: 육체적, 상징적 그리고 사회적

만약 문화적 측면에서, 우리가 감정에 대해 어려움을 겪는다면, 신체와 신체에 대한 이해(body literacy)에 대해서도 더 큰 어려움을 겪을 것이다. 이 장에는 이미 대부분의 세계 주요 종교에서 신체에 어떤 문제가 있다고 여겨지는지를 설명하였다: 신체는 죄와 성욕 그리고 인간의 결점과 나약함이 있는 장소이며, 이는 고행이나 죽음을 통해 초월되어야 한다. 그러나 신체에 대한 부정적인 생각은 영적인 믿음에만 국한된 것이 아니다; 이러한 믿음은 또한 '서양' 철학, 과학, 의학에도 스며들어 있다. 여기서 몸(신체)은 무생물체와 같은 기계학적 용어로 여겨지며, 몸은 우월한 정신적 과정 아래 속하며 이 과정에 의해 움직인다(Lupton, 2003). 더 중요한 것은 신체가 특히 가변적이며, 연약하고, 죽는다는 점에서 결함이 있는 대상으로 여겨진다는 점이다. 그래서 인간은 우리 몸을 개선하고 통제하며 노화와 같은 자연적 과정의 효과와 자연적 변화를 막기 위해 과학에 의존하고 있다.

우리 신체에 대한 이런 일반적인 소외와 경멸은 나아가 신체에 낙인을 찍고 이를 문제시하는 경험에 의해 복잡해진다. 이것은 성적 학대 같은 경험일 수 있는데, 이것은 종종 생존자들에게 더러움, 수치심을 느끼게 하며 자신에게 어떤 식으로든 결함이 있다고 느끼게 한다. 또한 이것들은 인종차별주의, 동성애 혐오, 장애인차별과 같이 신체적인 차이로 인한 개인을 표적으로 삼는, 사회적 불평등과 관련된 경험일 수 있다(4장에서 더 자세히 논의됨).

몸을 무시하는 경험의 영향은 자해의 기능과도 연관이 되는데, 이는 우리가 무엇인가를 싫어하거나 끔찍하게 여기거나 수치스러워 하는 무언가에 대해 책임이 있다고 생각하면 그것에게 상처를 입히고 나쁘게 대하기가 매우 쉽다는 점에서 그러하다(1장 참고). 만성적인 신체적, 정서적 그리고 성적 학대로 인해 자신의 신체로부터 소외감을 느끼게 된 Colm에겐 신체혐오가 매우 심각했다.

> 저는 제 몸을 아주 부끄럽게 여기기 시작했고, 8살이나 9살, 10살 정도의 어린아이처럼 스스로를 꼬집고는 매우 수치스러워했어요. 매우 부끄러웠고 누가 만지는 것이든 뭐든 원하지 않았어요.

자해는 한 개인의 세상에 대한 경험과 그들의 위치를 직접적으로 반영할 수 있다. 다시 한 번 이것은 자해에 대한 대응이 수치심과 같은 근본적인 문제들을 강화하지 않는 것이 얼마나 중요한지를 강조한다. 이에 어떻게 대응하든지 부정적이고 징벌적인 반응에 대한 영향력을 인식해야 하며 그러한 반응들을 결코 따라해서는 안 된다.

신체의 언어: 의사소통

상징성을 이해하는 것은 그들 스스로에 대한 순수한 표현인지, 다른 사람에게 무언가를 표현하기 위한 의사소통의 시도인지 간에, 자해의 의사소통기능을 이해하는 것의 핵심이다. 신체적인 의사소통은 사람들이 말로 표현할 수 없는 감정이나 경험을 가지고 있을 때, 언어/구두의 의사소통 방식을 사용하지 않거나 또는 사용할 수 없는 경우에 특히 중요하다(Mallot, 2006). '스스로를 상처 입히는 행위는—그야말로—참을 수 없고, 말할 수 없는 무언가를 내포하며 그것은 이 행동을 통해서 전달된다(Babiker & Arnold, 1997: 1).' Amanda는 그녀의 자해를 정확히 이렇게 설명했다:

저는 말할 수 없었고 뭐가 어떻게 되는지 설명할 수 없었어요… 그것[자해]은 무언가를 표현하려는 것이었어요. 저는 그걸 어떻게 말해야 하는지 몰랐지만 그것을 신체적인 언어로는 표현할 수 있었어요.

Clare는 또한 자해가 의사소통의 측면에서 말할 수 없는 것에 대한 신체적 은유로서 기능한다고 이야기했다.

자기 손상은 분명한 은유적 표현이고 일종의 힘이에요. 제가 뭘 하려고 했는지 돌이켜보면, 저는 제가 하지 않았다고 느낀 극심한 괴로움을 표현하려고 노력하고 있었고, 무엇보다 저는 이걸 말로 표현할 수 있는 단어가 없었고, 말할 자격이 없었어요.

Clare가 말할 자격이 없었다고 강조하는 것은 매우 중요하다. 자기 자신에게 상처를 입힌 사람들은 트라우마적이고 낙인을 씌우는 경험들에서 살아남았다;

이러한 경험들에서는 그들이 상처 입은 사람들임에도 불구하고, 그들을 상처를 준 사람보다 폄하당하는 것으로 보인다. 이는 누군가 (당연히 점잖을 것으로 여겨지는) 중산층가정에서 피해를 입거나(Babiker & Arnold, 1997), 장애인이 (당연히 성인군자 같은 것으로 여겨지는) 간병인에 의해 다쳤을 때와 같은 경우이다. 또한 의료 전문가(Morris, 1996년)나 성직자(Ryan, 2009년)에 의해 사람들이 다칠 수 있다. 실제로 불과 20~30년 전만 해도 성직자나 다른 존경받는 인물에 의한 성학대의 가능성은 말 그대로 말 못할 것이었고, 목소리를 내던 사람들은 침묵당하거나 처벌을 받는 경우가 많았다. 그러나 그러한 경험을 표현해야할 필요성은 사라지지 않으며, 비언어적인 형태로 나타난다. Clare에게는 이러한 말할 수 없음이 '상처와 약물남용을 통해서 나타났고, 이를 통해 그녀는 고통, 욕망, 그리고 지지와 위로에 대한 필요성을 강하게 표현하였다.' 신체의 언어는 말로써 전달이 불가능할 때 강하게 나타난다.

신체와 부상은 강력한 상징이며 자해의 의미와 기능에 대해 많은 것을 전달할 수 있다. 특히 조력자가 상처의 종류와 위치를 통해 전달되는 의식적, 무의식적 메시지에 민감할 때 더욱 그렇다. 예를 들어, 성적 학대를 경험한 사람이면 수치심에 의한 결과로, 그리고 자기처벌의 형태로 학대와 관련된 신체부위를 훼손하는 일은 드물지 않다. 이와 동시에 이러한 상처들은 학대를 '불러일으키는' 모습에서 '못생겨지기' 위한 것일 수 있으며, 따라서 학대를 밀어내고 싶은 시도로서 기능한다(Babiker & Arnold, 1997; Smith, Cox & Saradjian, 1998).

마지막으로 우리가 한편으로 신체의 언어나 자해의 '신체적 언어'를 문화적으로 인지하지 못하고 있는 반면, 영어에서는 자해를 계속해서 언급하고 있다는 것도 주목할 만하다: '나는 머리를 쥐어뜯고 있었다.' '자신을 나무라며 두들겨 패지 마라.' '그것은 마치 벽돌담에서 머리를 찧는 것과 같다.' '그건 내 피를 말린다.' '내 눈에 핀을 꽂는 게 낫겠어.' 이런 표현들이 계속 통용되는 이유는 우리가 때때로 감정과 상황이 너무도 압도적이어서 신체적 표현만이 그것들을 완전히 표현하고 방출할 수 있다고 생각하기 때문이며, 이는 우리가 이해하는 깊고 구현된 (그리고 종종 무의식적인) 수준을 반영하고 있다.

기능과 역기능: 대처의 결과

자해는 육체적, 심리적, 정서적, 사회적, 상징적 측면에서 심오하고 강력한 기능을 가지고 있다. 그러나 자해가 다양한 범위의 필요를 충족시키고, 종종 개인의 주된 대처와 생존수단을 기능하지만 그것이 자해가 문제가 없다는 것을 의미하지는 않는다. 가장 명백한 우려로는 부상에 의한 신체적 위험과 손상으로, 어떤 경우 돌이킬 수 없거나 치명적인 위험을 야기할 수 있으며, 이러한 위험을 감소시키는 것을 6장에서 탐구한다. 그러나 자해는 장기적으로 부정적인 정서적 영향을 줄 뿐만 아니라 소외와 낙인을 포함한 사회적 결과를 초래할 수 있다(4장에서 설명). 그래서 정서적 어려움에 대한 반응으로 기능하는 동안 자해는 그 자신의 정서적 도전과 결과를 가져온다. 그러므로 자해가 그 사람이 처한 상황에서 가장 좋은 선택임에도 불구하고 그 상황에서 자해가 필요하지 않다면 대부분은 자해 없이도 행복해 할 것이다. 한 서비스 제공자는 다음과 같이 설명한다:

자해를 하고 있는데도 무언가 다른 것을 하고 싶다고 말하는 내담자들을 많이 알고 있습니다. 심지어 나도 그렇게 말했지만, 그러려고 그런 게 아닌 사람들이 그냥 그렇게 하지 않는 사람들보다 더 많은 것을 알고 있습니다. 만약 누군가 '당신은 자해를 할 수도 있고, 안할 수도 있습니다.'라는 선택지를 가지고 있다면 그것은 "당신은 자해를 할 필요를 느끼지 않는 위치에 있고 싶은가 아니면 자해를 해야만 하는 위치에 있고 싶습니까?"와는 상당히 다릅니다. 그리고 저는 아무도 '아, 아니오.'라고 말한 것을 보지 못했습니다. [열망이 담긴 어조로] '내가 그것을 해야 한다고 느끼지 않았다면요.'라고 답하기 마련이죠.

분명히, 그 누구도 자해하는 것이 기분을 나아지게 만드는 유일한 방법이라는 사실에 기분이 나빠지길 원하지 않는다. 사실, 자해는 그 순간에 어떤 안도감이나 위안을 주지만, 많은 사람들은 그것이 어떻게 부정적인 자기 감정을 더하고, 정서적인 과정을 정지시키는지 설명했다. Elaine은 시간이 지나면서 그녀가 겪은 자해의 양면적인 정서적 영향에 대해 한참을 이야기했다.

자기 손상은 그냥 차단하는 것이에요. 당신이 당신의 [몸]을 긋는 동안 그게 당신의 감정을 분출시킬 수는 있지만 당신은 당신이 억누르고 있는 감정을 느끼지 못해요, 그건 감정을 다루는 게 아니에요. 단지 자해를 하고 있는 동안 당신이 알아채지 못하고 있는 것을 뒤로 밀어낼 뿐이에요.

Elaine은 자해를 정서를 '다루고' 동시에 '억압'하는 수단으로 보았다:

자기 손상은 그 행위로 인해 만들어지는 흉터에 의해 눈에 띄게 표현되지만, 자기 손상의 요점은 경험을 흉터를 통해 시각적으로 표현하는 것이에요. 자기 손상의 핵심은 감정을 지나치게 단순화시키고, 멈춘다는 거죠. 당신은 자해하고 있는 그 시간에 감정을 그냥 흘려보내고 있다고 생각하지만, 실제로 그것을 끄집어내지는 못하고 있는 거예요. 당신은 감정을 다루는 것이 아니라, 그걸 상처로 만들고 있는 거죠. 당신은 감정을 다루는 것이 아니에요. 당신의 감정은 계속 그곳에 있고 당신은 그저 당신의 신체에 생리적인 반응을 만들고 있을 뿐이에요- 고통, 아드레날린- 당신의 감정을 차단하기에 효과적이죠. 당신은 그 흉터가 당신이 느끼는 모든 것을 표현하고 있다고 생각할지 모르지만, 결국 남는 흉터는 그저 흉터일 뿐이에요. 왜냐면 당신의 감정은 아직 그곳에 그대로 있거든요. 당신은 그저 자신이 느끼는 것으로부터 주의를 분산시키기 위해 상처를 입혔을 뿐이에요. 그렇지 않다면 자기 손상은 놀라운 치료법이 되었겠죠!

Amanda는 자해가 잠시 동안 힘든 감정으로부터의 안도를 제공했지만 시간이 흐르면서 그걸 없애지는 못했다고 인정했다: '그것은 많은 부정적인 감정들이 일어나고 있는 가운데 그저 잠시 동안의 완화일 뿐이에요. 당신은 여전히 그 감정과 함께 남아있고, 자해는 그저 잠시 동안 그것으로부터 당신을 멀어지게 할 뿐이에요.' 따라서 자해는 정서적 고통의 순간에 강력한 개입이지만, 장기적으로 정서적 해결방법을 제공하진 않는다.

자해는 대처방법으로서 지나치게 효과적으로 작용한다. 그리고 자해가 효과적으로 기능하게 되면 개인은 자해를 점점 더 필요로 하게 된다. Elaine은 '한번 자해가 당신의 대처기제로 작용하면 처음엔 당신이 심각하다고 느끼는 무언가 때문에 자해를 시작했을지 모르지만 그 다음에는 모든 종류의 감정들에 대해 자해를 하게 될 거예요.'라고 이야기했다. 많은 서비스제공자들이 Elaine의 경험에 동조했다: '그것은 하나의 감정을 대체하는 것이 아니라 결국 거의 모든 감정들을 대체하게 돼요.'

일단 여러분이 긋는 것과 같은 것을 대처기제로 사용하게 되면 그건 그 어떤 것보다 더 좋을 거예요. 어려운 점은 당신이 이런 종류의 마법같은 해결책을 잠시 동안만 얻었다는 것이고, 사람들은 그 완화가 짧다고 이야기하지만 사실 그것은 그 어떠한 것보다 효과적이라는 거죠. 저는 이 방법이 어떤 방식으로, 어떻게 당신에게 도움이 될 만한 다른 것들을 찾을 수 없도록 하는지에 꽤 관심이 있어요.

그러므로 자해는 잠시 동안 대처하고 살아남는 데 도움을 줄 수 있지만, 장기간의 정서 치유과정을 멈추게 하며 점차 '긴급' 대처기제에서 사용이 늘어나는 대처기제가 될 수 있다. 결국 Mark에 따르면 자해는 그 자체로 부정적인 자기감정과 소외감을 강화시킬 수 있다.

전 사람들에게 말하지 않았어요. 그걸 보여주지도 않았고, 아무도 알기를 바라지도 않았어요. 저는 아무도 모를 정도로 많은 시간을 보냈고, 줄곧 당혹감과 수치심을 느꼈어요. 단순히 제가 자해를 했기 때문에 느끼는 당혹감과 수치심만이 아니라, 내 자신에 대해 내가 어떻게 느끼는지에 대한 당혹감과 수치심도 있었어요. 그리고 저는 그게 또 다른 거라고 생각했어요. 그렇잖아요, 정말로, 마치 다른 것들보다 저를 다시 더 나쁘게 만들었어요.

Elaine은 비슷하게 자해가 자신을 생존하도록 돕는 것과 동시에 그녀를 약화시키고 있음을 느꼈다:

당신이 대처하고 있는 동안 그 행위는 긍정적으로 보일지 몰라요… 내가 자기 손상을 보는 관점이죠. 확실히 자해를 대처기제로서 사용한 후에는, 그 무언가로부터 멀어지게 해줘요.

요약하자면 이러한 결과들은 자해의 위험성과 함께 자해의 복잡성, 그리고 그것이 기능하는 다면적인 방법의 결과이다. 자해는 긍정적이고 장기적인 방식으로 긍정적인 영향과 부정적인 영향을 모두 가지고 있다. 예를 들면 다음과 같다:

· 자해는 사람들이 대처하고 생존할 수 있게 해주지만, 그것은 또한 그들의 삶과 신체적 안녕감을 위태롭게 할 수도 있다.
· 자해는 안도감, 편안함 및 통제력을 제공하지만, 장기적으로는 부정적인 감정과 고립을 가중시킬 수도 있다.
· 자해를 통해 삶은 지속되지만 삶의 질에는 부정적인 영향을 미칠 수 있다.

전반적으로 우리를 사람으로 만드는 것의 많은 부분처럼, 자해는 모순되며 복잡하고, 그것에 대한 쉬운 해답은 없다. 결국 자해에는 각 개인의 욕구, 감정 그리고 경험에 따라 똑같이 인도적이면서도 복잡한 대응이 필요하다.

✖ 챕터 요약

자해는 상징화되며, 상징은 각 개인에게 자해가 기능하는 방식을 이해하는 열쇠가 된다. 유아로서 우리의 몸은 우리가 주변의 세상과 소통하고, 느끼고, 경험하는 것을 배우는 첫 번째 매개체이다. 우리의 몸은 또한 우리가 감정, 직관, 기억, 외상 그리고 우리의 모든 감각을 경험하는 곳이다. 우리의 몸에도 다양한 사회적 의미와 상징성이 나타나고 문화적 메시지와 가치관이 넘쳐난다. 자해를 이해하기 위해서는 상징의 힘과 복잡성 그리고 신체적 자아를 통해 매개되고 저장되는 여러 기능, 의미, 경험에 대한 인식이 필요하다.

자해는 근본적으로 상징화된 경험이다: 신체적, 정서적, 심리적, 사회적, 그리고 상징적이며 이 모든 수준에서 의미와 목적 그리고 기능을 가지고 있다. 따라서 자해에는 똑같이 다면적으로 대응해야 한다. 자해의 의미와 기능은 항상 각 개인에게 특정되어 있으며, 개인들 간에, 심지어는 같은 사람에게도 다양하고 모순될 수 있다는 것을 기억하는 것이 중요하다. 예를 들어, 자해는 자기 처벌의 한 형태일 수도 있고 자기 위안의 한 형태일 수도 있다; 그것은 신체를 떠나 현실을 도피하는 것일 수도 있고, 또는 일정 기간의 해리 후 접지되는 방법일 수도 있다. 그것은 통제의 한 형태일 수도 있고 방출의 수단일 수도 있다. 이러한 기능은 결코 부상의 유형이나 부상의 심각도를 통해 쉽게 이해될 수 없으며, 나아가 하나의 부상은 여러 가지 실제적 및 상징적 기능을 동시에 가질 수 있다. Elaine이 설명했듯이, '자기 손상은 그것을 하는 사람에게 많은 다양한 기능을 제공할 수 있기 때문에 매우 복잡하다.'

이와 같이 모든 것에 맞는 모델은 없다. 구현된 접근법이 빠른 답변이나 즉각적인 해결책을 제공하는 것도 아니다. 그러나 이것은 조력자가 자기 자신에게 상처를 입히는 사람과 의미 있게 의사소통을 할 수 있게 하고, 그들과 함께 그들의 자해의 기능과 목적 그리고 그들이 필요로 하는 지원의 종류에 대해서 함께 탐구하는 작업을 할 수 있게 할 것이다.

마지막으로 상징적 접근법은 또한 여러 가지 면에서 자해가 인간행동 범위의 정상적인 부분이며 일탈이 아니라는 점을 강조한다. 자해를 자신의 경험을 대처하고 표현하기 위한 수단으로 이용하는 것은 '개인의 병리학에서 탄생한 어떤 일탈적이고 특이한 사상이 아니라 인간의 신념과 종교적, 사회적 행동의 깊은 전통을 활용하는 것이다'(Babiker & Arnold, 1997: 26). 하지만 이런 식으로 자해를 이해하는 것이 곤경에 처한 개인을 무시할 정도로 자해를 정상화하는 것은 아니다. 깊은 고통의 상징화가 인식되지 않을 정도로 자해가 '정상'으로 여겨지는 상황은 모두에게 건강하지 못하며 안전하지 않다.

●○ 학습한 내용 실무에 적용하기

정의	자해는 의미와 목적을 가지고 있으며, 고통이 구현된 것이다.
작업원칙	• 자해는 인간 경험의 범주에서 '정상'에 속한다. • 모든 경우에 맞는 모델은 없다.
실무적용	• 기능과 의미 탐색하기 • 신체감각, 신체이해

정의; 자해는 의미와 목적을 가지고 있으며 고통이 체화된 것이다

자해에서, 신체적 고통, 상처, 부상은 어려운 감정, 생각, 경험을 표현하고 관리한다. 신체적 손상은 실질적이고 상징적인 기능을 모두 가지고 있다. 이러한 기능들은 각 개인에게 고유한 것이며, 그 의미와 목적은 각 개인의 삶의 경험과 욕구를 반영한다. 그럼에도 불구하고, 구체화된 접근방식은 각 개인의 자해에서 가능한 기능의 범위와 그 의미와 목적을 가지고 관여할 수 있는 가능성을 이해할 수 있게 한다.

작업 원칙

1) 자해는 인간 경험의 범주에서 '정상'에 속한다

자해는 종종 '정상적'이고 건강한 인간의 행동에서 벗어나는 것으로 인식된다. 그러나 자해는 인간의 구현과 관련되며, 인간 사회 전반에 걸쳐 의식화된 행위와 그 기능의 많은 부분을 공유한다. 그럼에도 불구하고 자해는 괴로움이 반영된 것이며, 자기 자신에게 상처를 입히고 있는 사람에게 걱정스럽지 않도록 '정상으로 여겨져서는' 안 된다.

2) 모든 경우에 맞는 모델은 없다

자해란 개인의 삶의 상황과 경험에 대한 대응이자 반영이다. 이처럼 자해는 사람마다 각기 다른 방식으로 기능하며, 같은 사람에게도 여러 가지 다른 기능을

가질 수 있다. 따라서 모두에게 적용 가능한 개입 모델, 진단 체크리스트 또는 이해하기 위한 공식의 단 한 가지 모델은 없다. 사람마다 독특한 것처럼 자해의 기능, 의미, 목적도 다르다. 그러나 이 장에 요약된 광범위한 주제는 각 개인의 자해 및 그들이 필요로 하는 지원에 대한 개별적인 이해를 형성하는 데 사용될 수 있다. 자해의 기능에 대한 이해를 발전시키는 것은 조력자가 이미 만들어진 해결책을 가진 '모든 것을 아는 전문가'라는 가정에 기반하기보다, 협력적으로 이루어져야 한다(5장 참조). 한 서비스 제공자는 이 접근법을 다음과 같이 설명했다.

저는 사람들을 개인으로 다루며, 그들을 개인으로 보고, 그들의 상황, 맥락 안에서 그들의 역사를 통해, 또 그들이 지금 어디에 있는지를 고려하여 그들에게 무슨 일이 일어나는지에 대해 작업합니다… 당신은 개인을 이해해야 합니다. 그러나 더 넓은 차원에서 우리의 교육은 우리를 지식적인 방법 내에서 자해에 대한 연민과 이해와 함께 자해에 대응할 수 있도록 이끌어야 합니다.

활동

- 당신이 다른 사람에게 구체적이고 실질적인 방법으로 도움을 준 적이 있는 두세 가지 다른 경우를 메모해 두어라. 예를 들어, 숙소를 구하고 있는 누군가에게 집을 제공했을 수도 있고, 직장동료가 집안일을 해결할 수 있도록 교대해주었을 수도 있고, 자신의 삶이 매우 무력하다고 느끼는 누군가와 자기주장연습을 했을 수도 있다.
- 이제 당신의 첫 번째 응답을 모든 다른 상황에 적용했을 때의 영향을 생각해봐라- 사람들이 어떻게 느끼고 얼마나 효과적일 것인가?
- 이것이 자해에 미치는 영향을 생각해 보아라- 사람들은 굉장히 많은 이유로 자기 자신에게 상처를 입히지만 종종 한 가지 효과적인 개입방법이 있다고 가정한다.
- 마지막으로 위에서 파악한 상황에서 당신이 사람들을 돕는 것에 자신감을 갖게 하는 것이 무엇인지 생각해 보아라. 자기 자신에게 상처를 입힌 사람들에게 도움을 주는 것에 대해 똑같이 자신감을 느끼기 위해서는 무엇이 필요한가?

실무 적용

기능과 의미 탐색하기

자기 자신에게 상처를 입히는 사람과 함께 작업할 때 가장 중요한 일들은 자해의 의미와 기능을 탐구하는 것이다. 이를 위해 자해가 기능하고 있는 방식의 범위와 부상이 어떤 것을 표현하고 있는지에 대한 민감성을 인식해야 한다. 그러나 위에서 언급한 바와 같이, 자해가 어떻게 작용하고 있는지를 판단할 수 있는 지름길이나 간단한 모델은 없다; 이 과정에는 시간과 인내심, 그리고 민감성이 필요하다. 게다가 자해의 '신체적 언어'가 그들의 경험을 분명하게 표현할 수 있는 유일한 방법일 수도 있기 때문에 광범위한 의사소통 도구가 필수적이다. 이러한 도구들로는 창의적이고 상징적인 표현 형태를 포함할 수 있으며(5장 참조), 신체 인식에 기초하는 것이 중요하다(아래 참조).

신체감각, 신체이해

신체에 대한 민감성은 '서양'의 많은 문화와 의학과는 이질적이다. 그러나 자해를 완전히 이해하려면 조력자가 스스로의 몸과 인간 경험의 상징화된 특성에 적응할 필요가 있다. 신체 및 신체의 행동은 직접적으로든 상징적으로든, 강력하게 의사를 전달한다. 누군가가 의미있는 방법으로 자해를 탐구할 수 있도록 돕고, 그렇게 함으로써 그들을 지지하기 위해서는, 도움을 주는 사람이 상징화된 표현에 대한 민감성을 가지고, 상징적인 의사소통 또는 신체에 새겨진 것에 대해 익숙해져야 한다. Clare는 경청에 대한 전체적이고 상징적인 접근이 중요함을 강조했다.

경청은 항상 당신의 귀가 다른 사람이 하는 말을 듣는다는 건 아니에요. 누군가의 말을 경청하는 것은 그들의 행동과 그들이 그들 자신을 표현하는 방법을 듣는 것일 수도 있지만, 단지 누군가와 함께하고 누군가의 과거를 이해하고, 그것에 대해 보살피며 친절하게 반응하는 것이에요.

- 당신이 할 수 있는 한 많은 다양한 부정적인 감정을 적어라.
- 자해가 각각의 감정들에 대해 어떻게 기능하는지 차례로 생각해 보아라.
- 자해에 내재된 감정과 그 기능을 이해하는 것이 자기 자신에게 상처를 입히는 사람에 대한 당신의 반응에 어떻게 영향을 미칠 수 있는가?

CHAPTER

3

내면 세계:
당신이 된다는 건 어떤 것인가?

내면 세계 :
당신이 된다는 건 어떤 것인가?

　　이전 장에서 나는 자해의 의미와 목적, 가능한 기능들을 강조했다. 이 장에서는 자해의 기저에 존재하는 몇 가지 인생 경험에 대해 살펴보고자 한다. 이러한 경험들을 탐구하면 자해의 기능에 대해 더 깊이 이해할 수 있으며 자해를 하는 사람들을 어떻게 효과적으로 지원할 수 있는지 알 수 있다. 자해를 하는 사람들이 그 원인을 안다고 자해를 멈추지 않듯이, 이 장에서는 단순히 원인과 결과에 관한 접근법을 제시하지 않는다.

　　이 장에서 다루는 주제는 학대, 방임, 상실, 시설화 및 따돌림이다. 그러나 이 주제들만이 자해의 기저가 되는 것은 아니며 자해에 대한 분명한 이유가 없는 사람의 경우 누군가 다른 방식(예: 더 나쁜 방식)으로 치료 받아야 하는 것도 아니다. 오히려 이러한 경험은 개인의 내면세계와 자신의 자아와 신체 간의 관계가 어떻게 형성되고 자해가 어떻게 주변 세계를 탐색하는 수단이 되는지를 강조한다.

　　이 장에서는 또한 왜 자해에 대한 개별적인 반응이 필수적인지를 강조한다. 어떠한 두 사람도 같지 않으므로, 어떠한 두 가지 개입도 같지 않을 것이다. 각자의 경험을 자신만의 고유한 방식으로 다루기 위해 각 개인에게 필요한 시간, 공간 및 융통성을 허용하는 것이 중요하다. 그리고 무엇보다도, 조력자는 자해에 영향을 주는 무효화 및 파괴적인 환경을 다시 만들지 못하게 하는 것이 중요하다. 이 주제들에 대해 4장에서 더 넓은 사회적 맥락을 참조하여 살펴볼 것이다.

내면세계와 자해

성적 학대 및 따돌림과 같은 경험은 종종 자해의 중요한 요인으로 인식되는 반면, 입원 및 상실과 같은 다른 경험은 덜 알려져 있다. 그러나 모든 사례에 있어서, 1장에서 설명된 것처럼 자해를 측정하고 정의하는 것에서 발생한 문제점들을 이러한 이슈들과 관련지어 인식하는 것이 매우 중요하다. 자해 행동을 정확히 수치화하는 것에 대한 어려움은 바탕이 되는 경험들에도 똑같이 해당된다. 예를 들어, 정의, 공개, 낙인, 측정을 둘러싼 이슈들은 사회에서 성폭력의 범위와 유형에 대한 정확한 데이터를 수집하는 것이 대단히 어렵다는 것을 의미한다(Walby & Myhill, 2001). 마찬가지로, 연구는 자해의 기초가 되는 경험에 대한 대조적인 결과들을 보여준다. 예를 들어, 몇 사람들은 가정에서의 신체적 방임과 성적 및 정서적 학대가 자해의 가장 중요한 근본적인 요인이라고 주장한다(Glassman et al., 2007). 반면, 다른 사람들은 이러한 영향들은 특정 성별의 특징을 반영한 것이므로, 또래의 따돌림이 더 중요하다고 제안한다(Jutengren, Kerr & Stattin, 2011).

그러므로 이 장은 정의하는 것보다 정보를 주는 것을 목표로 한다. 특정 경험의 확산 및 중요성에 대해 명확하게 주장하기보다는 정보에 입각한 대응을 촉진할 의도로, 자해하는 사람들이 자주 보고하는 다양한 경험에 대한 개요를 제공한다. 또한 이 접근법은 자해에 대응하는 모범 사례를 반영하며, 잘 알려져 있지만 고정적이고 확정적이기보다는 공개적인 성격을 띤다. 기억할 것은 자해의 기초가 되는 경험을 탐구하는 목적은 빠른 진단을 하는 것이 아니라는 것이다. ─'오, 그녀는 성적으로 학대를 당했고, 그래서 자해를 했다.'─개인에게 자해가 어떻게 기능하는지를 더 깊이 이해하게 하고 그들에게 유용한 지원에는 어떤 것들이 있을지 인식하게 한다.

학대

신체적, 정서적 및 성적 학대가 만연한 것은 사실이지만 이를 완전히 인정하기는 어렵다(Breggin, 1991). 마찬가지로, 사회적 낙인과 그들을 둘러싼 비밀뿐 아니라 그러한 경험들 자체는 자해의 기능과 중요한 관계가 있다.

최근 몇 년 동안, 공인들이 아동 및 청소년 성적 학대 사건들과 강간 사건들에서 관대한 선고를 받았음이 드러나며 성폭력은 대중에게 주목을 받았다(eg. Pollard, 2012; Ryan 2009)[1]. '성적학대'라는 용어는 일반적으로 부모, 보호자 또는 간병인과 같이 책임지는 위치의 가해자가 의존하는 사람에게 성폭력을 행했을 시 사용된다. 성폭력은 성 학대, 성적인 모욕, 강간 등의 모든 행위를 포함하는 광범위한 용어이다. 성적 학대와 성폭력은 흔히 자해의 기저 원인으로 언급된다(Babiker & Arnold, 1997; Gallup, 2002; Glassman et al, 2007; Gratz, Conrad & Roemer, 2002; McAllister, 2003; Murray, Warm & Fox, 2005). 아래에 기술된 바와 같이, 강간, 기만, 조종, 성폭력을 수반할 수도 있는 실제의 신체적 폭력 또는 이에 대한 위협이 설사제 사용과 비우기, 처벌과 통제와 같은 자해의 많은 기능들과 연관되어 있는지를 이해하는 것은 어렵지 않다:

> 피를 흘릴 때 나는 마치 나쁜 것들을 밖으로 내보내는 듯한 느낌이 들었다(Babiker & Arnold, 1997: 81).
>
> 나는 그녀를 내 피부에서 느낄 수 있다. 나는 설명 할 수 없다… 나는 마치 우리가 어떤 방식으로 서로 녹아있는 것 같다. 아무리 내 피부를 긁어내봐도 그녀를 완전 다 제거할 수 있을 만큼 깊이 긁어낼 수가 없다(Smith, Cox & Saradjian, 1998: 33).
>
> 나는 아버지가 내게 한 일에 대해 아무 말도 하지 않았다. 그러나 그는 내 흉터를 싫어한다. 그 상처들은 그를 비난하는 무언가이다. 그는 아무것도 일어나지 않은 척하거나 그것이 나에게 상처를 주지 않은 척 할 수 없다(Babiker & Arnold, 1997: 83).

자해하는 사람들의 상당 비율이 성폭력을 경험했다는 것은 논쟁의 여지가 없지만, 폭넓은 맥락에서 이해가 필요하다. 인구의 25~51%(Kelly & Regan, 2001)

---

1) 예를 들어, 영국과 웨일즈의 아동 성적 학대에 대한 독립적 조사(https://childsexualabuseinquiry .independent.gov.uk/ - accessed 24 August 2016), 그리고 13개월 된 아기를 강간한 한 남자에게 주어진 5년 형의 BBC 뉴스 보도(http://news.bbc.co.uk/1/hi/uk/3080502.stm) (accessed 24 August, 2016)를 참고해라.

는 그들의 일생 동안 성폭력의 한 형태를 경험하므로, 수면 위로 나타난 고통에는 성적학대를 경험한 사람의 비율이 상당할 것이다. 이와 같이 성폭력의 가능성에 대한 민감성은 성폭력과 자해와의 상관관계를 지나치게 일반화하지 않도록 주의해야 한다. 성폭력에 지나치게 집중하면 성폭력 경험이 없는 자해하는 사람들에게 본인들이 틀렸다는 생각이 들게 하거나 혼란을 줄 수 있다. 예를 들어, Rachel은 자신이 자해를 하는 '원인'이 이러한 고정관념에 기반한 가정에 해당하지 않기 때문에 그녀의 정신적 스트레스를 축소화하여 보았다.

말도 안 되는 일들을 경험한 많은 사람들을 알기에 그들에 비하면 내가 힘든 척하고 있다는 느낌이 들었다. 나는 그런 심한 일들을 겪지도 않았으며 신체적인 학대를 받은 적이 없었다. 일반적으로 삶을 미치도록 쓰라리게 만드는 일에 속하는 것을 경험한 적도 없다.

반대로 Emma의 경험에서는 성적 학대의 가능성을 무시하는 것과 동시에 이것을 공개하는 것을 어려워하는 것이 그녀의 고통을 완화시키기 보다는 오히려 더하였다. Emma는 어린 시절 성적 학대를 경험했고 청소년기에 자해에 대한 도움을 구했다. 그러나 추가적인 성폭력 사건과 더불어 서비스 대응은 그녀를 점점 고통스럽게 했고, 개입은 점점 더 문제가 되었다.

어떤 치료사들을 몇 회기 정도 만났는데 그들은 출산휴가를 떠나버렸다. 나는 작업 치료사를 만나기 시작했고 이후 몇 주 후에 나는 내가 살았던 곳 근처의 거리에서 낯선 사람에 의해 공격 받고 강간당했다. 나는 학대에 대한 나의 기억에 대해 작업 치료사와 이야기 할 수 있을지 궁금해 했었지만, 강간을 당한 것은 내가 이야기하려는 것을 막기 위한 경고로 느껴졌다. 이러한 일들이 무작위로 일어난다고 믿는 것보다 내가 그렇게 만들었다고 믿는 것이 더 쉬웠다. 왜냐하면 나는 나에게 일어나는 것들을 내가 막을 수 있다고 믿고 싶었기 때문이다. 예를 들어, 내가 학대에 대해 아무에게도 말하지 않았으면, 나는 다시 강간당하지 않았을 것이라고 생각하였다. 이러한 생각과 더불어 아무것도 말하지 말라는 엄마의 경고 때문에 1년에서 1년 반의 기간 동안 매주 작업치료사를 만났지만 나에게 일어났던 일들에 대하여 말하는 것이 결코 편하지 않다고 느꼈다.

나는 공격을 받고 일주일 후에 처음으로 약을 과다 복용했고, 병원의사들이 나의 위를 세척하였다. 그들은 나를 야단치면서 다시는 이런 일로 병원에 오지 말라고 하였다. 나는 마치 자살하고 싶다는 느낌에 대해 혼나는 느낌이 들었고 또 혼나지 않기 위해서 내가 괜찮지 않다는 것을 다른 사람에게 들키지 않는 것이 최선의 방법이라는 생각이 들었다.

그 결과, Emma는 점점 살기 위한 목적으로 자해를 하였다:

이 시점에서 내가 할 수 있는 가장 쉬운 일은 이런 모든 감정들을 느끼는 나 자신에 대한 좌절감을 표현하기 위한 방법을 시도하고 신경 쓰지 않는 것이었다. 그래서 나는 나 자신에게 그 일에 신경 쓰지 않고 있다는 것을 보여주기 위해 손목을 그었다. 그리고 내 삶에 대한 통제권을 되찾기 위해 말이다. 14세부터 16세까지 나는 정기적으로 자해를 하며 가까스로 이 비밀을 유지했다.

Emma가 받은 개입은 청년들이 요구하는 지원, 이해 및 서비스와 분명하게 대조되었다. Emma의 경험은 외상 경험이 내면화되고 재구성되는 복잡한 방식을 강조했다. 이것은 폭력적인 환경에서 발생하는 자해가 직접적이고 상징적인 기능을 모두 갖고 있음을 이해하는 데 중요하다.[2]

그러나 신체적, 정서적 학대와 같은 다른 형태의 학대가 있다는 사실을 기억하는 것도 중요하다. 이러한 행위는 똑같이 외상을 남길 수 있으며 자해와 관련될 수 있다(Glassman et al., 2007; Murray, Warm & Fox, 2005). 실제로, 학대의 형태들은 대개 교차점을 갖는다. 신체적 학대와 성적 학대는 대개 정서적인 학대를 동반하며, 개인은 가해자보다 스스로에게 잘못이 있다고, 일어난 일에 대해 자신이 책임이 있다고 느낀다. 학대는 또한 죄책감과 범죄의 느낌을 만들고, 두려움을 유발하며, 자기 자신과 다른 사람들에 대한 신뢰를 훼손하고, 경계와 자기 보호를 혼란스럽게 한다. 이 모두가 필수적인 생존 도구이다. 가해자의 사회

---

[2] Dusty Miller(1994)는 외상의 영향과 외상 재연 증후군(TRS)이라고 불리는 자해와의 관계에 중점을 두었다. TRS는 육체적 및 또는 정서적 자해 행위가 상징적이거나 실제적인 반복을 통해 외상의 경험을 통제, 치유 또는 통합하려는 시도로서 기능하는 것을 말한다. 자해 및 반복되는 폭력적인 관계 등 TRS에 대한 많은 다른 징후가 있다.

적 지위는 보호되는 반면, 학대에 대한 사회적 낙인은 상처를 입은 사람들에게 비밀과 수치심의 문화를 더한다.[3]

더하여, 학대는 종종 어떠한 개인을 보살피거나 권위적 위치에 있는 누군가에 의해 일어난다. 이 경우 보살핌을 받거나 '올바른 대우'를 받는 경험은 상처 및 고통과 관련이 있다. 예를 들어, 가족들은 손등으로 때리는 것을 훈계라고 말하며, 부적절한 성적 관심을 사랑으로 여긴다(Strong, 2000: xix). 이러한 맥락에서, 자해는 스스로 하는 위로, 보살핌 또는 보호의 한 형태로 기능 할 수 있으며, 다른 방법으로 '자신을 진정시키는' 방법을 배운 적이 없을 때 진정시키는 개입을 제공할 수 있다(Gallup, 2002).

자해는 학대적인 환경에서 자란 사람들에게 복잡한 방식으로 기능한다. 이는 개인이 세상에서 살아남을 수 있도록, 일종의 의미있는 방식으로 외상적인 경험들을 정상화하거나 다루고, 이들을 통합시키려는 시도일 수 있다. 예를 들어, 자해는 개인이 피해자, 가해자, 마지막으로 사랑으로 보살피는 사람까지, 모두의 역할을 수행하고 자신에게 가하는 상처를 진정시키며 치유되는 것을 지켜보게 한다(Strong, 2000: xviii). 여기서 자해는 생존 방법으로써 심리적, 정서적, 신체적인 작용을 한다. 그러나 외상적 경험을 통합하고 다루려는 이러한 생존 과정은 외부인에게 이상하게 보일 수 있으며 또한 그들 개개인을 혼란스럽고 고통스럽게 할 수 있다. Colm의 경험은 아버지가 그를 대한 태도와 그 스스로가 자신을 대한 태도에 대하여 설명한다:

아버지는 꽤나 폭력적이었다. 그는 우리를 두들겨 패고 신체적, 성적인 학대를 하였다. 그러나 그는 일종의 아주 이상하고 혼란스러운 행동을 했다. 그는 우리를 담배로 태우려 했으며, 제2차 세계 대전과 고문에 관한 TV의 다큐멘터리를 보면서, 익숙한 것처럼, 종이나 나무로 찌르고

---

3) 가정 폭력 또한 학대의 한 형태이며 자해 및 자살과 중요한 관계가 있다. 가정 폭력은 희생자가 아닌 가해자를 보호하는 경향이 있으며, 지역 사회의 수치와 비밀에 속한다(Siddiqui & Patel, 2010 참조). Amanda는 어머니와 친밀한 관계와의 폭력을 목격했다. 그녀의 자해는 통제권을 행사하고 더 이상의 발생을 막으려고 시도됐다: '폭력을 감수하는 것보다, 그런 종류의 폭력적인 관계의 종결에서 엄마의 패턴을 따라가게 되는 것이 항상 두려웠다―그리고 나는 엄마의 패턴을 따르기보다 나에게로 돌려놓았다. 자해는 내가 상황을 다룰 줄 아는 유일한 방법이었다.'

거나, 성냥을 사람들의 손톱 밑을 찌르는 이 다큐멘터리를 보고, 우리가 뭔가 잘못했을 때마다 그렇게 했다. 내가 보기엔, 아마도 내 형제자매들 또한 동의하겠지만 나를 가장 심하게 학대했었다.

Colm은 다음과 같이 말했다:

나는 아빠가 했던 것 중 가장 치욕적이라고 느꼈던 몇몇의 것들을 반복하곤 한다. 나는 담배로 나를 태우곤 하며, 내 손톱 밑을 성냥으로 찌르곤 한다. 나는 지금도 그 행위를 왜 하고 있는지 결코 이해할 수 없다. 내가 가졌던 자기 증오를 반복적으로 느끼려는 걸지도 모른다는 생각이 든다.

Colm의 경험은 인간이 생존하고, 자해를 통해 자신의 경험을 탐구하는 복잡한 방식들과, 이에 대응할 때 깊이와 세심함이 필수적인 이유를 보여준다. Colm이 느끼는 부끄러움과 혼란은 아버지의 학대에 대한 인식과 이러한 행위에 대한 자신의 모방에 얽혀 있다.

자해에 대한 수치심, 낙인 및 혼란은 일반적인 경험이다. Joseph과 Mark 또한 그들의 자해를 특징짓는 수치심과 비밀유지에 대해 강조했다. Joseph은 자신이 얼마나 상심하고 수치스러웠는지 표시하기 위해 '깊은 상처를 입었을 때 자신이 부끄럽고 몹시 당황스러웠던 것'을 묘사하면서 비밀로 유지하는 것이 중요하다고 말했다: "가장 가까운 내 가족 대부분은 모르며… 그들은 소름끼쳐 할 것이다. 나는 그들이 알기를 원하지 않는다" Mark도 비슷한 느낌을 경험했다:

나는 사람들에게 말하지 않았고, 보여주지 않았으며, 누구도 알기를 원하지 않았다. 나는 오랜 기간 동안 아무도 모르게 많은 자해를 해왔으며, 이는 당혹스러움과 수치심 때문이었다. 단지, 내가 자해를 했기 때문에 당혹스럽거나 수치심을 느꼈다기 보다는 나 자신에 대해 어떻게 느꼈는지에 대한 당혹감과 수치심이었다. 그리고 방금 생각한 게, 알다시피 이것이 정말 나를 남들보다 별로로 만드는 또 다른 것이었다.

자해에 대한 낙인은 현존하는 수치심과 비밀로 유지하려는 태도를 악화시킬 수 있다. 레이첼은 그녀의 상처에 대한 자의식과 누군가 그녀의 자해에 대해 알게 될 경우 '교정' 상황에 착수해야 하기 위해 해야 하는 광범위한 노력에 대해 설명했다:

당신은 상처를 가려야 한다. 그들이 보게 되면 당신 자체가 아닌 상처들을 보게 되고, 이는 방해요인이 될 것이다. 당신도 알다시피, 당신은 되돌리려는 시도를 해야 할 것이다. 그것은 거의 누군가가 너를 어떤 한 사람으로 완전히 재평가해야 하는 것과 같다. 그들은 그들의 마음속에 당신을 완전히 재정의해야 한다. 그리고 당신은 계속 그렇게 하도록 해야 한다. '아니, 난 아직 여기 있어, 아무것도 바뀌지 않았어, 괜찮아.' 그리고 당신은 사람들을 아이 다루듯 다시 당신의 공간으로 데리고 와야 한다.

Elaine과 Amanda는 비슷하게 말이 없었다. Elaine의 경우: '사람들이 당신의 상처에 대해 말할 때 당신은 작아지고, 자신을 강력하게 변호할 수 없을 것 같다고 느낀다.' Amanda는 항상 그녀의 흉터가 가려져 있는지 확인했다.

나는 항상 긴 소매를 착용한다. 단지 왜 상처가 있는지에 대한 질문을 안 받는 편이 낫다. 내가 아는 한 그것은 내가 여태 해왔던 치유의 여행과 같았고 그만 둘 생각도 없으며 이런 나에 대해서 설명하고 싶지 않다.

전반적으로, 자해는 학대적인 환경과 경험에 대한 반응일 수 있다. 많은 경우 이것들은 자신에 대한, 그리고 세계가 기능하는 방식에 대한 개개인의 생각을 형성하는 맥락이 되어 왔다. 발달하는 경험이 항상 의식적이거나 명확하게 표현되는 것은 아니다. 오히려 상처 입은 개인을 불신하거나 낙인찍을 수 있는 방식으로 자신을 드러낸다(Babiker & Arnold, 1997). 그렇기 때문에, 개인을 더 이상 수치스럽게 하거나 낙인찍지 않기 위해서 신체적인 상처들이 이러한 경험들에 대해 말하는 복잡한 방식들을 이해해야 한다. 다음 두 가지 대조적인 접근법은 자해에 대한 부정적이고 긍정적인 반응의 영향을 강조한다. 첫 번째 사례에서 서비스 사용자의 수치심은 전

문가가 그녀를 조종하여 자해를 중단시키려고 하는 명백한 시도로 인해 가중되었다:

내 정신과 의사는 나에게 말했다. '네가 너에게 하는 일은, 네 아버지가 너에게 한 것만큼 나쁜 짓이야.' 왜인지 설명은 못하겠지만 그 때 나는 엄청난 수치심을 느꼈다(Babiker & Arnold, 1997: 80).

두 번째 사례에서, Clare는 진정으로 개인적이고 지적인 참여에서 나온 깊은 개인적 통찰을 설명하였다.

나는 기억한다… 처음으로 한 생각은 내가 어쩌면 미치지 않았다는 것이다. 나는 어쩌면 단지 특정한 환경 속에서 살아왔던 것이고, 특정한 방식으로 세계를 보는 법을 배웠던 것이다. 세계를 바라보는 다른 방법이 있다는 명백하게 변화된 깨달음을 얻고 그러한 방법들이 조금 더 나에게 유용하고 건설적일 수 있다는 것을 알게 되었다.

방임

방임은 자해와 관련된 경험으로 아주 흔히 언급된다(Babiker & Arnold, 1997; Cameron, 2007; Glassman et al, 2007; Gratz, Conrad & Roemer, 2002; Jutengren, Kerr & Stattin, 2011; McAllister, 2003; Spandler & Warner, 2007). 정서적 방임(Gratz, Conrad & Roemer, 2002), 신체적 방임(Glassman et al, 2007), '부실한 양육과 무효화'(Jutengren, Kerr & Stattin, 2011: 251)를 포함한 다양한 형태의 방임이 있다. 그러나 '방임'은 여러 가지 방법으로 정의된다: 아이들에게 얼마나 자주 웃어주는지가 될 수도 있고, 따뜻한 목소리로 말하는지가 될 수도 있고, 나를 원한다고 느끼는 것이 될 수도 있고, 부모와의 관계에서 '안전과 편안함' 정도가 될 수도 있다(Gratz, Conrad & Roemer, 2002: 136). 방임은 처벌과 비판의 가혹함 또는 '보살핌과 보호 부족'으로도 측정될 수 있다(Jutengren, Kerr & Stattin, 2011: 251).[4] 이와 같이 방임에 대한 연구는 종종

---

4) Jutengren, Kerr와 Stattin(2011)은 또래 괴롭힘이 자해의 측면에서 방임보다 더 중요한 상관관계가 있다는 것을 확인했지만, 가혹한 육아는 소년보다 소녀에게 더 해롭다는 성차의 영향이 있음을 확인

부모의 병이나 알코올 중독(Babiker & Arnold, 1997)과 같은 다른 문제들의 부작용으로 나타나는 방치부터 거친 비난(Jutengren, Kerr & Stattin, 2011)과 같이 상당히 고의적이며 타깃화된 형태의 방임에 이르기까지 상당히 다양한 경험을 탐구한다.

방임은 개인의 신체적, 정서적, 심리적, 사회적 또는 성적 욕구가 인식, 확인 또는 충족되지 않는 상황으로 가장 잘 이해된다. 학대와 마찬가지로, 방임은 과소 보고되기도 하고 정의되기도 어렵지만(Breggin, 1991), 다양한 정의들로 인해 문제로써의 인식은 덜한 편이다. 그러나 자해와 직접적 관련이 있는 방임의 깊은 정서적, 심리적 영향에 대한 증거가 있다.

> 자해를 하는 사람들은 정서적 학대를 당했거나 어린아이로서 방임 당했을 가능성이 높다. 그들은 주양육자와의 철저한 분리로 고통 받거나, 무시당했거나, 공감적인 방식이 아닌 무효화하는 방식의 반응을 경험했다(Cameron, 2007: 82).

Arnold의 자해를 한 여성 연구(1995)에서, 방임은 성적 학대와 동등한 비율(49%)로 보고되었다(Babiker & Arnold 1997).[5] 그러나 일부 연구는 성별이 방임의 영향을 조정한다는 것을 나타냈다(Gratz, Conrad & Roemer, 2002; Jutengren, Kerr & Stattin, 2011). 예를 들어, 어머니의 정서적 방임은 여성의 자해와 유의한 상관을 보였고, 반면 아버지의 정서적 방임은 그렇지 않았다. 이 연구에서 남성의 경우, 부모로부터의 정서적 방임은 중요하지 않았지만, 아버지로부터의 분리 또는 신체적 학대가 있었다(Gratz, Conrad & Roemer, 2002). 다른 연구에서는 성별보다 방임의 유형이 더 중요하다고 말한다. 일부 연구에서는 신체적 방임이 자해와 가장 관련이 높다고 제안하지만(Gratz, Conrad & Roemer, 2002), 다른 연구에서는 정서적 방임이 가장 중요하다고 제시한다(Cameron, 2007; Glassman et al, 2007). 그러나 학대와 마찬가지로 여기에서의 목적은 방

했다. Gratz, Conrad와 Roemer(2002)는 방임의 성차에 따른 영향에 대해서 더 논의했다.

5) 여성들은 하나 이상의 근원적인 경험을 보고 할 수 있었고, 따라서 성적 학대와 방임 둘 다 49%로 보고되었다(Babiker & Arnold, 1997).

임과 자해의 특수한 상관관계에 얽매이는 것보다, 그들의 자해와 반응하는 데 도움되는 방식을 이해하기 위해서 개인의 자의식과 세상과의 관계에 미치는 영향을 강조하는 데 있다.

Mark는 자신의 아버지가 신체적으로나 심리적으로 매우 아팠기 때문에 그의 욕구가 충족되지 않았던 상황을 설명했다. 이 상황에서 모든 가족은 스트레스를 겪고 있었지만 걱정의 초점은 Mark의 아버지였다. 이 자체로, Mark가 머리카락 무더기를 뽑는 자해는 방치되었다: '내가 단지 약간 바보 같은 행동을 한다고만 생각하고 그 이상으로 생각하지 않았고 모두의 관심은 다른 곳에 가 있었다.'

학대와 마찬가지로, 방임은 '고통의 기간 동안 자신을 진정시킬 수 있는 능력'을 약화시킬 수 있다(Spandler & Warner, 2007: xvii). 어린 시절 방임은 자해뿐 아니라 모든 형태의 자기 파괴적 행동에 연루되어 있으며, 이것은 감정을 진정시키고 조절하는 수단과 외상을 다루는 대처법으로 기능한다(Cameron, 2007). 아동 방임은 또한 발달 과정에 영향을 미치고 개인의 자존감을 손상시킬 수 있을 뿐 아니라 그들 자신을 사랑하거나 보살피는 능력을 손상시킬 수 있다(Babiker & Arnold, 1997). 더욱이, 학대와 같은 방임은 종종 낙인화되며, 비밀은 수치심과 자기 비난으로 이어질 수 있다:

> 내가 공허함과 두려움을 느낄 때 때때로 나는 나 자신에게 상처를 입힌다. 그것이 내가 할 수 있는 유일한 일 같다. 끔찍하지만, 그것은 왠지 모르게 나를 편안하게 한다(Babiker & Arnold, 1997: 79).

또한 방임은 자기 처벌과 가혹하고 과도한 자기 비난을 초래할 수 있다. Glassman과 동료들은 가혹한 자기 비난이 '반복적인 모욕이나 과도한 비난'(2007: 2484)을 당한 사람들의 자해의 기능과 밀접한 관련이 있음을 발견했다. 여기서 자해는 어떻게 그들이 다뤄져야 하는지와 관련해 개인의 신념과 발달에 중요한 환경들을 명확하게 반영해준다. 방임은 또한 무엇이 정상적이고, 무엇이 수용 가능한 행동인지에 대한 아이들의 인식을 혼란스럽게 한다(McAllister, 2003). 이것은 가정에서 이 문제를 정상화시키는 것에 의해 악화된다: '학대와 방임 사건은 종종 가족 내에서 비밀로 유지된다. 실제로, 아이는 이것을 정상으로 인식할 수 있다.'(McAllister, 2003: 180):

> 때때로 몇 주간 아무도 내게 말을 걸지 않았다. 우리는 낯선 사람처럼 계단을 지나칠 것이다. 어떠한 포옹 또는 사랑도 없었으며, 단지 얼음처럼 차가운 모습으로, 어떤 대화도 없었다 (Babiker & Arnold, 1997: 59).

이러한 맥락에서, 정서적 지원과 안전하고 양육적인 환경을 제공하는 것은 자해를 하는 사람을 지원하는 중요한 요소이다(McAllister, 2003). 개인이 자기비판과 자기 비난에서 벗어나도록 돕는 참여도 중요하다(Glassman et al, 2007). 동시에, 학대를 감소시키는 가족적 개입은 청년들의 손상을 예방할 수 있다 (Glassman et al, 2007).

마지막으로, 방임과 그에 따른 결과는 가족 제도와 정신 건강 차원의 더 넓은 맥락에서 이해될 필요가 있다. 가족 체계에서 방임과 더 은밀한 역기능은 구분하기 어려울 수 있다. 많은 사람들에게 가족 생활은 어려운 관계, 열악한 양육, 가족 구성원 간의 소외, '엄격한 육아', '분노의 폭발' 및 '냉담—거부'로 구성된다 (Jutengren, Kerr & Stattin, 2011: 251－253). 이러한 경험은 어린이(및 다른 가족 구성원)에게 해롭지만 방임에 대한 법적인 정의와는 다를 수 있다. 이와 같이, 공식적으로는 '문제가 없으나' 건강하지 않은 환경의 가정에서 자해가 발생할 수 있다(2장과 4장의 레이첼의 이야기 참조). 또한 방임 경험은 명확하게 표현되기 어려울 수 있어서, 자해한 사람이 받아들이는 '정상적인 것'에 대한 민감성이 무엇보다 중요하다.

'만성적 비수용' 또한 자해와 유의한 관계가 있다(LifeSIGNS, 2004: 25): 방임의 영향 중 하나는 사람의 자의식, 감정, 욕구, 바람을 수용하지 않는 것이다. Adams, Rodham과 Gavin(2005)은 자해가 자신을 수용하지 않는 관점과 관련 있다고 설명했다. 그들의 연구에서 외상은 내면의 고통을 타당화하지만, 더 중요한 것은 그것이 자아존중감을 수용하지 않게 한다는 것이다. '비수용적 가족 환경'(Jutengren, Kerr & Stattin, 2011: 251)은 일반적으로 알고 있는 것보다 훨씬 더 흔할 수 있으며, 비수용은 엄격함과 기대, 거절을 통해 나타날 수 있다(4장 참조).

만성적 비수용은 학교, 직장 또는 병원 등의 집 밖에서도 발생할 수도 있다. 여기에서 '만성적 비수용'은 사람의 감정 표현(바라는 것, 선호하는 것, 욕구 등)이 무시되거나 금지된 경우 또는 자신의 생각, 욕망, 생각 및 감정이 잘못되었거나 어리석거나 고려할 가치가 없다고 느끼는 경우이다(LifeSIGNS, 2004: 25). 자해는 수용을 향한 욕구뿐만 아니라 이러한 자아존중감의 약화를 반영하고 표현할 수 있다(Adams, Rodham & Gavin, 2005). 이는 비수용적인 환경으로 유발되는 좌절과 고통의 배출구일 수도 있고, 이러한 감정 등을 자기 자신에게 돌리는 방법일 수도 있다(LifeSIGNS, 2004).

또한 한 사람이 평가받고 대우받는 데 부정적인 영향을 미치는 성별, 민족, 성적 지향 및 장애의 구조가 사회에서 많은 사람들에게 비수용적인 환경이 된다는 점을 기억하는 것은 중요하다(4장 참조). 자해는 과거(그리고 현재)의 폭력적이고 방치된 사회적 관계의 맥락에서 발생하는 경향이 있다(Spandler & Warner, 2007: xvii). Spandler와 Warner(Spandler and Warner, 2007)는 이러한 구조가 많은 서비스 이용자들에게 억압적이고 비수용적인 환경을 조성하고 있음을 강조하며, 비억압적이고 비차별적인 관행이 자해에 도움이 되는 대응에 필수적이라고 말한다. 사실, 모든 형태의 수용은 자해를 하는 사람들에게 도움이 되는 필수 대응 요소이다.

마지막으로, 정신건강 서비스나 정신과적 치료에서 가정과 '정신 질환'(불안, 우울증, 외상 후 스트레스 장애, 자해)의 증상은 거의 상관관계가 없다고 본다. 이러한 환경에서 가장 많이 통용되는 정신 질환의 정의는 '개인의 생물학적, 화학적 또는 유전적 불균형으로 인한 것'이다. 그러나 정신 질환과 '행동 장애'는 실제로 아동 학대의 반응으로 나타난다는 증거가 있다(Breggin, 1991; Gallup, 2002): '아동의 소위 정신과적이고 심리적인 장애의 전체 스펙트럼은 아동학대와 방임에서 비롯된 것일 수도 있다(Breggin, 1991: 274)'. 방임이 만성적인 비수용의 한 형태로 이해될 때 이것은 더욱 중요하다. 왜냐하면 사람들이 그들의 근원적 아픔과 고통에 주의를 기울이는 것보다, 단순히 질병으로 그것을 정의한다면,

그것은 또 다른 형태의 방임과 비수용이 되기 때문이다. 이것은 자해뿐 아니라, 정신적 고통의 모든 범위에 해당된다.

어린이의 경우, 성인과 마찬가지로 일반적인 심리적 또는 정신적 장애가 유전적 또는 생물학적 요소를 갖고 있다는 증거는 없다. 과잉행동, 우울증, 자폐증 및 정신 분열증뿐만 아니라 주의력 결핍 장애 및 학습 장애와 같은 전형적인 학교 관련 진단은 아동이 절망과 실패로 이르게 하는 학대, 방임, 의사소통의 어려움, 가족갈등 등과 같은 것들을 가려버리는 경향이 있다. 정신과적 라벨링은 이미 상처 입은 어린이들에게 추가적인 수치심과 상처를 입힌다. 이것은 그들의 자존감을 송두리째 빼앗고, 또래 사이에서 그들의 정체성을 산산조각 내며, 부모와 교사가 보기에 열등한 상태로 격하시킬 수 있다. 종종 낙인은 일생 동안 남는다(Breggin, 1991: 291).

Breggin의 요점은 청년들에게 정신과적 라벨이 어떻게 그들 스스로의 (그리고 잠재적으로 다른 사람의) 부정적 인식을 강화시키는지 설명하는 것을 통해 강화된다(참고 Timimi, 2008; 2010):

나는 내 삶 전체가 우울했다. (심리학자들 또한 내게 그렇게 말한다.) 나는 9살 때부터 자해를 해왔다.
나는 양극성의 성격을 지녔다. 의사들은 실제로 해리성 척도에서 MPD[다중인격 장애]와 매우 위험할 정도로 가깝다고 말했다(Adams, Rodham & Gavin, 2005: 1302).

전반적으로, 자해(그리고 기타 유해한 관행)가 건강하지 않고 해로운 환경에서 발현된다는 것을 기억하는 것이 중요하다. 따라서, 많은 의미와 기능이 보다 건강한 환경에서 '거꾸로' 누군가에게 나타날 수 있다. 예를 들어, 자기 돌봄 또는 자기 위로의 형태로 신체에 상처를 입히는 것은 액면 그대로 이해하기가 어려울 수 있다. 그러나, 사랑이라는 감정이 고통과 얽매여버리거나, 다른 것의 대가를 치러야지만 충족될 수 있는 욕구의 경우처럼 정서적 발달의 맥락에서 이해한다면, 자해는 그러한 발달에 중요한 환경을 분명히 반영한다. 이런 식으로 보았을 때, 자해는 개인의 삶의 맥락에 대한 강력한 반영과 소통이다. 왜 민감하고 심층적이며, 보살피는 반응이 중요한지도 분명해진다. 실제로 진정한 관심, 보살핌 및 타당화를 포함하지 않는 반응은 방임 및 비수용 경험을 더 심각하게 만든다(아래의 '적대적 보살핌' 참조).

상실, 사별 및 비애

2장에서 비애가 많은 사회에서 다양한 의식 행사로 구체화되는 강렬한 정서적 경험임을 강조하였다. 비애와 상실이 의식적인 신체행위와 관련되듯이 자해와도 상당한 관계를 맺고 있다. 부모, 가까운 친척 또는 친구의 죽음에 따른 상실과 비애는 특히 청년들에게 중요하며(McQueen, 2007; Samaritans, 2003), 이혼과 별거 또는 질병을 통해 부모를 상실한 경우도 마찬가지이다(Babiker & Arnold, 1997; Cameron, 2007; Hurry, 2000; Sadler, 2002; Strong, 2000). 가까운 친척의 상실은 성인의 삶에도 큰 영향을 미칠 수 있다.

> 제가 그 집에 있을 때면 저는 항상 기분이 좋지 않을 거예요. 제 말은, 지금은 괜찮아지긴 했지만 가끔… 제가 버스를 탈 수 없는 것처럼, 그의 집을 볼 수 없어요 … 그래서 저는 밖으로 나가려고 하는 거에요… 그래서 특정한 일[자해]들이 일어나는 거예요(In Heslop & Macaulay, 2009: 43).

Arnold(1995)의 연구에서 자기자신에게 상처를 입히는 여성들 중 42%가 어린 시절에 부모의 질병 및 중독을 포함한 어떠한 형태의 상실과 분리를 보고하였다. Babiker와 Arnold(1997: 59) 또한 '어린 시절의 중대한 상실에는 부모나 형제자매의 사망과 한 부모 또는 양 부모와의 장기적 또는 완전한 분리가 포함된다'고 보고했다. 어린 시절의 중요한 상실은 정서적으로 큰 영향을 미칠 수 있다. Strong의 연구에서는 자해를 하는 사람들을 공통적으로 '속이 텅 빈 상태이고, 말로 감정을 표현할 수 없으며, 누구와도 가까워지는 것을 두려워하며, 자신의 정서적 고통을 필사적으로 멈추기를 원하는' 느낌이라고 표현했다(2000: 26). 이러한 감정들은 압도적일 수 있고, 특히 적절한 지원을 받을 수 없을 때 청년들에게 자해를 유발할 수 있다. Stephanie는 그 방법을 다음과 같이 설명했다.

부모님들은 이혼 중에 있었다. […] 나는 다른 사람에게 화를 낼 수가 없어서 나 스스로에게 화를 낸다. 그리고 속상할 때 스스로를 그으면, 그 감정을 느끼지 않게 된다(In Moyer & Nelson, 2007: 44).

청년과 성인 모두에게 사별, 관계단절, 아이의 죽음으로 인한 상실이나 보호시설로 보내지는 것을 포함한 모든 상실을 유발하는 외상적 경험으로 인한 상실은 자해와 깊은 관련이 있다(Babiker & Arnold, 1997; Gratz, Conrad & Roemer, 2002; Kirk, 2007). 상실은 또한 사람의 정체성이나 세상에서의 본인의 위치를 근본적으로 변화시키는 인생 사건에서 비롯될 수도 있고, 또한 누적될 수도 있다. 예를 들어, 관계의 끝은 가정의 상실, 다른 가족 및 사회적 관계의 상실, 그리고 정체성의 상실을 의미할 수 있다. 현재의 성 규범은 남성의 친밀한 여성 파트너가 정서적 지지의 주요 원천이 될 가능성이 높고, 이는 남성의 정체성이 가족적인 역할로 밀접하게 묶여 있다는 것을 의미하기 때문에, 남성들에게 특히 중요한 것으로 제안된다(Williams, 2009). 그러므로 남자는 갑자기 그의 삶의 정신적 지지점을 상실하고 평상시의 지지 구조에서 벗어나는 자신을 발견할 수 있다. 성별에 따라 부모의 분리가 주는 영향이 증가할 수도 있다. 따라서 아버지와의 분리는 여자아이들보다 남자아이들의 자해와 더 밀접하게 연관되며, 남자아이에게는 신체적 학대와 방임보다 더 중요하게 작용할 수 있다(Gratz, Conrad & Roemer, 2002).

이러한 모든 경험에서 비롯되는 비애와 절망의 감정은 압도적일 수 있으며, 자해는 이러한 감정을 표현할 수 있는 수단이며 안도감을 줄 수 있다(Babiker & Arnold, 1997; Strong, 2002). 더군다나 사별과 분리는 특히 청년들의 경우 괴로움, 거부감, 자책감을 동반하는 경우가 많은데 이것들은 자해의 기능을 더 가중시킬 수 있다(Sadler, 2002). 한 청년은 이렇게 묘사했다: '나는 아빠를 떠나보낸 것, 그리고 이상적인 아이가 되지 못한 것에 대해 내 자신을 비난했다(in

Spandler, 1996: 67).'

상실과 슬픔에 대응하는 방식 또한 중요하다. Jutengren, Kerr 그리고 Stattin(2011)은 어릴적 부모가 아이의 슬픔을 무시하는 것이 청년들의 자해 가능성을 증가시킨다는 것을 발견했다. 실제로 자해의 주요 특징은 단지 기반이 되는 경험의 영향일 뿐만 아니라 그 경험이 발생한 맥락이기도 하다. 예를 들어, 자해와 성적 학대 간의 인과관계가 있다는 가정은 이미 강조되어 왔다. 그러나 자해를 하는 사람들이 모두 성적 학대를 경험한 것은 아니며, 성적 학대를 경험한 모든 사람이 그 결과로 자해를 하는 것도 아니다. 자해로 발전되는 요인은 경험의 맥락과 그 여파인 것으로 보인다(Babiker & Arnold, 1997). 따라서 성적 학대와 같은 정신적 충격을 받은 경험이 있지만 그에 적절하게 대응하고 그로부터 회복되는 과정에서 그 사람이 지지를 받고 감정과 욕구가 인정된다면, 그들이 자해를 할 가능성은 낮아진다. 그러나, 만약 어떤 사람이 성적 학대나 그 밖의 어떤 외상적 경험을 경험하고, 그것이 적절하게 대응되지 않고, 그 사람, 그들의 괴로움, 그리고 그들의 감정적 욕구가 무시되거나, 학대되거나, 수용되지 않는다면, 그들은 자해를 할 가능성이 훨씬 더 높다.

마찬가지로 한 사람의 삶에서 한 가지 문제만을 해결하기 위한 개입은 기존의 문제만큼의 가혹한 영향을 미치는 다른 상실을 초래할 수 있다. 예를 들어, 가정에서의 폭력으로 인해 돌봄시설에 배치되는 어린 아이라면 그들은 초기에 경험으로 인한 감정과 싸워야 할 뿐만 아니라, 상실과 분리, 통제와 자율성의 결여, 보호시설로 보내지는 것, 소외감과 낙인 등 이겨내야 할 다른 것들이 존재하며 이것들은 모두 자해에 있어 중요한 요인들이다. 이는 어린아이들이 꼭 집에서 떨어져 있으면 안 된다고 제안하는 것이 아니라 한 가지 문제에 대한 해결책이 종종 그것과 함께 중요한 추가적인 문제들을 가져온다는 것을 강조하기 위한 것이다. 도움을 주는 사람들은 이러한 문제들에 적절히 대응해야 하며, 많은 개입의 '부작용'이 문제가 될 수 있다는 것을 인지해야 할 뿐 아니라, 개입을 만능 해결책으로 단순하게 보지 말아야 한다. Babiker와 Arnold(1997)는 이 궤적을 '고난의 잔재'라고 부르는데 여기서 하나의 경험은 다른 것과 복합되어 결국 압도적인 괴로움과 자해로 끝이 난다.

자해를 경험한 많은 사람들이 어린 시절부터 압도적이고 참을 수 없는 슬픔, 애도, 배신, 분노, 수치심, 무력감 그리고 불안감을 겪었음을 보고한다. 참을 수 없는 괴로움의 특성으로 인해 그들은 그들의 감정을 완화하고 조절할 수 있는 방법을 필사적으로 찾게 된다. […] 자해를 유발하는 주된 요인은 압도적인 정서적 고통이나 분노이다(Babiker & Arnold, 1997: 62).

자해에 대한 대응은 개인의 즉각적인, 그리고 장기적인 안녕감에 큰 영향을 미칠 수 있으며, 자해의 근본적인 원인을 악화시키거나 완화시킬 수 있다.

입원/보호시설

유년기와 청소년기의 입원과 강제적 치료 경험은 자해와 관련이 있다(Babiker & Arnold, 1997). 실제로 정신병원, 감옥 또는 지방정부관리시설과 같은 보호시설은 엄격하게 '해롭지 않은' 정책을 운영하는 환경임에도 불구하고, 어떤 형태이건 자해와 밀접한 관계가 있다(Birch et al, 2011; Groves, 2004; Liebling, Chipchase & Velangri, 1997; Mental Health Foundation, 2006)(6장 위해감소(harm-reduction) 참고).

보호시설은 개인으로부터 통제와 자율성을 제거하고 종종 그들의 개인적인 안전이 위험에 처할 수 있는 이질적이고 무서운 환경에 그들을 배치한다(Groves, 2004; Jones, Davies & Jenkins, 2010; Shaw & Hogg, 2004; Shaw & Shaw, 2007). 보호시설은 죄책감과 또는 수치심을 증가시킬 수 있다. 이러한 요소들은 그 자체로 자해와 밀접한 관계를 맺고 있을 뿐만 아니라, 그 근본적인 상황에서 생겨나는 감정들을 악화시킨다. 실제로 위에서 언급한 바와 같이, 많은 경우에 근본적인 상황 중 하나에 대한 대응이 자해와 관련된 다른 중요한 경험을 악화시키는 상황을 초래할 수 있다.

마찬가지로 어린시절 신체 조건과 특징을 '교정'하려는 의학적 개입은 청년들에게 해로울 수 있다(Babiker & Arnold 1997). 예를 들어, 다운증후군을 앓고 있는 어린 아이들의 부모들은 점점 더 아이의 외모를 '정상화'하기 위해 광범위한 안면 수술을 필요로 한다(Davis, 2003). 신체적 장애가 있는 청년들에 대한 강제적인 치료 손상을 입힐 수 있으며 자해와 중대한 관계를 맺고 있다는 증거가 있다. 예를 들어, 장애 연구에서는 유년기와 청소년기의 의료 처치는 비인간적이고 굴욕적이며 심지어 학대적인 것으로 경험할 수 있다는 것을 강조해왔다(Kennedy, 1996; Shakespeare, Gillespie—Sells & Davis, 1996). 이러한 강제적인 치료는 극도로 고통스럽고 종종 정신적 충격을 주는 신체적인 절차를 포함할 수 있을 뿐만 아니라, 청년들이 자신들의 의사에 반하여 나체 또는 반나체로 벗겨지거나 그들 신체의 사적인 부분을 무리의 성인들에게 보여주어야 하는 경우가 많다(Kennedy, 1996; Shakespeare, Gillespie—Sells & Davis, 1996; see also Bob Flanagan in McRuer, 2006 and Wollach in Sandahl, 2003). 이러한 경험은 신체/자신을 침해하며, 개인에게 성적 학대와 매우 유사한 영향을 미친다. 예를 들어, Kennedy(1996: 125)의 연구에서 한 장애 여성은 의료행위가 어떻게 성적 학대로서 그녀를 '다듬었는지(groom)' 설명했다.

> 그것[성적 학대]은 전혀 이상한 일이 아닌 것 같았다. 환자 이송 담당자들이 내 잠옷 속을 들여다보고 그것을 들어올리고 나를 만지는 모습은, 마치 나를 보고 찌르고 이야기 하길 원했던 의사와 다른 사람들이 나에게 수천번 했던 행동과 비슷하게 느껴졌다. 마치 내가 존재하지 않는 것처럼 말이다. 나의 초기병원 경험은 모두 나를 학대로서 다듬었다. 만약 당신이 당신의 다리를 보기 위해 옷을 벗기는 의사에게 저항할 수 있는 기회가 없었거나 반대했음에도 불구하고 의사가 신경쓰지 않고 당신의 다리를 검사하기 위해 속바지를 벗겼다면 당신은 환자 이송 담당자들이 리프트에서 당신에게 한 일이 성적 학대인 것인지 어떻게 판단할 수 있으며 하지 말라고 말할 수 있었을까? 그 모든 것이 내게는 똑같이 보였다.

이러한 종류의 경험들을 통해 아동학대의 정의는 많은 장애 아동들이 당하는 특정한 경험들을 포함하여 보다 포괄적으로 정의내려지도록 요구되었다(Bass & Davis, 2002; Kennedy, 1996). 여기에는 '아이들을 더 낫게 만들기' 위해 아이들에게 고통스럽고 굴욕적이며 폭력적으로 시행되는 치료 또는 돌봄 체제의 준수와 수동성의 강요가 포함되며 그 예로는 '강제로 먹이는 것', '침입적이고 무감각한 방법으로 어린이의 장애를 촬영하는 것', '고통스럽고 억압적인 의학 재활 프로그램; 신체적 규제; 약물의 오용; 면회박탈; 편지개봉; 전화통화 엿듣기; 낯선 사람들이 어린아이들의 사생활에 간섭하는 개방하는/공개하는 날(Kennedy 1996: 177)이 있다. 마찬가지로 아동학대를 경험한 사람들을 위한 생존자 주도의 회복프로그램에서는 점진적으로 '필요 없는 의학치료'를 학대로 여겨 정의 내리고 있다. 이러한 관행들은 어린이들에게 다방면으로 해를 끼친다: 그들은 아이들의 신체적, 정서적 온전함 그리고 자기결정권을 침해하고, 그 아이가 어떤 가치가 있는지, 그들을 치료하기 위해 가능한 방법이 무엇인지, 그리고 그들이 상처나 폭력을 느낄 때 수동적인 자세를 유지할 것이라는 강력한 메시지를 전달한다. 자해와 관련된 많은 경험처럼, 이러한 종류의 의학적 개입은 상처와 폭력을 '좋아지고 있는 것', '도움 받고 있는 것', '돌봄 받고 있는 것'으로 연관짓는다. 그들은 자기 보호와 자기돌봄과는 반대되는 내적 세계를 만들고 아이들을 그 트라우마적 환경에 배치한다:

> 내 인생 최악의 시간은 내가 병원에 있었을 때였는데, 내가 어렸을 때 일어났던 몇 가지 일들이 기억난다. 비슷한 경험으로-갇혀있거나, 외출이 허용되지 않거나, 프라이버시 같은 것들이 허용되지 않았다(In Spandler, 1996: 76).

강제적인 의학적 치료와 장애인들의 자해 사이의 연관성이 생존자 포럼에서 점점 더 뚜렷해지고 있다.[6] 예를 들어, Fred는 유아기 때 겪은 트라우마에 대한 의학적 개입과 이후 자해를 통해 트라우마를 어떻게 다루었는지에 대한 경험을 설명한다:

> 나는 태어난 지 불과 2주 만에 받은 유문협착증 수술로 인해 내 몸 가운데에 남은 10 x 3cm 크기의 흉터에 대해 매우 집착했다(매우 사적인 방식으로). 나는 어떻게 하면 이런 흉터가 생기는지, 절단하고 꿰매는 느낌이 어땠을지, 상처가 어떻게 아물었는지, 그리고 이런 종류의 흉터의 표면 위와 아래에 어떤 조직으로 구성되어 있는지 실험해 보고 싶었다. 대부분의 자신을 손상시키는 사람들처럼 나는 이 모든 일을 아무도 모르게, 심지어 눈치도 채지 못하게,

---

6) 예시로 http://survivinginfantsurgery.wordpress.com/2011/06/30/self−harming−a−pain−filledsubject/ accessed 17 August, 2016) 참고.

극비리에 했다. 나는 팔, 다리, 몸통을 긋지 않고 내 흉터에만 무언가를 하였다.

그의 부모는 수술을 인정하지 않았고, 이것은 그의 경험을 무효화시켰으며 그의 트라우마와 혼란스러움을 가중시켰다. 그는 자신의 몸에 상처를 입힘으로써 자신의 정신적 충격을 치유하고 표현하려고 시도했다.

그 수술에 대한 외상과 그에 수반되는 모든 것에 대해 내 마음이 그것을 기록하고 떠올릴 수 없음에도 불구하고 내 몸은 이를 경험하고 있었다. 나는 나의 자해가 내 몸의 기억과 강렬한 정서를 통합하고 느낄 수 있도록 나 자신에게 일어난 일을 다시 상상하고, 다시 경험하고, 탐구하게 해주는 본능적인 자기 치유의 일부였다고 믿는다.

이러한 방식으로 자신의 자해를 이해함으로써 그는 자해의 추가적인 기능을 확인할 수 있었다.

나의 자해를 더욱 충분히 이해하게 된 것은 근래에 이르러서이다. 나의 실험과 재실험 시도는 사실 일종의 빙산의 일각에 지나지 않았다 […] 나의 자해는 나의 외로움과 소외감, 좌절감, 심지어 분노와 증오, 그리고 자기처벌을 표현했다. 그것은 또한 나의 정서적 고통을 덜어주기 위한 대처 기제였다.

Deborah는 치료로 인해 생긴 비슷한 트라우마에 대해 설명했는데, 이로 인해 그녀는 자신에 행동에 의해 점점 혼란스럽고 괴로워 했다.

나는 어린 시절에 매년 몇 번의 눈 수술을 받았으며, '더 이상 싫어!'라고 말할 수 있을 때인 15살까지 받았다. 몇 년 동안 나는 나를 후려치고, 자신을 긋겠다고 위협하고, 칼로 파트너를 위협해 왔지만 그 이유를 몇 년 동안 전혀 알지 못했다. 나는 끊임없이 과민반응을 보였다. 나는 쉴 수가 없었고, 이런저런 일로 인해 촉발된 어떤 순간에도, 나는 달리고, 비명을 지르고, 혼란스러워하고, 수 마일을 걷고, 신경질적으로 울거나, 아니면 몇 년 동안 나를 녹초가 될 때까지 할 수 있는 것을 다 했다.

이러한 모든 경우에 신체적 외상과 침해는 아이의 무력함과 공존한다. 이것은 절차가 얼마나 충격적인지에 상관없이 아이에게 이것이 '좋은 것'이라고 규정하는 맥락 아래에서 복종을 강요한다는 점에서 매우 복잡하다. 이런 종류의 경험들이 청년들을 더욱 소외시키고 고립시킨다는 사실에 대해서 이해가 없는 상황이다. Peter Levine(1997)은 외상 전문가들 사이에서 흔치 않은 사람으로, 병원 치료와 수술로 인해 아이들이 정신적 충격을 받을 수 있다는 것에 상당한 주의를 기울인다.

마지막으로 의료진이 환자에게 행하는 성적 학대에 대한 일부 인식이 존재하며, 의료적 학대가 최근에 알려진 성직자 학대의 수준을 훨씬 뛰어넘을 수 있다는 것이 아일랜드에서 알려졌다(Ring, 2012a). 마찬가지로 최근 Jimmy savile가 자행한 학대에 대한 영국의 조사에서도 병원이 학대가 일어나기 쉬운 환경이며, 학대를 주장하는 사람들이 평판을 잃고 무시되는 환경이었다고 밝혔다(Pollard, 2012). 마지막으로 자해의 경험은 그 자체로 부정적인 치료와 '적대적 돌봄'을 유발할 수 있다(Harris, 2000).

적대적 돌봄

트라우마는 또한 자해에 대한 의료개입의 직접적인 결과로 발생할 수 있다. 공식 의료 지침(예: NICE, 2004)에서는 자해를 하는 사람들이 의료 환경에서 치료받는 방식에 중대한 문제가 있다는 것을 점점 더 인식하고 있다. 환자에 대한 부정적이고, 징벌적이며 학대적인 태도 그리고 '노골적인 학대'(Simpson, 2006)는 '적대적 치료'(Harris, 2000년)라는 꼬리표가 붙을 정도로 흔한 일이고, 의료 환경에서 자해를 하는 사람들에 대한 '제도적 편견'(Simpson 2006: 435)이 있는 것으로 나타났다. 이 중 상당 수는 자해에 대한 이해 부족과 자해에 대한 낙인으로 인해 나타나는데, 이는 자해를 하는 사람들에게 '역기능적 태도'를 취하게 한다(Clarke & Whittaker, 1998: 135; see also Taylor et al, 2009). 이러한 이해 부족은 분노, 짜증, 두려움, 조급함, 편협함, 무력감, 좌절감, 혐오감을 유발할 수 있으며, 이는 환자의 치료에 영향을 줄 수 있다(Clarke & Whittaker, 1998; Cresswell & Karimova, 2010; Favazza, 1996; Hadfield et al, 2009; Harris, 2000). 더욱이 서비스 제공자는 환자의 자해로 인해 자신의 신체적, 정신적 온전함이 위협받는 것을 두려워할 수 있으며, 따라서 그들과 거리를 유지할 수 있다(Favazza, 1996; Hadfield et al, 2009). 비판적 자기 반성과 감독은 평범한 의료 실무에 포함되지 않기 때문에 직원들은 자신의 두려움, 편견, 이해부족을 밖으로 표출하는 것에 대해 아무런 제지를 받지 않는다(Hadfield et al, 2009).

자해를 하는 성인과 청년들은 의료 환경에서 비슷한 학대를 경험한다. 예를 들어, 한 여성이 보고하기를: "A&E에서 자해 치료를 받고 있을 때, 상담 정신과 의사가 남편에게 "당신의 아내는 관심을 끌려는 15세의 정신연령을 가지고 있으며, 무시하는게 최선이다"라고 이야기했다"(in LifeSIGNS, 2004: 92). 자해를 한 후 상처를 꿰매기 위해 A&E에 다녔던 또 다른 여성인 Kirsty는 다음과 같은 말을 들었다: "학생! 간호사가 당신을 맡게 해도 될까요? 그렇게 심각해 보이진 않는데"(in Sadler, 2002: 18). 3장의 앞부분에서 보고된 바와 같이 Emma는 또한 10대 때 강간을 당하고 약물 과다복용을 한 뒤 A&E에서 적대적인 치료를 경험했다.

나는 내가 자살충동을 느끼는 것에 대해 꾸지람을 듣는 것처럼 느꼈고, 꾸지람을 듣지 않을 수 있는 최선의 방법은 내가 괜찮지 않다는 사실을 아무도 눈치 채지 못하게 하는 것이었다.

꾸지람은 의료개입의 일관된 특징이다:

나는 간호사들과 의사들로부터 혼났다. 내 자신이 작아지는 것을 느꼈다. 그들은 자신을 손상시킨 사람들을 사고가 난 사람들과는 다르게 치료한다 […] 병원 직원들은 마치 당신이 그들의 시간을 낭비하고 있는 것처럼 당신을 쳐다본다(In Harris, 2000: 168).

똥 취급을 받았다. 그들은 내가 누군가의 침대를 낭비하고 있고, 그냥 시간낭비일 뿐이라고 말하며 나를 몹시 나무랐다. 그들은 내 말을 듣지 않았고, 내 말에 귀를 기울이지도 않았다.

나는 그들에게 내가 왜 그랬는지 말하려고 노력했었나(In Spandler, 1996: 79).

Amanda는 입원한 환자의 환경에서 또한 자해를 한 사람에 대한 비판적이고 징벌적인 치료가 어떻게 일반화되어 있는지를 설명했다: 마치 범죄를 저질렀고 그것을 하는 것에 대해 잘못됐다고 느끼도록 만들어지는 것 같았다. 자해를 한 사람들이 이미 지나치게 자기 비판적일 가능성이 높다는 점(Glassman et al, 2007; 위 내용 참조)을 고려할 때, 비판, 처벌, 꾸짖음은 특히 우려되며, 이런 식의 대응은 자기비판과 수치심을 악화시키기만 할 수 있다. 적대적 치료는 특정 그룹에 대한 서비스에서도 특별한 문제가 될 수 있다. 예를 들어, 지적 장애를 가진 많은 사람들이 특히 부정적인 치료를 보고한다(Heslop & Maculay, 2009-또한 4장 참조).

적대적인 치료는 서비스 이용자들에게 극심한 악영향을 주고, 더욱이 많은 근본적인 감정과 경험을 악화시키고, 자해를 강화시킨다. Louise Pembroke는 이를 자해에 관한 아주 흔한 '악화의 순환/악순환(cycle of degradation)'(1996: 36)이라고 설명하며 그것에 대한 구체적 용어인 'iatrionic traumatic stress'(in Inckle, 2010b)를 만들었다.[7] 이 트라우마는 그것 자체로 위험할 뿐만 아니라 생명을 위협하는 부상의 상황에서도 개인이 도움을 찾을 가능성을 감소시킴으로써 개인을 더 위험에 처하게 만든다: '내 생명이 위험에 처했더라도 굴욕감을 무릅쓰기보다는 집에 앉아서 내가 살아남는지 그냥 지켜보는 편이 낫다'(in Simpson, 2006: 434; Pembroke 또한 참고, 1996; Spandler, 1996).

전체적으로 보호시설로 보내지는 경험 그리고 강제적이고 학대적인 의학적 치료는 자해와 유의미한 관계를 가지며, 자해를 하는 사람들을 위한 의미있는 서비스를 제공하는 데 핵심적인 문제임을 강조한다. '적대적 돌봄'이 만연하며, 보호시설로 보내지는 것과 강제적이고 학대적인 치료는 신체적, 정서적 그리고 성적 학대와 같이 개인을 침해할 수 있으며 이것은 병원 환경에서도 발생할 수 있다. 둘째, 자해에 대한 도움을 줄 수 있는 대응에 있어서 민감성과 이해력이 필수

---

7) 의원성(Iatrogenesis), 또는 임상적 의원성(clinical iatrogenesis)은 의사가 유도하는 위해를 의미한다 (Illich, 1976).

적임을 강조한다. 우리 각자에게 정상이 무엇인지는 우리의 세상을 형성하고 있는 환경을 반영한다: '정상적인 것'은 강요되거나 단순히 하나의 경험과 신념 체계에서 다른 것으로 이전될 수 없다. 상처는 발달에 중요했던 경험과 그 영향에 대해 이야기하며, 말할 수 없는 것이 표현된 '언어'일 수 있다(Babiker & Arnold, 1997). David Pitonyak(2005)가 지적하듯이 '모든 행동엔 의미가 있다' 그리고 상처 자체뿐만 아니라 유형, 장소, 위치도 개인에게 중요한 의미와 목표를 가지는 경우가 많다. 따라서 개인을 진정으로 이해하고 지지하기 위해서는 그들이 경험한 대로 그들의 세계로 들어가려는 의지가 필요하다. 이는 많은 조력자들이 주저하는 것이다. 실제로 그것은 쉬운 일이 아니며 큰 민감성, 헌신 그리고 참여가 필요하다. 마찬가지로 한 개인이 자신의 세계관, 신념과 가치, 정서적 형성을 모두 재작업하는 것은 엄청난 과제이다. 그런 만큼 자해라는 내면의 세계를 탐구하기 위해서는 용기와 신뢰, 그리고 안전하고 지지적인 환경이 양쪽 모두에게 필요하다. 만약 그것이 그 자리에 있지 않다면, 도움을 주는 사람들은 그것을 완화시키기 보다는 트라우마와 고통을 악화시킬 위험이 있다.

괴롭힘

적개심을 받거나 낙인이 찍히고 부정적인 대우를 받는 경험은, 어디에서 일어났던 자해와 유의미한 관계가 있으며, 괴롭힘은 점점 자해와 관련된 것으로 인식되고 있다. 특히 젊은 청년들의 경우 왕따가 주요 기저 요인으로 자주 언급된다(Jutengren, Kerr & Stattin, 2011; King & McKeown, 2003; McQueen, 2007; Mayock et al, 2009; Mental Health Foundation, 2006; Samaritans, 2003; UNICEF Ireland, 2012). 그러나 괴롭힘의 중요성에 대해서는 연구마다 다른 입장을 취하며 일부는 괴롭힘을 젊은이들의 고통과 자해에 별로 크지 않은 요인으로 보는 반면(Samaritans, 2003), 다른 연구에서는 괴롭힘을 자해와 매우 관련이 높은 변인으로 본다(Jutengren, Kerr & Stattin, 2011; UNICEF Ireland, 2011).

Jutengren, Kerr과 Stattin(2011)은 괴롭힘 또는 '또래 괴롭힘'이 젊은 층의 자

해의 주요 예측 요인 중 하나임을 시사하며, 괴롭힘이 부모의 방임보다 자해의 가능성에 더 큰 영향을 미칠 수 있다고 주장한다. 그들은 또한 괴롭힘의 영향이 간과된다고 주장한다: '또래 괴롭힘의 심리적 영향은 보통 인식되는 것보다 훨씬 더 광범위할 수 있다'(2011: 260). 그들의 연구 결과는 또한 괴롭힘에 대처하기 위한 많은 학교 전략들이 효과적이지 않으며, 이와 관련하여 중요한 발전이 필요하다는 것을 강조한다. 이러한 발견은 또래 괴롭힘 사실이 폭로된 후 문제화되는 사람은 가해자가 아닌 자신이라고 빈번히 보고하는 청년들에 의해 강화되었다. 예를 들어, Eoghan의 경우 그가 동성애 혐오와 관련된 괴롭힘을 교장선생님에게 보고한 후, 괴롭혔던 학생들이 아닌 본인이 이 학교를 떠나는 것을 제안받았다고 설명했다(in Ring, 2012b). Rachel은 또한 학교에서의 괴롭힘에 대한 부적절한 반응이 얼마나 해를 끼칠 수 있는지 강조했는데, 학교는 '당신이 십대일 때 당신의 모든 삶'이기 때문이다. Rachel의 괴롭힘에 대한 반응은 그녀가 그것에 책임이 있다는 것을 암시했다: '이 모든 것은: 음, 만약 네가 이상해 보여서 괴롭힘 받는 게 아닐까? 그렇지 않아?' 그녀는 이런 반응이 확실하게 자신을 [비난받을 만하게 만들고] 깎아 내린다고 느꼈다.

괴롭힘은 다른 어려움과 함께 경험되기도 하며 'the legacy of distress 심리적 스트레스의 잔재'에 추가된다. 이것은 다른 문제들과 함께 괴롭힘을 경험했던 Emma와 Mark에게 적용된다:

나는 11살 때 내 자신을 긋기 시작했는데, 그것은 일반적으로 남성들로부터 관심을 받는 것에 대해 불만족스러움과, 학교에서 당하는 괴롭힘과 관련이 있다고 생각한다(Emma).

내가 어렸을 때 아버지는 매우 아프셨고, 아버지의 병은 그에게 신체적으로나 심리적으로 영향을 끼쳤기 때문에, 나는 그것에 대해 어떤 세부사항도 언급하지 않을 것이다 – 하지만 그것은 엄청나게, 엄청나게 힘들었다. 그리고 그런 일이 벌어지는 와중에 아마도 내가 연약했기 때문에, 나 역시 그 당시 괴롭힘을 당하고 있었다. 세상 어디에도 안전한 곳이 없었다. 그래서 많은 것들이 내면화되었다(Mark).

괴롭힘을 저지르는 것 또한 젊은이의 자해를 증가시킬 수 있다는 것이 시사되었다(LifeSIGNS, 2008). 실제로 종종(증명되지는 않았다.) 가해자들이 다른 맥락에서는 피해를 당하고 있다는 주장이 있다. 따라서 자해의 근간이 되는 다른 모든 경험들과 마찬가지로 중요한 요인은 이러한 경험들의 단순한 인과 관계라기보다는 이러한 경험이 개인의 자아감각과 그들의 심리적, 정서적 영향을 미치는 방법이라고 할 수 있다. 예를 들어, 한 청년은 괴롭힘이 어떻게 죄책감과 '내가 벌을 받을 만큼 충분히 나쁜 짓을 했다.—그것은 모두 내 잘못이다'라고 느끼는' 감정을 내면화하도록 하는지를 설명했다(in UNICEF Ireland, 2011: 12).

또한 괴롭힘이 전혀 해결되지 않거나 부적절하게 다뤄지는 것은 직접적인 대상이 되지 않는 사람들에게도 스트레스를 가중시킨다. 예를 들어, Colm의 학교와 지역 사회에서는 괴롭힘과 폭력적인 또래 괴롭힘이 일반적이었고, Colm은 자신의 취약성과 자신을 보호할 필요성에 대한 높은 인식을 가지고 있었다: '학교에서 두들겨 맞는 것은 대부분의 아이들에게 평범한 일이었으며, 음, 그냥 소년시절인 것처럼 여겨졌다.' 어린 동성애자 청소년이었던 Colm은 자신이 또래 집단 괴롭힘을 당할 위험성이 크다는 것을 알았고 방어 수단으로서 '마초 이미지'를 유지하기 위해 열심히 노력했다. 일부 불량배들을 쫓아내기 위해서는 거친 외모를 유지해야 했다. 그것은 정말, 정말 거칠고 폭력적이었다.

괴롭힘은 단순히 청년들이 경험하는 것이 아님을 기억하는 것이 중요하다. 괴롭힘은 성인들의 삶에서도 일어날 수 있으며, 직장 내 괴롭힘의 정도와 영향에 대한 인식이 증가하고 있다. 이로 인해 자살에 이른 경우도 있다(Beale & Hoel, 2011). 괴롭힘은 사회 전반에 걸쳐 일어날 수도 있으며, 소수 집단 출신의 사람들은 특히 성인의 삶에서 이런 종류의 괴롭힘의 위험에 처해 있다. 장애인(Heslop & Macaulay, 2009; Equal & Human Rights Commission, 2011) 또는 BME 그룹 출신(Martins, 2007), 게이, 레즈비언, 양성애자 또는 트랜스젠더(King & McKeown, 2003; Mayock et al, 2009)는 신체적, 언어적 폭력과 함께 괴롭힘과 희롱을 자주 경험한다. 지적장애를 가진 사람들은 종종 심각한 괴롭힘을 당하고, 그것에 대처하는 방법으로 자해를 한다고 보고된다: '사람들이야, 사람들이 나를 그렇게 만드는 거야…', '내가 싫다고 하는 소리들 때문에. 그들은 날 싫어해, 알아? 그리고 난 평생 괴롭힘을 당했어'(in Heslop & Macaulay, 2009: 41).

개인의 정체성을 대상으로 하는 괴롭힘, 폭력 그리고 학대는 특히 사회적 구조, 일반적인 안녕감, 그리고 자해와의 관계를 특히 강조한다(King & McKeown, 2003; Mayock et al, 2009; Siddiqui & Patel, 2010). 실제로 괴롭힘과 차별을 포함한 소수자 지위와 관련된 '부정적 생활사건'은 정신 건강 질환의 요인으로 너무나 보편적으로 인식되기 때문에 '소수자 스트레스'라고 불린다(King & McKeown, 2003; Mayock et al, 2009). 소수자 스트레스와 자해와의 관계는 다음 장에서 더 자세히 탐구된다. 여기서, 사람들에게 상처를 입히고 자해를 일으키는 경험들은 내면의 병리로 인한 것이라기보다는 그들의 외부상황으로 인한 결과라고 말할 수 있다. 이는 모든 자해 사례가 해당 개인에게 특정되어 있고, 그에 따라 개별화된 대응이 필요하지만, 고통의 근원은 개인 외부에 있다는 것을 이해하는 데 중요하다. 그러므로 자해를 하는 누군가에 대한 효과적인 개입은 총체적이어야 하고 그들의 내적 고통과 그 고통의 외부적 원인 모두를 다루어야 한다.

✖ 챕터 요약

이 장은 학대, 방임, 괴롭힘 및 상실을 포함한 자해의 원인이 될 수 있는 다양한 경험들을 탐구했다. 그러나, 그것의 목적은 인과관계에 대한 명확한 진술을 하는 것이 아니라, 이러한 경험이 개인의 내면에 어떤 영향을 미치고 어떻게 자해를 통해 매개되는지를 탐구하는 것이다. 이 모든 경험들은 상처받고, 귀 기울여지지 못하고, 무력하고, 수용되지 않는 것에 관한 것이다. 따라서 이에 대한 대응에서는 이러한 감정을 가혹하고 비수용적인 개입으로 재현하지 않는 것이 필수적이다.

이 장에서 강조된 경험들은 개인의 정서적, 심리적 발달에 중요한 영향을 미치는 것들일 수 있다. 이러한 경우, 개인에게 정상적인 것은 상처, 고통, 무력함이다. 그러므로 정상적인 환경에서 양육되어온 사람에게 자해는 비상식적이고 이해하기 힘든 것처럼 보일 수 있지만 그것은 개인의 내적 세계와 이를 형성한 맥락을 직접적으로 반영할 수도 있다. 이와 같이 민감성, 공감, 판단하지 않는 것은 도움이 되는 반응의 필수적인 특징들이다.

게다가 자해로 이어지는 것은 단순히 그들의 경험뿐만이 아니라 그들이 경험하는 맥락이기도 하다. 트라우마 경험을 통합하고 치유하는 것은 개인이 그들의 감정을 탐구하고 표현하면서 그에 대한 경청, 인정, 지지를 받는 것에 달려있으며 이러한 표현은 그들에게 의미있는 어떤 수단 또는 어떤 시간을 통해 이루어진다. 사람들에게 이러한 기회가 허용되지 않을 때, 즉 경험이 최소화되고, 무시당하거나, 수용되지 않으면 치유하는 데에 지장이 생기고 더 많은 상처와 손상을 입힌다. 그리고 이는 종종 원래 가지고 있던 트라우마를 강화시킨다. 슬프게도, 적대적인 보살핌은 너무나 흔하며, 자해하는 사람들에 대한 잘못된 치료를 끝내기 위해서는 반폭력적이고 반차별적인 관행에 대한 진정한 헌신이 필수적이다.

자해에 대한 근본적인 경험들에 대한 탐구는 자해의 의미, 목적 그리고 기능을 거듭 강조한다. 그것은 자해가 어떻게 깊은 의미와 목적을 가지고 있으며 직접적으로 또는 상징적으로 개인의 경험을 표현할 수 있는지 강조한다. 그것은 또한 자해가 한 개인의 삶에서 매우 실제적인 어려움에 대한 대응으로써 어떻게 기능하는지를 보여주며, 도움이 되는 대응은 단순히 자해에 초점을 맞추기보다는 이러한 문제들을 다루어야 한다는 것을 보여준다. 마찬가지로 자해를 병리화하기 보다는 자해를 초래한 감정을 탐구하고 이해하는 것이 필요하다.

마지막으로 기억해야 할 것은 자해의 기저에 깔린 괴로움이 어린 시절부터 시작되는 경우가 많지만, 외상적 경험은 인생 과정의 어느 지점에서나 발생할 수 있고, 종종 누적된다는 것이다. 자해는 종종 오랫동안 누군가의 삶의 일부분이었다. 이처럼 기저가 되는 경험들과 자해 그 자체도 그들 삶의 역사의 중요한 일부분이며, 그들의 삶이 그것으로부터 멀어지는 데는 똑같이 오랜 시간이 걸릴지도 모른다. 그러므로 인내와 현실적인 기대가 중요하다: '자해는 매우 기능적이며, 어떤 개인에게도 다양하고 복잡한 목적을 동시에 제공한다는 점에서 그것이 쉽고 간단하게 극복되지 않을 것이라는 것을 의미한다(Babiker & Arnold, 1997: 85).' 더욱이 깊은 고통과 괴로움을 겪으며 일하는 여정을 착수하기 위해서는 시간과 용기, 신뢰가 필요하며, 안전하고 보살피는 환경과 이 관계가 필요하다.

●○ 학습한 내용 실무에 적용하기

정의	자해는 내적 세계의 경험을 반영한다.
작업원칙	• 자해는 문제가 아니다 • 개인적 경험, 개인적 대응
실무적용	• 인정과 존중 • 행동이 아닌 감정에 초점 맞추기

정의: 자해는 내적 세계의 경험을 반영한다

자해는 괴로움의 상징이며, 종종 발달에 중요한 영향을 미친 경험을 비춰주는 강력한 기능을 한다. 부정적으로 형성된 경험은 강력한 효과를 가지고 있으며, 자해는 이를 표현한다. 자해는 직접적으로 그리고 상징적으로 개인이 어떻게 대해졌는지 그리고/또는 어떻게 세상을 경험했는지를 표현할 수 있다.

작업원칙

1. 자해는 문제가 아니다

자해가 문제가 아니라는 원칙은 명확해야 한다: 문제는 괴롭힘, 성폭력, 보호시설 그리고 적대적 돌봄과 같은 내담자가 겪었던 경험이다. 오히려 자해는 문제와는 거리가 멀며, 개인이 살아남고 대처하고 계속해나갈 수 있게 해준다. Mark는 자신의 자해에 대해 '무언가에 대처하기 위해 내가 한 일... 신중하게 생각해보진 않았지만 때때로 이건 내가 할 수 있는 가장 최선의 것이야'라고 설명했다. Rachel은 '나는 그것이 효과적이기 때문에 내가 그것을 한다고 생각한다: 그것이 효과가 있기 때문이다'라고 표현했다. 자해는 주변사람들 또는 자해하는 사람들이 도움을 청하는 사람들에게 더 자주 문제가 된다. 자해에 집중하는 것은 비수용과 낙인만 가중시킬 뿐이다. 이것이 바로 공포기반의 대응보다 정보에 입각한 대응을 개발하는 것이 효과적인 대응에 필수적인 이유이다. 다시 말해, 자해는 심각한 괴로움으로부터 나타나며 어떤 대응도 자해 자체가 아닌 괴로움의 원인에 초점을 맞춰야 한다.

2. 개인적 경험, 개인적 대응

자해와 관계가 있는 경험은 여러 가지가 있는데, 그 중 일부를 이 장에서 탐구하였다. 그러나 힘든 경험과 자해와의 관계는 복잡하다는 것을 이해해야 한다. 각 개인은 각자의 경험, 신념, 강점, 어려움, 욕망의 고유한 집합과 더불어 자신의 경험이 발생한 구체적인 맥락을 가지고 있다. 이에 따라 각 대응은 마찬가지로 개별화되고 고유해야 한다. 이는 자해를 하는 사람에게 대응하고 이해하기 위한 원리들이 방대한 반면, 단순하고 공식적인 해결책이 없음을 의미한다. Joseph은 자해에 대해 이렇게 설명했다; 매우 깊고 개인적인 것… 이것은 당신이 일반화 할 수 없는 것들 중 하나이다. 당신은 교과서를 가지고 모두 이렇고 모두 저렇다고 말할 수 없다. 마찬가지로 Emma는 '자해는 그것을 행하는 사람에게 많은 다른 기능들을 제공하기 때문에 매우 복잡하다'라고 강조했다.

활동

- 자해를 하는 사람으로부터 시작하여 누군가의 자해로 인해 영향을 받을 수 있는 모든 사람들을 작성해 보아라. 영향을 받는 사람들로는 선생님, 사회복지사, 간호사, 일반의(GP), 친구, 파트너, 자녀 등을 포함할 수 있다.
- 그리고 나서 이 사람들 각각에게 자해가 문제가 되는 모든 방식을 적어라. 예를 들어, 자해는 대처방안을 제시하는 것 이외에도 자해를 하는 사람에게 수치심의 근원이 될 수 있다. 그들은 또한 학교나 직장에서 자해가 발견될 경우의 부정적인 결과를 두려워할 수도 있다. 그들의 상처가 감염되어 어떻게 치료해야 할지 모르는 경우에도 문제가될 수 있다. 영향을 받는 다른 사람의 경우-예를 들어, 간호사-자신의 교대 시간에 일어나는 모든 사건을 보고하고 예방해야 하기 때문에 자해를 문제로 인식할 수 있다. 간호사는 또한 자해가 혼란스럽고 고통스럽다고 생각할 수 있고 어떻게 대처하는지에 대한 전문적인 지원이나 훈련을 받지 않았을 수도 있다.
- 다음으로 자해를 직접 하는 사람과 자해를 하는 사람으로 인해 영향을 받는 사람들에게 어떻게 자해가 문제적으로 작용하는지 대조해 보아라. 이러한 차이점, 그 영향을 알아보고 이 중 어떤 사람의 욕구가 우선순위가 되는지를 살펴보아라.

실무 적용

1. 인정과 존중

이 장에서는 다양하고 어려운 경험들이 개인에게 영향을 미치는 방식과 자해와 관계되는 방식을 강조하였다. 이러한 경험은 개인의 자아존중감을 떨어뜨리고 자기 자신과 신체의 온전함을 침해한다. 이와 같이 의미 있는 대응은 경험의 중대성과 고통을 인식해야 하며 반드시 개인에게 그들 자신과 세상에서의 그들의 위치, 가치에 대한 대안적인 경험을 제공함으로써 이러한 경험들에 대항해야 한다. 이는 개인의 욕구와 경험에 대한 민감성뿐만 아니라 각 개인을 인정하고 존중하는 분위기를 필요로 한다. 치료법의 대부분은 개입에 대한 구체적인 부분이 아닌 관계의 질에 관한 것이다.

예를 들어, Emma는 관계의 진정성 측면에서 도움이 되는 반응의 가장 중요한 요소들을 설명했다: '그녀[치료사]는 내가 묻는 질문에 긍정적이고 진실하게 대답했으며, 정말로 내가 괜찮아질 수 있고 나 자신에 대해 긍정적으로 느낄 수 있다는 믿음을 가지고 있는 것 같았다. 그녀는 나를 믿는 것 같았고 나를 사람으로 존중하는 것 같았다.' 반대로, 무례하고 가혹한 대응은 사람들에게 더 큰 정신적 충격을 주고 그들의 부정적인 경험을 강화시킨다. 적대적 치료는 보호시설의 환경뿐 아니라 자해에 대한 의학적 대응에서도 만연해 보인다. Mark는 고통 받는 사람들에게 고통스러운 방법으로 대응하는 불합리성을 강조했다: '사람들은 "글쎄, 자해는 미쳤어"라고 이야기하지만, 괴로움에 대처하기 위해 자해를 하는 사람들을 더 괴롭게 하는 방법으로 대응하는 것은 더 미친 짓이야!'

2. 행동이 아닌 감정에 초점 맞추기

자해에 대한 도움이 되는 대응은 사람이 자신의 감정들과 그러한 감정들을 일으킨 경험을 탐구하고 표현하도록 지원하는 것이다. 이를 위해서는 '정상'이란 것이 없다는 것을 이해하는 것이 중요하다. 이는 인간 개개인이 자신의 발달에 중요했던 경험들을 바탕으로 정상인 것이 무엇이고 세상이 어떻게 돌아가는지에 대한 자신만의 독특한 인식을 가지고 있다는 것을 의미한다. 이처럼 인생 경험에 대응하는 '정상적인' 방법은 없다. 한 사람에게 이상하고 비상식적으로 보일 수 있는 것은 다른 사람에게 완벽하게 분명하고 상식적일 것이다.

그러나 대부분의 인간은 같은 범위의 감정과 정서를 공유한다. 그러므로 감정의 맥락이나 이유는 이해하기 어렵겠지만 감정 자체는 완벽하게 이해할 수 있을 것이다. 따라서 자해에 대한 근본적인 문제에 대응한다는 측면에서, 그리고 연결과 공감의 장을 찾는 측면에 있어서도 감정에 초점을 맞추는 것이 중요하다.

Emma는 어떻게 감정을 인식하고 인정하는 것이 도움이 되는 대응에 결정적으로 중요한지를 설명했다: '나는 사람들이 분노/공포 반응을 보이지 않고 자해하는 사람의 고통을 인정하기를 바란다. 나는 사람들이 자해하는 사람을 이해하고 공감하기 위해 노력했으면 한다.' Colm의 자해경험과 다른 사람들의 반응(대단히 도움이 되지 않는)은 자해를 한 사람들에 대한 자신의 반응을 다음과 같이 알려주었다: '내가 자해를 하고 있는 사람들과 만날 때 신체적인 자해든, 약이든 또는 술, 음식이든 간에 나는 그들이 하고 있는 일의 실제 *과정*에 대해 *결코* 대화하지 않을 것이다, 나는 감정적인 부분에 대해 대화할 것이다.'

활동

- 당신이 알고 있는 몇몇 사람들, 혹은 이 장에 나오는 몇몇 사람들에 대해 생각해보고, 그들이 자해를 할 때 그들이 어떤 감정을 느끼고 있을지를 확인하려고 노력하라.
- 일상생활에서 그러한 감정을 하나 이상 가진 사람에게 어떻게 대응할 것인가? 예를 들어, 당신은 온순하게, 동정심과 함께, 침착하고, 친절하게 대할 것인가?
- 이제 왜 자해가 자주 사람들이 이런 식으로 반응하는 것을 막는 것 같은지에 대해 생각해 보아라.

사회적 모델:
맥락의 중요성

사회적 모델:
맥락의 중요성

    자해는 외상적 경험과 감정에 대처하는 기제로서 기능한다. 이전 장에서는 학대, 방임, 괴롭힘, 비수용, 입원, 자율성의 결여와 같은 개인의 경험이 자해와 어떻게 관련되는지 살펴보았다. 이 장에서는 개인 외적인 요인이 자해에 어떻게 영향을 미치는지를 알아본다: "자해는 개인의 심리 내적인 장애로서가 아니라 반드시 사회적 맥락 내에서 발생하는 '대처' 반응으로 이해되어야 한다(Alexander & Clare, 2004: 83)." 사회적 모델 접근법에서는 구조적 또는 맥락적 요인이 삶에서의 기회, 삶의 질과 고통에 어떻게 영향을 미치는지 이해하는 것이 필수적이다. 인권의 관점을 따르는 사회적 모델은 낮은 사회적 지위와 권력 및 자율성이 정신적, 신체적 건강에 심각한 영향을 미칠 수 있음을 인식한다. 그러므로 이러한 사회적 맥락을 인식하고, 사회적 정의를 따르고 차별을 금지시키고자 노력하는 것은 자기 자신에게 상처를 입히는 사람들을 의미있게 돕는 과정에 필수적이다.

    또한 이 장에서는 '소수자 스트레스'라는 개념으로 사회적 지위가 삶의 질과 자해에 미치는 영향을 탐구해보려고 한다. 탐구할 네 가지 소수자의 맥락은 성적 지향, 장애, 사회 계급(계층), 인종 및 소수민족이다(성별과 연령에 대해서는 1장에서 논의했었다). 자해를 어떻게 이해하고 개입할 것인가에 중점을 두어 소수자 스트레스를 다룬다: 먼저 첫 번째로 사회는 그 자체로 많은 사람들에게 학대를 가하고 이들을 수용하지 않는 환경이다. 두 번째로 외적인 환경과 내적인 세계가 매우 복잡한 방식으로 교차한다. 셋째, 내적인 정신 병리나 정신질환이 아닌, 개인과 사회적 맥락에서의 경험이 자해를 발생시키는 기저를 이루고 있다. 넷째, 중요한 것은 자해와 같은 반응이 사람의 성격형성에서 중요한 맥락을 반영하지 않는다는 것이다(예를 들어, 인종차별주의자거나 동성애 혐오자인 경우). 마지막으로 인간의 정체성은 복잡하며 이러한 모든 정체성 범주와 경험은 복잡한 방식으로 교차한다(e.g. Seng et al, 2012).

전반적으로 사회적 모델은 소수자 스트레스와 자해의 가능성을 유발하는 사회구조의 문제를 강조하고 있다:

> 개인의 경험과 환경은 자해의 고통에 근간이 될 수 있지만 사회적 관계는 이러한 경험을 형성한다[…]. 사회적 요인에는 개인 스스로에 대한 관점과 신체에 대한 관점이 반영된다. 이것은 다른 사람들과의 관계에 영향을 미친다. 사회적, 정치적 현실은 개인이 물질적, 환경적 자원을 활용할 수 있는 가능성에 영향을 미치는데, 이는 이들이 문제에 대처하고 표현하는 수단으로써 자해를 할 가능성을 높이거나 줄일 수 있다. 이러한 상처의 '언어화'(language)는 일부 개인의 사적인 경험뿐만 아니라 사회적, 정치적 상황에 대해 '알리는(speak)' 수단으로써 작용할 수 있다(Babiker & Arnold, 1997: 37).

성적 지향

연구에 따르면 LGBT(레즈비언, 게이, 양성애자, 트랜스젠더) 인구 중 알코올 및 약물 남용, 위험 추구, 자살 및 자해와 같은 정신건강 문제 행동의 비율이 일반인에 비해 훨씬 높다는 점이 지속적으로 보고되고 있다(Babiker & Arnold 1997; Cochran, 2001; Mayock et al, 2009). 예를 들어 아일랜드에서는 LGBT인구의 25%가 자해를 한 경험이 있다(Mayock et al, 2009). 이와 같은 높은 자해 비율은 사회적 낙인과 소외로 인해 발생하는 '소수자 스트레스'라는 특정 괴로움에 인한 것이다: '낙인, 편견 그리고 차별은 정신건강 문제를 유발하는 적대적이고 스트레스가 높은 사회적 환경을 조성한다'(Meyer, 2003: 674; Kessler,

Mickelson & Williams, 1999).[1]

LGBT 인구가 한 개의 범주로 그룹화되는 것은 흔한 일이지만, 이것은 이들의 문제를 정확하게 이해하는 데 많은 문제를 발생시킨다(Balsam et al, 2005; Gavriel Ansara, 2010; Klesse, 2010). 트랜스젠더/성전환은 성적 지향이 아니라 성적 정체성이다. 많은 성전환자들은 자신을 이성애자로 정체화하며 LGB 커뮤니티와는 많은 관심사를 공유하지 않는다. 또한 레즈비언 여성과 게이 남성, 양성애자들은 이들의 성별과 성적 지향 간의 차이로 매우 다른 경험을 한다. 예를 들어, 양성애자들을 대상으로 한 연구에 따르면 레즈비언 여성과 게이 남성에 비해 양성애자들은 훨씬 더 높은 수준의 자해를 경험하지만 자살 시도는 더 적은 것으로 나타났다(Balsam et al, 2005; Mayock et al, 2009). 또한 양성애자와 트랜스젠더는 레즈비언이나 게이보다 더 늦게 정체성을 공개하는 경향이 있기 때문에 정체성 갈등을 경험하는 기간도 늘어날 가능성이 높다(DiStefano, 2008; Klesse, 2010). 더불어 양성애자와 트랜스젠더는 주류인 이성애자 커뮤니티뿐만 아니라 게이, 레즈비언 커뮤니티에서도 자주 차별과 편견을 경험한다.[2] 결과적으로 양성애자는 최근 몇 년간 레즈비언과 게이들이 겪어온 것보다 더 강력한 '비가시화'와 더 빈번한 커뮤니티 내 지지 부족을 경험하였다(Balsam et al, 2005: 474).

마찬가지로 레즈비언과 게이의 경험도 공통적이기보다는 대조적인 부분이 더 많을 수 있다. 예를 들어, 게이들은, '남성으로서' 여성보다 사회적, 경제적인 권력과 자율성을 더 획득할 수 있었을 것이다. 하지만 그들은 '게이로서' 악명 높은 수준의 이미지 강박과 '바디 파시즘(외모지상주의)'과 같은 남성 동성애자 문화의 특징적인 문제를 경험한다. 동시에 남성 동성애자들은 사회적 규범과 압력, 기대, 가부장적 남성성의 한계로 불리함을 경험하기도 한다(1장 참조). 마찬가지로 레즈비언 여성은 게이 남성에 비해 높은 수준의 경제적 소외를 경험하고, 낮은 사회적 유동성을 경험한다(성불평등 때문이다). 하지만 남성보다는 여성이 사회적 친밀감을 유지하는 것이 조금 더 쉽고, 레즈비언 문화가 게이 문화보다 개

---

1) 소수자 스트레스는 원래 LGBT 사람들의 경험과 관련하여 구체적으로 개념화되었지만, 다양한 소수자의 경험을 이해하는 데도 마찬가지로 유용하다.
2) 양성애자들에 대한 편견으로는 이들이 성적으로 문란하고, 한 명의 파트너나 하나의 성적 지향을 약속하지 않을 것이며, 양성애자가 진짜 정체성이 아니라는 것 등이 있다(Klesse, 2010).

개인의 발달과 성장, 지지와 지료에 있어서 덜 소비주의적이고 더 긍정적이었다 (Cochran, 2001).

이와 같은 설명은 '일반화'가 자해와 관련된 중요한 차이점을 어떻게 흐릴 수 있는지를 보여준다. 그럼에도 동성애 혐오(이성애자가 아닌 사람들에 대한 편견과 차별)의 영향 및 동성애 혐오와 자해 간의 관련성을 이해하는 것은 중요하다 (Alexander &Clare, 2004; Babiker & Arnold, 1997; DiStefano, 2008; Mayock et al, 2009).

동성애 혐오는 개인의 친밀하고 육체적이며 정서적인 욕구를 병리화한다는 점에서 심리 내적인 정체성과 외현화되는 정체성 모두에 큰 공격을 가한다. 많은 형태의 편견과 차별이 그런 것처럼, 동성애 혐오 역시 개인의 '차이'를 낙인, 소외, 적대감의 원인으로 간주한다. 이것은 동성애를 범죄시하고 치료해야 하는 것으로 인식해온 역사에서 이어져왔다. 공적 담론에서는 동성애와 소아성애를 연관시키고, 많은 주류 종교에서는 동성애를 죄악이라고 비난했다. 또한, 게이 남성들과 레즈비언 여성들을 '진정한' 여성 혹은 남성이 아닌 것으로 멸시하고, 이들을 병들고 훼손된 존재라고 주장하는 보다 일반화된 동성애 혐오가 만연했다.

레즈비언, 게이, 양성애자들은 가정, 감옥, 병원, 요양 시설과 같은 직접적인 사회적 맥락과 직장, 학교, 사회적 및 종교적 커뮤니티와 같은 넓은 사회적 맥락에서 모두 차별과 폭력의 위험에 처해있다(DiStefano, 2008; Mayock et al, 2009). 이러한 정체성에 기반한 취약성은 소수자 스트레스의 핵심이기도 하다: 피해 및 차별적 사건을 포함하여 성적 지향으로 인해 발생하는 사회적 불평등, 이와 동시에 사회적 낙인은 심리적 고통의 위험 요인이다(Cochran, 2001: 934). 또한 편견은 일상적인 대인 간 상호작용과 관계에서뿐 아니라 보다 넓은 범위의 사회적 구조 내에서도 발생되기 때문에 이는 더 쉽게 내재화되고 자기 스스로를 향할 수도 있다. 권력과 경험의 구분은 자기 자신와 사회적 관계 사이에서 서로 다른 평가를 형성한다(Rosenfeld, Vertefuille & McAlpine, 2000: 209).

내면화된 적대적인 사회적 태도와 신념은 신체에 대한 소외감, 자기혐오와 수치심을 악화시킴으로써 자해로 귀결되는 유형의 심리적 고통을 초래할 수 있다. 어떤 청년은 '내가 게이인 사실이 나를 계속 우울하게 만들고, [...] 칼로 긋는 행위는 점점 심해졌고 멈출 수 없게 되었다'고 말했다(Mayock et al, 2009: 88). 마찬가지로 Colm의 성 학대에 대한 경험과 환경은 그의 성적 취향에 대한 자각과 결부되어 혼란과 수치심, 심리적 고통을 가중시켰다.

> 십대가 되었을 때 나는 여자애들에 대해 생각해보게 되었고, 그들에게 끌리지 않는다는 것을 깨달았다. 또한 나는 같은 반에 있는 다른 남자애들에게 끌리기 시작했다는 것을 깨달았지만, 나 자신이 게이가 되는 것을 정말 원하지 않았다. 그때부터 나는 나 자신을 꼬집기 시작했고, 컴퍼스로 나를 찌르고, 머리를 찧고 주먹질을 하기 시작했다. 그리고 그때를 돌아보면 나는 그저 자존감이 낮은 것이 아니라 스스로를 혐오하고 있었고, 게이가 되는 것을 원치 않았으며, 정말로 그런 삶을 살고 싶지 않았고 집에 있기도 싫었다… 나는 그냥 그런 나로써 사는 것이 편하지 않았다.

청년들은 상당 기간 동안 스스로의 성 정체성과 성별 정체성을 인식하는 시간을 거쳐 주변 사람들에게 '커밍아웃' 하는 경우가 많다(Mayock et al, 2009). 이것은 많은 청년들이 성 정체성 형성기 동안 상당히 혼란스럽고 스스로를 속이는 듯한 감정을 경험하고, 커밍아웃에 대한 결과에 대해서도 불안해하는 것을 의미한다.

> 나는 다른 사람들이 나를 어떻게 생각하는지 두려웠고, 나 스스로를 좋아하지도 않았다. 당신도 알다시피 나는 내가 쓰레기처럼 느껴졌다. 결과적으로 그것은 자기 혐오였다. 나는 나 자신을 좋아하지 않았다 […]. 나는 내 스스로에게 최악의 적이 되었다. 나의 일부분에 대해서는 자랑스럽기도 했는데, 나는 게이가 된 점에서 남들과 달랐다. 그 관점에서 나는 남들과 달랐지만, 그것 또한 좋아하지 않았던 것 같다. 예를 들어, 나는 자랑스러워해서는 안 될 것 같았다. 왜냐하면 어차피 그것은 모두 헛소리이기 때문이다. 그래서 내 생각에는 나 스스로를 합리화하기 위해 스스로를 칼로 긋고 그 사실을 숨겼던 것 같다(In Mayock et al, 2009: 90).

어떤 방식으로든 '무언가 잘못된 듯한 감정' 혹은 '남들과 다른 듯한 감정'을 느끼는 것은 자해와 밀접한 관련이 있으며(Alexander & Clare, 2004; Babiker &

Arnold, 1997) 근접한 사회적 맥락이 지지적인 상황일 때에도 내재화될 수 있다.

나는 자해가 나의 성적 취향과 관련이 있다는 것을 알고 있다. 왜냐하면 내가 언젠가 정체성을 공개한 지, 대략 1년 정도 되었는데, 아직 아무도 이 문제에 대해 뭐라고 하지는 않았지만, 나는 이와 관련된 문제를 가지고 있었다. 그래서 나는 내 자신에게 상처를 입혔다. 모든 문제는 동성애 혐오가 내재화된 것에 있었다(In Mayock et al, 2009: 90).

게다가, 커밍아웃, 즉 정체성을 공개하는 것은 정체성 갈등의 일부를 해결하는 데에는 유용하지만, 사람들은 직접적인 사회적 맥락과 넓은 범위의 사회적 맥락에서 모두 편견과 차별에 취약하게 만들 수도 있다(Cochran, 2001; Mayock et al, 2009; DiStefano, 2008). 가족과 친구, 또래 집단으로부터 빈번하게 거절을 당하고, 직장이나 학교 또한 적대적인 환경으로 인식될 수도 있다. 실제 커밍아웃이라는 사건은 성소수자의 삶에서 가장 스트레스가 심한 시기 중 하나이며(Mayock et al, 2009), 커밍아웃 직후의 자살률이 가장 높은 것으로 나타난다(DiStefano, 2008).

LGB인 사람들이 종종 근접한 사회적 맥락에서 편견과 적대감을 경험한다는 사실 역시 중요하다. 그들은 성소수자 정체성에 대해 부정적이고 적대적인 신념을 가진 가정에서 태어났을 수도 있다. 또한 가족 구성원들로부터 동성애 혐오적인 공격을 경험할 수 있으며(Beckett, 2010), 부모가 이들의 성적 지향을 알아챘을 때 이들을 집에서 쫓아내기도 한다. 어떤 서비스 제공자는 아래와 같이 말하였다:

많은 동성애자 남성들의 경우, 대개 가족 내에서의 수치심, 남들과는 다르다는 느낌, 혼란 등을 이야기했지만, 그 중 한두 가지는 실제 폭력에 대한 것이었다.

노숙자이기도 한 LGBT 청년들 중에서는 특히 더 높은 비율로 자해(또는 자살)행동을 보이며, 성노동자들 역시 높은 비율로 자해행동을 보이는 것으로 나타났다(DiStefano, 2008). 따라서 많은 LGBT들은 안전하고 수용적인 환경에 속해 있지 않고, 내면의 자신과 긍정적인 관계를 맺을 수 있는 기회를 갖기 어렵다. 따라서, 자해는 학대, 비수용, 그리고 남들과 다르거나 어떤 식으로든 받아들여지지 않는 사람으로 간주되는 사회적 맥락 내에서 발생하는 대처 반응으로서 이해해볼 수 있다(Alexander & Clare, 2004: 70).

따라서 이들을 돕는 전문가들은 편견이 다시 만들어지는 일을 막아야 하고, 낙인과 차별에 적극적으로 저항하는 것이 필수적이다. 하지만 연구에 따르면, 이들을 돕기 위한 서비스가 동성애혐오에 저항하기보다 오히려 이를 악화시키는 경향이 있는 것으로 나타났다(Cochran, 2001; DiStefano, 2008). 예를 들어, '전환치료'(심리적 기술을 사용하여 개인의 성적 지향을 바꾸려는 시도)를 권장하는 출판물이 발간되었고(Cochran, 2001), 영국 내에서는 정신건강전문가의 17%가 '내담자의 동성에 대한 성적 끌림을 줄이거나 바꾸려는 시도'를 한 것으로 나타났다(in Butler, das Nair & Tomas, 2010: 106). 정신건강 전문가를 훈련시키는 일은 종종 성적 취향 문제를 무시하거나, 성소수자들의 복잡하고 교차되는 욕구를 과소화하는 문제를 야기하며, 단순히 이성애 중심의 전형적인 태도와 신념을 만들어낸다(Alexander & Clare, 2004; Cochran, 2001). 이처럼 정신건강 서비스와 개별 전문가들은 종종 성소수자들의 존재를 수용하지 않고 차별하기도 했다.

> 부정적이고 동성애혐오적인 태도와 생각들은 만연하다 […] 자해를 유발하는 부정적인, 사회맥락적인 과정을 반영하는 정신건강서비스는 자해를 지속시키고 악화시키며, 심지어 이를 촉발할 수 있다(Alexander & Clare, 2004: 83).

정신과 병동의 입원환자인 Emma는 서비스 이용자와 제공자 양측으로부터 동성애혐오를 빈번하게 경험했다:

> 병원에서 만난 다른 환자는 나에게 '하느님은 레즈비언을 좋아하지 않는다', '당신은 지옥에 갈 것이다'라며 경고를 했다. 직원들은 이 일을 알고도 어떠한 제재도 가하지 않았다. 직원은 또한 내가 분명한 레즈비언인데도, 늘 '남자친구'에 대해 질문하였다. 어떤 정신과 의사는 내가 커밍아웃한 것과 내가 머리를 짧게 자른 것에 대해 설명하였더니 '불안정한 자아상'과 관

련된 내용을 적어 내렸다. 한 직원은 반복해서 나에게 내가 여자인지 남자인지에 대해 질문했다. 이런 말도 안 되는 일들이 계속 일어났다.

Emma의 경험은 사회적 및 제도적 형태의 차별을 강조하는 사례이다. '불안정한 자아상'은 경계선 성격 장애의 진단 기준 중 하나이고, 통계에 따르면 레즈비언, 게이, 양성애자들이 불균형적으로 이 진단을 받고 있는 것으로 나타났다(Clark & Peel, 2007). 동성애는 더 이상 정신질환의 진단명으로 존재하지 않지만 여전히 이러한 다른 종류의 진단을 통해 정신의학상 병리적인 증상으로 다뤄진다(Cochran, 2001 참고). 그 결과로 레즈비언과 게이는 필요한 서비스를 제공받고 도움을 추구하는 것을 꺼리거나(DiStefano, 2008), 서비스를 받을 때 성정체성을 숨기는 방법으로 자신을 보호하는데, 이는 치료적 개입의 효과를 감소시킬 수 있다(Cochran, 2001).

따라서 동성애혐오는 학대, 집단 괴롭힘, 비수용과 같은 유사한 영향을 야기할 수 있다. 또한 이는 소수자 스트레스라는 개념으로 표현되는 심리적 고통과 자기-동일성에 대한 혼란을 통해 자해와 밀접한 관련을 보이는 것을 확인했다. 마지막으로 정신건강 서비스가 심리적 어려움을 완화하기보다 동성애혐오와 그로 인한 고통은 상당히 자주 '치료 전달의 문제', 그리고 성 정체성을 숨기거나 드러내는 것과 관련된 부정적인 결과를 더욱 악화시킨다.

장애

장애를 가진 사람들의 경험은 자해에 관한 출판물에서 거의 다루어지지 않는 실정이다. 역사적으로 지적 장애인들의 자해는 '저항적인 행동'으로 정의되어 왔고, 이들의 정신적인 '한계'로 인한 것으로 설명되었다. 보다 최근의 연구에서는 이 견해에 반박하면서, 지적 장애인들의 자해는 비장애인과 같은 방식으로, 압도당하는 듯한 감정과 경험에 대한 대처 방식임을 증명했다(Heslop & Macaulay, 2009; Kissane & Guerin, 2010; Jones, Davies & Jenkins, 2004). 지적 장애인들의 높은 자해율은 장애 때문이 아니라 장애인으로서의 삶에서 겪는 스트레스와 무력감, 피해로 증가된 취약성, 자기 결정권, 자기표현 및 자기 보호를 위한 기회의 부족함의 결과인 것으로 보인다(D'Eath & Walls, 2010; Heslop & Macaulay, 2009; Jones, Davies & Jenkins, 2004; Kissane & Guerin, 2010; McCarthy, 1996; Pitonyak, 2005). 지적 장애인의 삶의 질에 대한 최근 연구에 따르면, 이들에게는 자율성, 자기결정권, 경제적 및 사회적 기회와 포용과 같은 삶의 질과 안녕을 위한 필수적인 요소들이 결여되어 있다(D'Eath & Walls, 2010).

제도적 환경 내에서 자율성과 통제권의 결여는 지적 장애인들이 자해를 하는 주요 위험 요인이다:

나는 결론적으로 그냥 밖으로 나가고 싶었다. 나는 너무나 나가고 싶었다. 그 날 밤에는 한 명의 직원 밖에 없었기 때문에 원래는 나를 데리고 나갔어야 했는데 결국 그렇게 하지 못했다. 나는 그때 정말…(절망하고 욕을 하며) 그 때가 바로 나 자신을 칼로 그으려고 했던 순간이다(In Heslop & Macaulay, 2009: 40).

지적 장애인들은 또 다른 자해의 촉발요인으로 매일 일상적으로 당하는 따돌림을 말한다: '사람들, 사람들은 나를 그렇게 만든다. 모두가 나를 싫어한다고 말하고 또 나를 좋아하지 않는다고 말한다. 나는 평생에 걸쳐 따돌림을 당해왔다.'(in Heslop & Macaulay, 2009: 41).

학대를 경험하는 사람들에게는 이러한 영향이 더 오래 지속될 수 있고, 자해는 심리적 고통을 완화시키는 유일한 방법일 수 있다: '내가 학대당한 방식 있잖아요… 그 사람이 나를 비참하게 하고 나한테 그런 식으로 했던 것에 대한 생각… 그 생각들이 내 머릿속에 계속 떠오르는 것 같아요.' '가끔 모든 것에 사로잡히는데 복도에서 누군가를 보면 자동적으로 그 교사에 대해 생각하게 된다.'(in Heslop & Macaulay, 2009: 43). 자해의 의사소통 기능은 언어로 표현하지 못하거나 보편적이지 않은 표현방식을 사용하는 사람이 주변 환경으로부터 스스로 표현할 수 있도록 지지를 제공받지 못할 때 더욱 강화된다. 하지만 자해를 언어적 표현의 도구로서 사용하는 개인의 무능함보다 자해의 결과에 대하여 더 즉각적이고 정교한 해석과 반응을 환경이 제공하지 못한다는 것을 더욱 강조해야 한다(Jones, Davies & Jenkins, 2004: 494).

보다 광범위하게, 지적 장애인들처럼 신체 장애인들 역시 비장애인들보다 높은 수준의 학대와 괴롭힘, 소외와 무력감을 경험한다(Gannon & Nolan, 2003; Morris, 2004; Shakespeare, Gillespie-Sells & Davis,1996). 이러한 경험은 자해와 상당한 연관성이 있으며, 또한 소수자 스트레스의 면에서 이해해 볼 수 있다.

마지막으로 학대, 괴롭힘, 증오에 의한 범죄의 피해자인 장애인이 부당함에 문제를 제기할 때 이들은 종종 이들의 장애를 이유로 신뢰를 받지 못한다. 법적 서비스를 제공받은 다수의 장애인을 학대하고 살해한 사건에 대하여 평등 인권위원회가 조사한 결과, '제도적 실패'와 '불신의 문화'가 반복되면서 사전 예방이 가능한 범죄의 사망자가 다수 발생하였다(Equality & Human Rights Commission, 2011). 다음 섹션에서는 자기자신에게 상처를 입히는 장애인에 대해 간과되었던 주요한 두 개의 주제, 즉 성적 취향과 성적 학대, 그리고 장애인 차별주의와 차별에 중점을 두어 설명하고자 한다.

성적 취향와 성적 학대

신체 장애인과 지적 장애인은 자신의 성적 취향(그리고 성 정체성)을 무시, 경시하거나 통제 범위를 벗어난 병리화된 욕구로 보는 경향이 있다(Shakespeare, Gillespie-Sells & Davis, 1996). 결과적으로 장애를 가진 사람들이 독립적으로 살지 않을 때, 그들의 신체, 외모, 관계, 성 욕구 충족의 기회는 엄격하게 통제되고 감시되며 역사적으로 많은 장애인들이 강제적으로 불임수술을 강요받았다(Wilkerson, 2002). 장애인들은 그들이 어디에 살고 또 누구와 살고 누구와 침실을 공유하는지, 누구와 관계를 맺을지에 대하여 거의 또는 전혀 선택의 여지를 가질 수 없었다. 또한 장애인의 이성애적인 성욕의 표현이 용인되고 있다는 증거가 있는 반면, 동성애적인 욕망이나 성전환된 정체성에 대한 표현에 대해서는 그것들을 그들의 성정체성이나 성 지향으로 인정하기보다 '장애'에 기인한 것으로 간주하여 더 부정적인 반응을 보이는 경우가 많다(Blyth, 2010; Gavriel Ansara,

2010). 지적 장애를 가진 사람들이 자해의 근본적인 이유로 '몸에 대한 증오'를 흔하게 언급하는 것은 놀라운 일이 아닐 것이다(Heslop & Macaulay, 2009): '나는 나 자신을 좋아하지 않고, 나는 내 몸을 싫어했고, 몸이 그러한 것도 싫었고, 그래서 나는 그럴 수밖에 없었다'(in Heslop & Macaulay, 2009: 44).

장애인이 성과 성적 취향을 중심으로 경험하는 권리 박탈과 사회적 낙인은 이들의 정신적, 정서적 안녕감에도 강력한 영향을 미친다: '개인'의 자기 자신에 대한 개념화는 안녕감에 영향을 미친다[…]. 특히 가치있는 정체성에 대한 저항과 '정체성 관련 스트레스 요인'을 야기하는 상황들로 인해 정신건강이 손상된다(Rosenfeld, Vertefuille & McAlpine, 2000: 211).

장애인의 성적 취향이 병리화되고 무시되는 경향은 장애아동과 성인이 성적 학대에 더 취약하도록 만들었다. 또한 학대에 대한 부적절한 반응을 초래하는 경향 역시 자해와 높은 상관관계를 보이고 있다. 성적학대는 종종 (권력, 폭력, 치욕감보다는) 성적 욕망에 관한 것으로 간주되고, 장애인은 주로 성과 관련이 없고, 추하고, 바람직하지 않은 존재로 간주되기 때문에 장애 아동과 성인은 성폭력에 취약하지 않다는 가정이 오래 유지되어 왔다(Kennedy, 1996; Shakespeare, GillespieSells & Davis, 1996). 이와 동시에 성인 장애인과 장애 아동의 성적 학대가 비장애인에 비해 훨씬 높은 비율을 보인다는 증거가 제시되었다(Kennedy, 1996; McCarthy, 1996). 국제적인 자료를 검토해본 결과, 지적 장애 여성의 80% 이상이 성폭력을 경험한 것으로 나타났다(Baladerian, 1991). 게다가 지적 장애인들이 성적 행동, 자기 '오염' 등 행동의 급격한 변화와 같이 비언어적인 방법을 통해 성적 학대 경험을 전하려 할 때, ─자해와 같은 행위는─이 행위가 학대의 증거로 해석되기보다는 이들이 가진 장애의 병리적 증상으로 해석된다(Kennedy, 1996). 장애인은 자신을 학대하는 사람에게 의존할 수 있고, 자신이 경험한 학대를 설명하고 중단시키는 과정에서 물리적, 사회적, 물질적 및 의사소통의 장벽에 직면하여 어려움을 겪기도 한다. 또한 위에서 언급한 것처럼 장애인이 어떠한 일에 문제제기를 할 때 이들의 이야기가 신뢰 받을 가능성은 훨씬 적다(평등 인권 위원회, 2011; Shakespeare, Gillespie─Sells & Davis, 1996).

장애 차별주의와 차별

자해는 보통 그 사람이 학습하고 경험한 것을 반영한다: 인간의 피부에 새겨진 것은 사회 이미지의 반영이다(Douglas, in Strong, 2000: xviii). 장애는 자해를 촉발하는 여러 경험으로 이어질 수 있을 뿐만 아니라 사람들이 받는 치료와 이들의 고통을 어떻게 해석하는지에도 영향을 미친다. Jenny Morris(2004)는 정신건강 서비스가 신체적 장애를 가진 사람들에게 오히려 장애물이 되는 경향이 있고 장애인을 대상으로 하는 서비스는 그들의 정신건강적인 요구에 대해서는 둔감하다는 것을 밝혔다. 그러나 가장 중요한 것은 정신건강진단이 장애를 해석하고 대응하는 방법을 변화시킨다는 것이다. Morris의 연구에서(2004) 신체장애를 가진 사람들은 종종 정신과 입원 시설에서 극도로 적대적이고 열악한 수준의 임상적인 개입을 경험했다. 장애인들은 흔하게 스스로를 '실제로' 감당할 수 있다는 이유로 신체적 지원을 거부당한다. 직원들은 이들의 역할이 신체적 치료가 아닌 정신과적 지원을 제공하는 것이라고 강조했다. 또한 통증과 거동이 어려운 증상은 보통 정신 질환의 일부일 수 있다고 간주되기도 한다. 즉, 자해를 신체적 장애에서 비롯된 것이 아니라 정신적 문제, 관심받기를 원하는 행동으로 설명하는 것이다.

Morris는 신체적인 도움을 받지 못하여, 맞춤형이 아닌 화장실을 사용하려다 쓰러지고 다리가 부러진 환자의 경험을 통해 이를 설명한다. 그러나 이 환자는 자해이력이 있다는 이유로 치료를 거부당했다. '그들은 내가 의도적으로 나를 손상시켰다고 생각했고, 24시간 동안 X-ray를 찍어주지 않았어요(2004: 20)'. 다리 골절 후 이 환자는 정신과 병동에서 정형외과 병동으로 옮겨졌지만 그곳에서도 그녀는 이전의 자기 손상의 이력 때문에 통증에 대한 자기 대처가 가능하다고 판단되어 진통제를 처방받지 못했다(2004: 32). 이러한 경험은 장애와 자해 그리고 정신질환의 진단에 대한 편견들이 신체적, 정서적으로 매우 해로운 결과를 초래하고, 문제적 태도를 형성할 수 있음을 강조한다.

Morris의 연구는 또한 장애 서비스에서 자해에 대한 이해 및 감수성이 부족한 점을 강조했는데 참가자들은 이러한 태도로 인해 종종 도움 구하기 자체를 꺼려했다. 예를 들어, 어떤 서비스 사용자는 '자해로 인한 상처에 대한 사람들의 반응으로 인해 새로운 손목 부목을 만들거나 다른 치료를 시도하는 일을 미루었다'[…](2004: 21). 마찬가지로 또 다른 연구 참여자는 '혈액 검사를 받는 것 또한 혈액을 뽑는 사람들의 주의를 유발하는 것으로 보여질 수 있으며, 1인실도 아니었고 나는 다른 사람들이 방에 있는데 이야기를 하고 싶지 않았어요.'라고 설명했다(2004: 21).

요약하자면, 장애에 대한 경험은 단지 개인의 '어려움'이 아니고, 자해와 상당히 밀접한 관계를 보이는 소수자의 사회적 정체성이다. 여기에는 사회적 소외, 제도적으로 일, 교육, 사회 참여, 긍정적인 관계 형성 등 사회 활동 전반에서 기회가 제한되어 있는 현실을 포함하고 있으며, 이러한 것들은 개인의 삶의 질과 자존감, 안녕감에 매우 필수적인 요소이다. 장애인은 또한 학대, 괴롭힘, 비수용과 같은 자해와 관련된 경험에 특히 취약하며 종종 자기 결정과 보상의 기회도 부족하다. 따라서 장애는 자해와 관련된 많은 경험들에 대한 취약성을 가중시키고, 정신건강 서비스가 자해에 어떻게 대응하는지에 영향을 준다.

사회계층

사회계층(즉, 물질적, 사회적 자원과 기회에 대한 수준과 그 차이) 역시 자해와 밀접한 관계에 있다. 그러나 특권 집단이나 저소득층 집단의 배경을 가진 사람들 중 누구에게 더 자해가 일어날 가능성이 높은지에 대한 인식은 종종 상반된다. 역사적으로 정신의학에서는 사회적 특권을 가진 젊은 여성들에게서 자해(및 섭식장애) 행동이 흔함을 밝혀왔다(Favazza, 1996). 다른 한편으로는, 노숙자나 중독자들을 위한 사회 서비스에서는 사회적 소외와 박탈이 자해와 밀접한 관련이 있음을 강조한다(Tyler et al, 2003). 그러나 사회적 지위는 성별과 비슷한 방식으로 영향을 미치는데, 사회적 계층(예를 들어, 특권과 불리함)은 사람들이 경험하는 고통의 유형을 결정하는 데 영향을 미치는 반면, 이는 궁극적으로 자해를 결정하지도, 예방하지도 않는다는 점에서 비슷하다. 사회 계층은 또한 도움 추구 행동과 사람들에게 제공되는 사회 서비스 유형에 영향을 미치며, 이 점에서 불리한 배경을 가진 사람들은 상대적으로 좋지 않은 상황에 놓이게 된다.

'사회계층'은 논쟁의 여지가 있는 주제이며, 사람들은 자신이 속한 계층을 기존 연구와 정책에서 정의내리는 것과 동일하게 생각하지는 않는다. 대부분의 사람들은 자신의 계급을 '평범'하다고 말하는 경향이 있는데 이는 그들이 실제 노동계급인지, 중산층인지와는 상관이 없다(Bufon, 2004). 따라서 이 장에서는 물질적 및 사회적으로 특권을 가진 특권 집단과 경제적, 사회적으로 상대적인 박탈과 곤란에 놓여있는 불리한 집단으로 구분하여 사회 계층을 설명하려고 한다.

불리함

사회적 소외와 불리함은 자해와 관련된 수많은 스트레스를 유발한다. 빈곤, 실업, 부족한 교육적 기회, 낮은 사회적 지위, 열악한 노동환경, 권력과 자율성의 결여 등은 모두 신체적/정서적 안녕에 영향을 미치고, 이러한 사회적 경험들에 대해 설명하고, 이의를 제기하고, 도망치기 위한 방법의 접근을 제한한다. '사회적으로 혜택을 받지 못하는 집단은 이러한 경험을 할 때 더 심한 차별을 받고 또 더 부정적인 영향을 받는다'(Kessler, Mickelson & Williams, 1999: 226). 사회적, 경제적으로 취약한 지역의 사람들은, 더 많은 사회적 권한과 안전한 배경을 가진 사람들보다 열악한 정신적, 신체적 건강을 경험하고, 또 더 젊은 나이에 사망한다(WHO, 2008). 또한 개인의 잠재력을 발전시키거나 삶의 변화를 가져올 기회역시 적다(Fein, 1995; Kaplan, 1996; Sedgwick, 1982; WHO, 2008). 이러한 요인들은 사람들의 삶의 기회와 여러 스트레스 상황을 피할 수 있는 가능성을 제한하고, 이들이 보상을 받을 기회를 제한하며 이 모든 것들은 자해와 관련이 있다.

불리한 지역성이란, 그 지역이 주민들에게 무력감과 안전하지 못하다는 느낌을 주는 스트레스를 유발하는 환경일 수 있다는 것이다. 아일랜드 북부에서 일하는 서비스 제공자는 '스트레스가 높은 지역, 지역 사회 내에서 정치적, 가정폭력이 오래 지속되어 온 지역, 알코올과 마약 소비율이 높은 지역'과 같은 특징은 자해를 유발하는 지역적 문제일 수 있다고 강조한다. Emma와 Colm의 설명처럼 정치적 폭력을 떠나서, 지역사회의 박탈은 스트레스 환경을 유발한다. Emma는, 어린 시절 경험한 성적 학대의 외상을 악화시킨 성적화된 환경에서 성장했다.

난 11살 때 칼로 나를 긋기 시작했는데, 이건 남자들의 관심을 받는 것과 학교에서 괴롭힘을 받는 것에 대한 불쾌함과 관련 있었다. 나는 성매매 업소들이 많은 지역에서 자랐고 내가 학교 가는 길에도 남자들은 나를 귀찮게 했다.

Colm의 성장 환경 또한 그의 자해와 상당한 관련이 있었다.

뭔가 조금 이상한 듯한 환경이었는데, 비현실적인 이야기로 들릴 수 있지만 모든 부모가 아이들을 학대하고 항상 술에 취해있는 것이 마치 당연한 일같았다. 모든 것이 거칠었고, 노동계층들로 가득했고, 그곳은 마치 술의 바다 같았다. 길에는 도처에 도둑이 있었고, 불에 탄 차들, 갱단들, 술주정뱅이들, 가게에서 구걸하는 사람들이 가득했다. 그곳은 9시가 지나면 출입금지 구역이 되었다. 가게에 가거나 집을 나가게 된다면 영영 다시 돌아오지 못할 수도 있었다. 그 정도로 거칠고 난폭한 곳이었다.

Colm은 이러한 불리한 환경이 자신의 자해와 직접적인 연관이 있다고 말했다:

절망감이 실감나게 느껴졌다. 진정으로 희망이 없다고 느껴 자존감이 낮아졌고, 이후 자기혐오를 하게될 정도로 더 낮아지게 되었다. 그리고 나서 나는 내가 게이가 되는 것을 스스로 감당할 수 없었고, 이와 같은 폭력적인 환경에 있는 것 또한 감당할 수 없었다. 어떠한 희망도 미래가 없다는 것을 나 스스로에게 뒤집어씌우기 시작했고 '나는 나 자신을 싫어하고, 내가 사는 곳이 싫고, 내 삶이 싫어, 나는 여자들에게 끌리지 않는 것이 싫어, 평범하지 않은 게 싫어'와 같은 말로 나 자신을 공격하기 시작했다. 그리고 나는 그야말로 많은 신체적 행동으로 나 자신을 공격하기 시작했다.

하지만, 이러한 어려움 속에서도 정신적/정서적 안녕에 긍정적인 영향을 줄수 있는 공동체 의식과 같은 강점도 있다(Gale et al, 2011). 고통 받고 있는 개인이나 공동체 내에서의 강점을 인식하는 것은 자기 결정과 자신이 할 수 있다는 믿음을 위해 매우 필수적이다. 공동체 및 강점 기반 개입은 사람들의 자유성을 유지시키고, 개인과 공동체를 교육하며, 그들이 할 수 있다는 믿음을 갖게 한다. 또한 이는 다양한 이슈, 사회적 맥락, 그리고 특히 자해에 있어서 가장 적합한 개입으로 인식되고 있다.

한 골목에 사는 다른 엄마들은, 서로 도와줄 돈이 충분하지 않았다. 그래서 그들은 서로 음식과 옷, 물건들을 나누며 도와주었다. 왜냐하면 모든 사람들이 더럽고, 그들의 남편들은 모두 술을 마시고, 그들을 때렸다. 그곳은 마치 빈곤의 거리 같았다. 대부분의 것들이 용납되는 듯했다.

사회적 불리함은 개인의 고통을 해석하고 대응하는 방식에 영향을 미친다. 예를 들어, 혜택을 받지 못하는 배경을 가진 사람들은 정신적/정서적 어려움의 수준은 더 높아졌지만 서비스 지원의 접근은 더 줄었다고 보고한다. 서비스를 이용할 경우에 이들은 약물, 강제입원, 행동 수정 프로그램과 같이 제한된 개입 프로그램을 제공받는 경향이 있었다. 이와는 대조적으로 특권을 가진 사람들은 더욱 다양한 지원 서비스(공공, 민간 모두에서)를 이용할 수 있다. 이러한 서비스는 대화로 진행되는 상담과 함께 보다 통합적이고 진보적인 접근을 포함한다 (Rogers & Pilgrim, 2003; Sedgwick, 1982). 더불어 서비스 관리자가 지적했듯, 공중 보건 시스템 구조는 정신과 의사가 6개월마다 전환되어 치료의 연속성을 방해한다.

무엇이 큰 고통을 야기하는가는 서비스의 문제가 아니다(그들은 선택지가 없다). 내담자(환자)와 의사 사이의 연속성이 결여되어 있기 때문이다. 연속성이 하나의 문제라면, 일관성이 없다는 것은 또 다른 차원의 문제이다. 예를 들어, 6주 후에 오라는 말을 듣지만, 6주 후에 당신은 다른 의사를 마주하게 되고 했던 이야기를 또 다시 처음부터 말해야 한다. 그래서 그곳은 방문하고 싶을 만한 곳은 아니다.

전반적으로 사회적, 물질적 맥락은 사람들이 경험하는 고통뿐만 아니라 이들이 이용할 수 있는 지원과 개입, 또 이러한 서비스들을 활용하는 능력에 많은 영향을 미친다. 빈곤과 소외는 개인의 삶의 모든 영역에 영향을 미치며, 이는 자해의 많은 기능을 직접적으로 설명한다. 하지만 사회적 및 물질적 특권은 이 자체로 인해 특정한 스트레스 요인을 유발할 수 있다.

특권

사회적으로 혜택을 받지 못하는 사람들이 경험하는 특정한 스트레스 요인이나 취약성에 대하여 사회적, 물질적 특권은 분명히 완충제로서의 역할을 한다. 그러나 물질적인 복지와 사회적 지위는 여러 심각한 문제들을 얼버무리는 허울에 불과할 수 있다. 각종 사고로 언론에 보도되는 연예인 사례를 떠올려보면 쉽게 이해가 된다. 실제로 John Bradshaw(1988a; 1988b)는 개인의 무능이나(약점) 수치심을 극복하려는 시도처럼, 개인적 어려움이 물질적 및 사회적 성취를 이루는 데 원동력으로 작용할 수 있다고 제안하였다.

사회적으로나 물질적으로 특권을 가진 환경도 그 자체의 어떤 문제를 유발할 수 있다. 이는 엄격한 기대치에 따라 매우 억제적이고 제한적일 수 있다. 특정한 외모를 유지해야 한다는 강한 압력(외부, 내부)이 있을 수 있으며, 개인적 목표, 관심사 또는 열망을 추구할 기회가 오히려 제한될 수 있다. Rachel은 부모의 가치관에 따라 엄격히 통제된 환경에서 성장했다고 설명했다. '나의 부모는 [독재적인 톤]으로 이런 식의 말을 하며 나를 키웠다. "너는 그렇게 해야 하기 때문에, 다른 사람들이 그렇게 하기 때문에 그렇게 해야 한다" 여기서 특권은 '황금 수갑'의 기능을 한다. 이는 특권이 외적인 풍요로움을 주지만 개인의 욕구를 제한하는 것이다. 이것은 고 다이애나 왕비, 웨일즈 공주의 가슴 아픈 이야기이기도 하다. 다이애나는 세계에서 가장 부유하고 영향력 있는 가정의 남성과 결혼했고 완벽한 여성성을 구현했다는 점에서 우상화되었지만, 깊은 심리적 고통과 무력감을 경험했고, 여러 방법으로 스스로를 해쳤다(Morton, 1998).

게다가 물질적인 부와 높은 수준의 교육이 정서적 건강을 반드시 보장하는 것은 아니다. 많은 특권층 가정에서 의사소통과 감정, 정서적인 문제로 인한 갈등을 경험한다(Bradshaw, 1988a; 1988b). 한 서비스 제공자가 지적했듯이, 외로움과 사회적 고립은 모든 것을 가진 것처럼 보이는 가정에서도 존재한다: '우리는 너무 고립되어 있고, 이것은 비자발적인 고립이며, 심지어 가정 내에서도 그렇다.' 그리고 성적으로 피해자화된 경험, 동성애 혐오, 장애를 둘러싼 편견은 계급별로 분포되어 있지 않다. 또한 사회적, 물질적 특권은 극단으로 치닫는 건강 불평등에 약간의 완충을 제공하지만, 이것은 부모의 질병, 중독, 분리와 죽음과 같은 문제들을 예방하지는 못한다. 이러한 모든 문제들은 자해와 관련되어 있다(3장 참조).

게다가 사회적, 물질적 특권이 사회적 서비스 장면에서 학대와 같은 문제를 알아차리기 어렵게 하는 것처럼, 이러한 특권은 사람들이 자신의 경험을 어떻게 해석하는지에도 영향을 미친다. Rachel이 자신의 자해문제에 대해 타협하기 힘들어하는 부모에 대해 묘사한 것처럼, 특권은 종종 어려운 경험을 중립화시키는 것처럼 보인다고 말했다: '그들은 자신들이 나를 자해하는 사람으로 키웠다는 사실을 인정하지 못했다. 그들은 "우리는 너를 잘 키웠다!"라고 말한다.'

물질적으로 안정된 환경은 또한 사람들이 경험하는 어려움을 최소화하거나 개인적인 실패로 환원시킬 수 있다. Joseph과 Rachel은 둘 다 자해에 대해 말할 때 비교적 유복한 배경에서 자라왔다고 강조했다. Joseph은 '나는 아주 안정적이고 유복한 배경을 가지고 있고 우리 가족에게는 감정으로 얽힌 극적인 사건도 없었고, 아이들도 있고, 두 부모도 있었기 때문에 자해는 뜬금없는 일이었다.' 마찬가지로 Rachel은 자신이 경험한 어려움을 과소평가하는 방식으로 그녀의 발달적 경험을 묘사했다. '나는 신체적으로 학대당한 적이 없고, 삶을 고통스럽게 하는 일을 경험한 적이 없다. 그것은 완전히 나의 심리적인 문제였다.' 하지만 그녀의 가족 내 심리적 역동은 매우 강렬했고 침습적이었다. Rachel은 집안의 분위기를 아래와 같이 묘사했다:

'문 닫지 마, 숨길 게 뭐가 있니? 우리는 네 방에 들어갈 때 노크도 하지 않을 거야. 우리는 너의 부모이고 너는 우리한테 숨길 게 없잖니.' 그리고 이러한 상황이 매우 너무 침습적이었기 때문에, 나는 사생활에 관한 문제를 가지고 있었다. 그것은 아주 나쁘지도 엄격하지도 않았지만 너무 절대적이었고, '너는 우리 것이다'라는 규칙으로 완전히 침습되는 느낌을 받았다. 그래서 나는 자해 행동을 하는 것만큼은 나의 것이라고 생각했다. 선반 맨 위 곰 인형에 숨겨둔 일기장을 읽는 것과 같은, 그런 행동이었다. 그것은 '우리는 너를 외출금지 시키진 않겠지만, 네 신발을 모두 숨길거야.'와 같이, 너무 미묘하지만 아주 심리적으로 교묘했다. 돌이켜보면 별일 아닌 것 같지만, 십대 소녀에게 그것은 정말로 강력했을 수 있다.

전반적으로 사회적, 물질적 특권은 학대나 장애와 같은 사회적 배경에 의해 결정되지 않는 어려움뿐만 아니라 그 자체로 고유한 특징을 가진 어려움을 일으킬 수 있다. 또한 특권은 가족 체계와 서비스 내에서 문제가 인식될 가능성을 낮추는 측면을 보이기도 한다. 이러한 환경의 특징인 무효화와 최소화는 자해가 표현하는 상처와 혼란을 더 가중시킨다.

민족성과 인종차별주의

1장에서는 성별과 자해의 비율과 패턴에서 BME(흑인과 소수민족 집단)와 백인 사이에 집단 간 차이가 있으며, 이는 정신질환 전반에 걸쳐서도 나타난다고 언급했다. BME 집단의 사람들은 정신질환 유병률이 훨씬 높고, 입원 및 비자발적 치료기간이 길고, 회복률은 낮으며, 충족되지 않는 욕구는 백인 인구보다 높다(Bhui et al, 2005; Karlson & Nazroo, 2002; Leese et al, 2006; Shefer et al, 2013; Williams, Neighbours & Jackson, 2003). 동시에 BME 집단은 정신건강서비스에 대한 만족도가 현저히 낮으며, 백인 집단에 비해 도움을 구할 가능성도 현저히 낮다(Leese et al, 2006; Shefer et al, 2013). 이것은 정신건강시설과 안전 정신건강 기관에서의 BME 집단, 특히 젊은 흑인 남성의 높은 비율에 더욱 주목하게 만든다(Leese et al, 2006).

BME 집단의 자해, 자살 및 자살시도 비율은 백인 인구에서의 비율보다 훨씬 높으며 젊은 BME 여성의 경우 또한 훨씬 높다(Cooper et al, 2010; Newham Asian Women's Project, 1998; Siddiqui & Patel, 2010; Watts, 2005). 하지만, BME 집단 사이에서 자해행동의 비율에 대한 의견은 분분하다. 일부 연구에 따르면 남아시아 여성이 가장 높은 비율(Newham Asian Women's Project, 1998)을 보이는 반면에, 다른 연구에서는 젊은 흑인 여성이 가장 빈번하게 자해 행동을 보임을 보고하고 있다(Cooper et al, 2010). 이러한 불일치는 수집된 데이터의 문제일 수 있다. 예를 들어, 데이터가 A&E 통계치(Cooper et al, 2010)인지, 혹은 커뮤니티 표집(Newham Asian Women's Project, 1998)인지에 따라 달라진다. 이러한 문제는 BME 배경을 가진 사람들이 자해 행동 후 치료를 받는 비율은 백인들이 치료를 받는 비율의 절반이라는 사실이 밝혀지면서 더욱 복잡한 문제로서 주목되었다(Cooper et al, 2010). A&E 통계에 따르면, 이 곳에서 BME 집단이 지속적으로 받는 치료의 빈도가 낮은 것으로 보고되었으며, 지속적인 치료에 참여하려 하더라도, 백인 환자보다 추후 서비스에 연계될 가능성이 낮다(Cooper et al, 2010).

자해 행동에 대해 BME 집단 내에서 서로 상반되는 데이터가 나타남에도 불구하고, 자해의 발생과 관련하여 지속적으로 중요시되는 두 가지의 주제가 지역 사회 연구를 통해 나타난다. 첫 번째는 BME 인종 및 공동체를 향한 인종차별의 영향이며, 두 번째는 공동체 내에서의 무력함을 느낀 경험과 가족 내 착취 문제였다.

인종차별

차별과 인종차별은 신체적, 정신적, 정서적 안녕감 모두에 부정적인 영향을 미친다(Bhui et al, 2005; Karlson & Nazroo, 2002; Newham Asian Women's Project, 1998; Williams, Neighbours & Jackson, 2003). 개인 간의 인종차별(개인의 재산과 소유물에 대한 언어적, 신체적 공격)과 제도적 인종차별(취업, 교육, 여가 기회의 제한)은 고혈압, 심장질환, 심혈관질환과 같은 신체적 영향뿐만 아니라 불안, 우울증, 스트레스와 직접적인 관계가 있다(Bhui et al, 2005; Karlson

& Nazroo, 2002; Williams, Neighbours & Jackson, 2003). 알코올, 흡연, 폭식과 같은 스트레스 행동과 당뇨와 같은 결과도 인종차별과 직접적으로 관련이 있다 (Bhui et al, 2005; Williams, Neighbours & Jackson, 2003). 게다가 열악한 신체적, 정신적, 정서적 건강을 초래하는 제도적 인종차별은 사회적, 물질적 불이익 (빈곤, 열악한 주거, 안전하지 않은 이웃, 교육에 대한 기회 부족)만이 아니다. BME 집단의 건강 상태를 유사한 물질적, 사회적 취약함을 경험하는 백인 소수민족 그룹의 건강상태와 비교했을 때에도, BME 그룹에서 신체적 및 정신적 건강이 나쁜 사람의 비율이 훨씬 높은 것으로 나타났다(Bhui et al, 2005; Karlson & Nazroo, 2002). 따라서 불평등의 구조는 결과적으로 BME 그룹에 대해 소수자 스트레스와 안 좋은 정신 건강뿐 아니라 신체적 건강도 악화시키고 있었다.

새로운 이주민들의 상황은 특히 정신건강에 상당한 영향을 미친다. 특히 비자발적으로 이주하게 된 사람들에게는 더욱 그렇다. 박해, 고문, 강간, 대량 학살, 전쟁을 포함하여 이들이 경험한 외상사건의 고통을 경험하는 것뿐만 아니라 징벌적 망명 또는 이민 절차를 감당해내야 한다. 또한 이들은 종종 이주한 국가에서 차별과 적대감을 경험하고, 보건 서비스 시스템으로부터 거부당하는 경험을 하기도 한다(Mudiwa, 2009).

개인 간 및 제도적 인종차별은 모두 자아정체감에 강력한 영향을 미칠 수 있으며, 자해와 관련된 감정과 경험을 유발할 수 있다. 하지만 개인 간 발생하는 인종차별은 개인화되고 예측 불가능한 측면 때문에 정신건강에 가장 부정적인 영향을 미치는 경우가 많다(Karlson & Nazroo, 2002). 개인 간 인종차별은 또한 신체를 중심으로 발생하는 경향이 있다. 피부색과 신체적 특성은 공격과 모욕, 폭력의 대상이 되기도 한다. 이것은 수치심과 자기자신으로부터 벗어나고 싶은 욕구를 불러일으킬 수 있는데 이것으로 자해가 촉발될 수 있다. 파키스탄 혈통의 11세 무슬림 소년인 Utam은 그가 경험한 인종차별로 인해 피부를 문질러 닦았다고 한다.

인종차별은 정말 교실, 운동장, 버스 등 모든 곳에서 나를 따라다녔다. 항상 인종차별이 있었고, 모욕, 야유, 침 뱉기와 같은 개떡 같은 일들이 함께 일어났다. 매일 밤 나는 끊임없이 피부를 문질러 닦았지만 이것은 사라지지 않았다(In Martins, 2007: 125).

서비스는 제도적 정책 및 과정과 이를 제공하는 제공자의 신념과 태도를 통해서 BME 집단이 경험하는 어려움을 더욱 복합적으로 만든다. 지역의 보호센터로 옮겨지는 소수 민족 출신의 젊은이들은 센터에서 주류 인종 출신인 직원과 다른 내담자들로부터 소외를 경험하고, 자신의 문화로부터의 소외 또한 경험한다. 이들은 이것을 '이상한 환경'이라고 여기며(in Martins, 2007: 127), 서비스 제공자와 다른 서비스 이용자들로부터 공공연하고 미묘한 괴롭힘과 인종차별을 경험하기도 한다. 이러한 현상에 대해 한 흑인 십대 청소년은 가족의 학대로부터 보호받아야 할 환경에서 '고립되고 학대받는' 느낌이라고 묘사했다(in Martins, 2007: 127). 그녀는 가정에 그대로 남아있는 것이 오히려 지역의 보호센터에서 인종 차별적인 학대의 대상이 되는 것보다 차라리 더 좋았다고 설명했다. 왜냐하면 적어도 집에서는 어떤 문제가 생기기 전에 그 징조를 알아챌 수 있었기 때문이다(in Martins, 2007: 127-128). 끊임없는 인종차별에 놓인 그녀에게 자해를 통한 출혈은 그녀가 사람이라는 것, 즉 '다른 이들과 같다는 것'을 증명하는 역할을 했다(in Martins, 2007: 128).

집단 내 문제

불평등한 사회 구조는 BME 집단에게 불리함, 소수자 스트레스 및 건강 불평등을 초래한다. 그러나 일부 문화권에서는 심리적 고통과 자해를 증가시키는 문화 내의 문제가 있으며, 이것은 특히 성별과의 관련성을 살펴보는 것이 중요하다.

일부 BME 커뮤니티에서는 여성의 성역할과 기대가 매우 규범적이다. 여기에는 교육, 고용, 가정, 결혼 및 관계에 대한 태도가 포함된다(Newham Asian Women's Project, 1998; Siddiqui & Patel, 2010; Watts, 2005). 특히 젊은 여성들이 성인으로서의 성역할을 습득하는 청소년 시기에 세대 간 갈등이 발생하기도 한다. 이것은 가정과 학교 간의 가치 사이에서 '문화 충돌'로 묘사되며, 각각의 환경은 서로 다른 범위의 한계와 기회를 제공한다. 이는 종종 젊은 여성들이 학교와 백인 사회뿐 아니라 자신이 속한 공동체로부터 갈등과 소외감을 느끼게 하며, 자해는 이러한 경험과 밀접한 관련이 있다(Newham Asian Women's Project, 1998).

일부의 공동체는 가족의 명예를 최우선에 두기도 하며, 이를 유지하는 것을 여성의 책임으로 여긴다. 따라서 가족의 명예를 유지할 필요성은 여성의 개별적인 욕구와 안녕감보다 우선시 될 수 있다. 예를 들어, 가정폭력을 피하기 위해 이혼을 하거나 부모의 집을 떠나 폭력과 착취로부터 도피하는 것은 가족에게 주어질 불명예 때문에 부적절한 것으로 평가될 수 있다. 이러한 상황에서 여성과 소녀들이 자주 경험하는, 가족의 명예를 지키라는 강요들은 자해와 자살의 위험성을 증가시키는 등, 이들의 정신적, 육체적 건강에 상당한 손상을 준다(Siddiqui & Patel, 2010).

> 그건 일종의 나를 통제하려는 방법이었다. 마치 괜찮다고 생각하려고… 다른 모든 사람들이 나를 해칠 수 있다면 내가 그것보다는 더 심하게 나를 해칠 수 있다는 것이다… 이게 다… 다른 건 몰라도 내가 몸에 무엇을 넣을지를 통제할 수 있다는 것을 보여준다… 나를 칼로 그을 때 얼마나 깊이, 얼마나 많이, 얼마나 자주할지에 대하여 결정할 수 있기 때문에 나는 그것을 통제할 수 있다(In Newham Asian Women's Project, 1998: 18).

마지막으로, 소수 공동체의 구성원들은 제도적인 인종차별과 열악한 서비스를 두려워할 뿐만 아니라 공동체 내에서 불거지는 낙인 때문에 오히려 보편적인 서비스에 도움을 요청하기를 꺼릴 수 있다. 가족들은 개인 구성원에게 낙인을 찍을 수 있고, 지역사회는 한 가족에게 낙인을 찍을 수 있으며, 보건 시스템은 지역사회 전체에 낙인을 찍을 수 있다. 그리고 BME 공동체에 대한 보다 넓은 사회적 낙인이 강화될 수 있다(Shefer et al, 2013). 이와 같이 도움을 요청하는 행동은 젊은 여성이 묘사한 것처럼 '개인적이고 자기를 폄하하는 경험에 대한 폭로'로 부정적으로 간주될 수 있다. '우리 부모님은 내가 어떤 문제를 겪고 있어도, 외부인과 같은 가족이 아닌 사람들과 그것을 공유해서는 안 된다고 생각한다.'(in

Newham Asian Women's Project, 1998: 22).

이러한 상황에서 대처할 수 있는 유일한 방법은 외부 세력의 영향과 힘을 최소화하고 개인의 책임을 강조하는 태도를 취하는 것이다. 그러나 이러한 접근 방식은 통제감이나 자기 보호를 일차원적으로는 제공할 수는 있지만, 장기적으로는 외부 세력의 영향을 부정함으로써 오히려 개인의 취약성과 고통만을 증가시키는 결과를 낳는다(Karlson & Nazroo, 2002). 더불어 '개인의 책임'은 자해 행동의 근원에 있는 자책감과 같은 감정과 동일시될 수 있으며(Babiker & Arnold, 1997), 문화적으로 규정된 여성의 과실로도 동일시된다(Siddiqui & Patel, 2010). 그러나 BME 공동체 내에서도 그리고 백인 그룹 내에서도 자해와 정신질환, 도움을 요청하는 행동에 대한 태도와 낙인이 존재한다는 것을 인식하는 것은 매우 중요하다. 개인을 지지하는 사람들에서부터 적대적이고 비난하는 사람들까지 모든 공동체에서 이러한 동일한 범위의 태도를 발견할 수 있다(Shefer et al, 2013).

전반적으로 BME 집단의 사람들은 소수자 스트레스로 인한 이들 고유의 수많은 문제를 경험하며 이는 자해와 상당한 관련이 있다. 또한 자해 행동을 위해 도움을 요청할 가능성이 백인 집단보다 현저히 적으며, 또한 도움을 요청하더라도 지속된 서비스를 받을 가능성 또한 적다. 정신건강서비스를 사용하는 BME 그룹의 사람들은 그들의 요구가 충족될 가능성이 낮고, 치료에 만족하지 않을 가능성이 높다.[3] 불만족스러운 서비스 제공은 제도적 또는 개인 간 인종차별에서 기인할 수 있지만 경우에 따라서는 '문화적으로 민감해지려는' 잘못된 시도로 인해 발생되는 것일 수도 있다(Siddiqui & Patel, 2010 참고).

---

[3] 서비스 이용 및 제공에 어려움이 있어 아일랜드 여행자와 같은 일부 BME 커뮤니티가 자체 서비스를 개발했다(Pavee Point Traveller and Roma Centrec 참고(www.paveepoint.ie/ – 2016년 8월 18일 액세스). 모든 아일랜드 여행자 건강 연구팀, 2010). 그러나 그렇다고 해서 지역 내 도움이 항상 가장 적절한 개입이라고 가정하는 것은 아니다. 서비스 이용자들은 비밀누설에 대한 매우 현실적인 우려와 오히려 자신의 안녕감을 해칠 수 있는 지역사회 서비스에 대한 신념에 기반한 대응에 대해 보고한다(Newham Asian Women's Project, 1998; Siddiqui & Patel, 2010). Southall Black Sisters(Siddiqui & Patel, 2010 참고)와 같은 전문 기관과의 파트너십과 더불어 주류 서비스 내의 문화적 민감성은 BME 그룹의 자해를 하는 사람들의 요구를 충족시키는 데 필수적이다.

지난 30년 동안 일반적인 고통, 특히 자해가 '개인적 문제일 뿐만 아니라 정치적 문제'라는 인식이 높아져왔다(Babiker & Arnold, 1997: 56; Alexander & Clare, 2002; Sedgwick, 1982; Spandler & Warner, 2007). 이와 같이 자해를 '자해가 발생하는 조건과 불가분하게 관련되어 있다'고 이해해야 한다(Babiker & Arnold, 1997: 56).

이 장에서 나는 '소수자 스트레스'라는 개념을 활용하여, 소외된 인구집단들 사이에서 자해를 일으키는 조건을 만드는 사회적 요인을 탐구하였다. 차별, 편견, 불이익, 학대의 경험은 아래 표와 같이 자해의 기능과 직결되는 감정을 야기한다.

소수자 스트레스 감정	자해의 기능
무력감	자율성 저항
좌절감	통제
수치심과 자기혐오	쏟아내고 씻어내기 자기 처벌
절망감	위안 안도감
두려움	도피
분노	해소

이러한 감정과 기능은 괴롭힘, 학대, 강제적인 치료와 같은 개별적인 경험과도 교차하며(3장 참조), 이것은 소수자의 스트레스와도 관련이 있을 수 있다. 이러한 모든 경험의 깊이와 복잡성, 그리고 이러한 것들이 각 개인에게서 교차하는 방식은 동등한 수준으로 개별적이고 복잡하며 심도 있는 대응을 필요로 한다. 이것은 그들의 맥락 안에서 개인에 초점을 맞추고, 그들에게 현실적이면서도 바람직한 변화를 만들 수 있도록 돕는 것을 의미한다. 이러한 변화들은 집을 떠나거

나, 커밍아웃을 하거나, 괴롭힘과 차별에 대한 조치를 취하는 것과 같은 현실적이고 실질적인 변화일 수 있다. 그러나 모든 경우에 (앞서 설명한 커밍아웃의 장단점과 같이) 이러한 문제를 다룰 때 긍정적인 부분뿐만 아니라 부정적인 결과가 발생할 수 있으며, 개인은 이에 대비하고 도움을 받아야 한다. 현실적인 기대와 장기적인 관점이 필수적이다. 자해도, 그 기저에 있는 문제들도, 하룻밤 사이에 '고쳐'질 수 없다. 많은 사람들에게 이는 평생에 걸치는 과정이다. 그럼에도 불구하고, 만약 사람들이 그들에게 의미 있고 적절한 방법으로 도움을 받는다면, 이러한 경험들은 그들에게 힘과 할 수 있다는 믿음의 원천이 될 수 있다. 예를 들어, 낙인찍힌 LGB정체성이 새로운 공동체 및 긍정적인 관계의 발견으로 이어질 수 있다.

소수자 스트레스의 개념은 사회가 어떻게 많은 사람들을 비수용하거나 학대하는 환경이 되는지를 강조한다. 이는 자해를 이해하고 이에 대응하는 데에 있어서 사회적 모델이 필수적인 이유이다. 자해의 기초가 되는 어려움, 괴로움, 손상의 많은 부분이 사회적 불평등의 직접적인 결과로 나타난다. 따라서 다음과 같다.

우리가 진취적으로 나아가고자 한다면, 보다 넓은 사회구조의 영향을 이해하는 정치적 접근이 필요하다 […] 자해에 대한 논의 시 권력, 학대, 억압의 문제를 다시 도입하는 것이 중요하다. 이것은 자해를 이해하는 원칙적인 접근법의 일부다(Spandler & Warner, 2007: xx).

정의	자해는 사회적이고 맥락적이다.
작업원칙	• 개인적 병리가 아닌 사회적 문제이다. • 대응이 맥락을 반영하지 않도록 하라.
실무적용	인식 및 자기인식 정체성에 힘을 실어주기

정의: 자해는 사회적이고 맥락적이다

자해는 사람들이 소외되고, 힘이 없고, 낙인이 찍히고, 학대를 당하는 상황에서 나타난다. 이러한 경험들은 인종차별, 동성애 혐오, 장애와 불리함의 구조에서 필수적으로 나타난다. 페미니스트 슬로건인 '개인적인 것은 정치적이다.'는 특히 자해의 개인적 경험과 이를 뒷받침하는 사회적으로 구성된 소수자 집단의 스트레스와 관련하여 적절한 표현이다.

작업원칙

1. 개인적 문제가 아닌 사회적 문제이다

인종차별주의, 동성애 혐오, 사회적 소외와 같은 문제들은 자해와 상당한 관련성을 갖고 있지만, 자해하는 사람 개인의 병리가 아니라는 점은 분명하다. 이 문제들은 정체성과 행복에 영향을 미치는 강력한 사회적 구조이다. 도움을 주는 사람들은 소수자 집단의 스트레스의 영향을 이해하고, 낙인과 편견에 도전하며, 긍정적인 정체성을 증진시켜야 한다. 여기에는 다양한 정체성 전문 기관과의 협력이 포함될 수 있다. 개인과 그들의 대처방식에 있어 '무엇이 잘못 되었는가'에 초점을 맞추는 것 대신 지지적인 대응을 하는 것은 그들로 하여금 사회구조가 야기한 실제적인 영향을 긍정적이고 강력한 방식으로 대응할 수 있게 할 것이다. Clare는 정확히 이러한 종류의 맥락적 및 정치적 변화들이 어떻게 자신의 행복에 상당한 영향을 미쳤는지 설명했다:

나는 약 6년 동안 정말, 정말 도움이 되었던 숙박지원 센터에서 살았다. 그래서 나는 좋은 지역에 좋은 방을 갖고 있었고, 정말 좋은 혜택을 받았기 때문에 내가 좋아하는 것들을 할 수 있었다. 내게 정말 잘해주던 훌륭한 숙박 지원 직원이 있었는데, 정말 투쟁적이었다. 그래서 그녀는 정치에 대해 매우 풍자적이었고, 우리는 사이가 좋았다.

2. 대응이 맥락을 반영하지 않도록 하라!

사회구조가 소외되는 정체성 집단에 속한 개인에게 어떤 영향을 미치는가를 인식하는 것은 개인에게 도움을 주기 위한 핵심 요소이다. 대응을 할 때, 자해를 하는 사람들이 경험했을 수 있는 어떠한 해로운 상황도 반영하지 않는 것이 필수적이다. 특히 공식적인 서비스에서, 도움을 지원하는 사람들은 장애를 가진 서비스 이용자들을 포함시켜야 하는 것뿐만 아니라, 인종차별, 동성애 혐오, 계급 및 성별에 대한 편견에 민감하고 이에 도전해야 한다. 조직이 '평등하다는 것을 증명'하고, 소수자 집단의 스트레스와 영향을 더 잘 이해하기 위해 지속적으로 직원들을 교육시켜야 한다. 동시에, 서비스가 모든 것에 전문적일 수는 없기 때문에 전문 기관과의 제휴 및 전문 인력 배치(LGB 연락 담당자 등)도 유용한 전략이 될 수 있다.

활동

- 사회 정의의 몇 가지 핵심 원칙들을 탐구해보아라.
- 이 원칙들을 자해하는 누군가를 돕는 데 어떻게 적용할 수 있을까? 어떠한 영향을 미칠까?
- 무엇이 당신이 사회 정의의 원칙들을 적용하는 것을 어렵게 할까?
- 이러한 어려움을 어떻게 극복할 수 있을까?

실무 적용

1. 인식 및 자기인식

도움이 되는 반응은 인식과 자기인식에 기초한다. 조직/서비스 수준에서의 인식을 위해서는 자해 및 관련된 사회적 요인에 대한 빈번한 교육, 조언 및 피드백이 있어야 한다. 또한 진정으로 평등주의적인 정신과 문화가 있어야 한다. (서비스 제공자들 또한 그 결과로 서비스 이용자들이)이 권위주의적인 방식으로 대우받는다면, 평등과 권한 부여에 관한 정책을 만드는 것은 아무 소용이 없다(7장 참조). 개인 차원의 자기인식 또한 필수적이다. 모든 사람은 각자의 특정한 신념, 세계관과 가치를 가지고 있으며, 우리 모두는 이러한 것들이 우리가 다른 사람들에게 반응하는 방식에 어떻게 영향을 미치는지를 의식해야 한다. 서비스 분야에서는, 신념과 가치관이 충돌하는 것을 면밀히 살피고, 이를 공개적으로 논의하는 것이 중요하다. 예를 들어, 동성애는 잘못된 것이라는 강한 종교적 신념을 가진 직원이 게이 서비스 이용자를 대하는 것(또는 반대의 상황)을 적절하다고 볼 수 있을까? 모든 맥락에서, 인식과 자기인식은 소수자 스트레스가 강화될 가능성을 줄이는 데 도움이 된다.

2. 정체성에 힘을 실어주기

사회적 모델에 기반을 둔 대응은 항상 강점에 기반하고, 개인 및 집단의 차원 모두에게 권한을 부여한다. 개인 차원에서는 개인의 꼬리표를 넘어 한 사람의 전체를 본다. 동시에, 이는 정체성의 중요성과 소외되는 정체성 경험의 영향을 인식한다. 이는 정체성의 인식을 촉진하고, 심지어 소외되는 상황에서도 긍정적인 정체성이 발달하도록 돕는다. 또한 정체성을 부여한다는 것은 개인이 BME 그룹이나 소외된 지역사회 출신이라는 사실이나, 그 사람이 동성애자이거나 장애를 가진 사람이라는 사실에서 발생한 소수자 스트레스에 대해 많은 경우 동료의 지지, 정치적 조치, 지역사회 역량강화 등의 방법으로 대처했다는 것을 의미한다. 정치화된 동료/공동체의 대응은 한때 낙인찍히거나 수치심을 느낀 자신의 정체성을 타인과 연결하고, 자기역량을 강화하고 긍정적으로 행동하게 하는(정치적 또는 지지적 맥락에서) 원천이 될 수 있다. 정체성에 힘을 실어주는 과정은 정체성의 정치적 측면뿐만 아니라 소수자 스트레스와 같은 사회 구조가 개인에게 미치는 영향 또한 인식하고, 변화와 행복을 촉진할 수 있도록 대응한다.

- 당신의 핵심 가치 및 신념은 무엇인가?
- 핵심 가치 및 신념을 당신의 삶에서 어떻게 실천하는가?
- 당신과 다른 가치 및 신념을 가진 사람들과 관계를 맺을 때 당신의 태도 및 신념이 용이하게 만드는 것은 무엇이고, 어렵게 만드는 것은 무엇인가?
- 그러한 어려움에 어떻게 대처하는가?

CHAPTER

5

도움이 되는 반응하기:
체화되고 사회적인 개입

도움이 되는 반응하기:
체화되고 사회적인 개입

이 장에서는 지금까지의 책의 주요 초점(자해와 그것이 개인의 삶에서 어떻게 기능하는지 이해하는 것)에서 나아가 지지적인 방식의 대응에 대해서 알아본다. 그러나 지금까지의 학습내용과 원리는 이 장에서도 핵심이 된다. 예를 들어, 모든 사람들에게 적용될 수 있는 모델은 없고, 자해의 '빠른 해결책' 또한 없다. 이에 대한 정신은 특정 개인과 그들의 특정한 경험, 그들이 느끼는 특정한 필요 및 욕구에 전체적이고 인간 중심적이며 사회모델적인 대응이다.

이 장에서는 자해하는 사람들을 변화시키는 것으로 입증된 몇 가지 실례를 알아본다.[1] 이전 장에서와 같이, 이 내용이 모든 가능성을 완벽하게 설명하진 않는다. 오히려, 이것은 전체론적이고 체화된 사회적 개입이 자해의 기능과 그 기저의 경험들과 어떠한 관련이 있으며, 어떻게 개인이 이러한 것들로부터 의미를 찾고 성장할 수 있는지에 대한 탐색이다.

자해에 대응하는 가장 효과적인 방법은 항상 그들 스스로에게서 찾을 수 있으며, 각자의 요구, 강점, 자원을 활용한다. 타인이 강요하는 대응은 그 사람에게 들어맞지 않기 때문에 본인의 내면에서 나오는 것만큼 강력하거나 효과적이지

---

1) 앞선 출판물들에서 이러한 실례가 연구되었다: Inckle K (2010). At the Cutting Edge: creative and holistic responses to self−injury. Creative Nursing 16,4: 160-165, Springer Publishing; Inckle K (2011). Scarred for Life: women's creative self−journeys through stigmatised embodiment. Somatechnics 1(2): 314-333, Edinburgh University Press.

않다. 이것이 톱다운 모델(top-down models)을 강요하기보다 각 개인과 협력하는 것이 유일하게 의미 있는 대응책인 이유이다. 정책, 제도 및 실무 단계에서는 효과적인 치료서비스를 개발하는 유일한 방법으로 자해하는 사람들의 경험에 기반한 대응을 요구한다(Fortune, Sinclair & Hawton, 2005; Hadfield et al, 2009; McAlister, 2003; Simpson, 2006).

이 장에서는 자해를 한 사람들에 대한 치료방법으로 교육, 예술, 시 및 창조적 글쓰기, 명상, 대안 치료, 동료 도움 등을 제시한다. 이러한 치료는 모두 사람들이 자신의 경험을 표현하고, 인정하고, 의미를 부여하며, 자신의 자원과 잠재력을 쌓아가도록 돕는다. 이러한 치료를 다루기 전에, 도움이 되는 대응의 핵심 요소를 강조하는 것이 중요하다. 이는 관계의 질과 강점에 기반을 둔 정신을 의미한다.

도움이 되는 대응하기: 치료적 관계

자기 자신에게 상처를 입히는 각각의 사람들이 한명 한명 특별한 개인이기에 그들을 향한 대응 또한 그만큼 특별해야 한다. 그럼에도 불구하고, 몇 가지 핵심적인 기본 원칙이 존재한다. 무엇보다도 먼저, 개입에는 목적이 있어야 한다. 어떤 대응이 이루어지든 명확한 근거가 있어야 한다. 자해의 기능을 탐색하거나, 내적 세계와 외적 맥락에서 근본적인 문제를 다루거나, 자해를 둘러싸고 있는 감정을 표현한다는 측면에서 이러한 목적에 대해 생각하는 것이 도움이 될 수 있다. (상처를 다루고 자해의 위험을 줄이는 것은 다음 장의 위험 줄이기 내용에서 다뤄진다.) 사용자 중심 서비스는 도움이 되는 대응이 각 개인으로부터 시작된다는 것을 인식하며, 서비스제공자는 이러한 대응에 대하여 다음과 같이 설명한다.

요점은, 자기 손상을 하는 사람들에게 스스로 손상을 가해야 한다는 절박함을 느끼게 하는 감정과 문제에는 어떤 것들이 있는지 알아내고 그것을 다루는 것이다. 이는 반드시 건설적인 방식의 대응이 필요하다.

사람에 초점을 맞추려면, 개인에 대해 경청하고, 수용하고, 시간과 인내를 갖는 것을 바탕으로 하는 전체론적인 접근이 필요하다(Long & Jenkins, 2010). Joseph에게 있어서 인내심은 그가 받은 도움의 필수적인 요소였다: '당시 나의 가장 친한 친구와 아내는 나에게 큰 도움이 되었다. 그들은 매우 인내심이 있었다.' 이와 같이 자해에 도움을 주는 대응은 어떤 특정한 기술이나 자격보다 조력자와의 관계의 질에서 훨씬 더 많이 생긴다. 수용하고 비판단적이며 경청하는 것(말한 것과 말하지 않은 것 모두에 대한 경청)은 도움이 되는 대응에서 필수적인 자질이다(Heslop & Macaulay, 2009). 마찬가지로, 서비스 매니저는 자기 자신에게 상처를 입히는 사람을 소중히 여기고 존중하는 것에 대한 중요성을 설명하였다: '만약 치료사가 당신을 소중하게 여긴다면, 당신은 스스로가 소중하다고 느끼고 스스로를 가치 있게 여길 것이다.' 조력자가 세심하고 진실하며 신뢰하고 신뢰받을 수 있는 사람이고, 자기 자신에게 상처를 입히는 사람과의 연대와 동지애를 보여주는 것 또한 중요하다(Long & Jenkins, 2010; Simpson, 2006). Emma에게 있어서 이러한 자질은 그녀가 성인 초기에 함께했던 상담자에 의해 구체화되었다.

> 내가 19살이었을 때 나는 내 가정의를 통해 인간중심 상담자를 만나기로 예약을 했다. 이 분은 매우 인내심이 강했고 나를 정말 보살피는 듯 했다. 그녀는 내가 묻는 질문에 긍정적이고 진실되게 대답했고, 내가 괜찮아질 수 있으며, 나 스스로도 자신에 대해 긍정적으로 느낄 수 있다는 믿음을 정말로 가지고 있는 것 같았다. 그녀는 나를 믿는 것 같았고, 나를 한 인간으로서 존중하는 것 같았다. 그녀의 융통성과 나에 대한 그녀의 헌신은 당시 내가 해야 했던 말들을 떠올리고, 실제로 하게 할 정도로 나를 안심시키는 데 도움이 되었다.

이러한 자질은 치료적 관계의 기초가 되어야 한다. 또한 이 관계는 특히 중요한데, 자기 자신에게 상처를 입히는 사람들에게 있어서 발달에 중요한 영향을 미친 이전의 누군가와의 관계와 이전 조력자들과의 관계가 부정적이고 해로웠을 가능성이 높기 때문이다. 따라서 보다 높은 수준의 섬세함과 신뢰, 즉 '새로운 것'이 필요하다(Long & Jenkins, 2010: 1977).

전반적으로, 도움이 되는 대응의 핵심적인 특징은 관계의 성격과 질이다. 여기서 '치료 관계'라는 용어는 조력자의 역할이나 지위에 관계없이 자기 자신에게 상처를 입히는 사람과 조력자 사이에 어떠한 형태든 도움이 이뤄지는 관계를 가리키는 말이다. 서비스 제공자라는 범주뿐만 아니라 친구나 가족과의 관계에서도 치료적 자질과 효과가 있을 수 있다. 실제로 사회복지사, 상담사 등 직업적 지위가 보다 낮은 사람들이 서비스 이용자와 훨씬 더 강하고 긍정적인 관계를 맺고 있는 경우가 많다. 또한 이러한 근로자들은 자해에 대해 더 잘 이해하고(Warm, Murray & Fox, 2002), 서비스 이용자들은 이들을 가장 긍정적으로 평가하는 경향이 있다(Jeffery & Warm, 2002). 정신과 의사나 간호사와 같은 높은 지위의 전문직 종사자들은 종종 자기 자신에게 상처를 입히는 사람들과 최소한의 관계만을 맺고, 자해를 이해하는 데 한계가 있을 수 있다(Jeffery & Warm, 2002). 직업 내에서도 큰 차이가 있다. Amanda는 정신과 의사들 사이에서 극명한 차이를 경험했다.

그녀[현재의 정신과 의사]와 내가 [정신 병원]에서 만난 의사들의 차이점은 그녀가 그 의사는 백 퍼센트를 쏟고, 정말로 경청하고, 환자를 믿으며 환자에게 무슨 일이 일어나고 있는지를 믿었다는 것이다. 하지만 [정신 병원]에서는 환자에게 무슨 일이 일어나고 있는지를 믿지 않고, 단지 관심받기 원하는 사람으로 분류했다.

Emma는 또한 정신과 서비스의 아동 이용자와 성인 정신과 환자에 대한 전문적인 태도의 차이를 비교했다.

내가 병원에 처음 있었을 때 사람들이 대부분 더 나아졌던 것은 그곳에서 일하던 사람들이 '미친 어른들로부터 사회를 보호'하는 것이 아니라 '아이들을 도와주고' 싶어 했기 때문이었다. 내가 생각하기에는… 이곳은 어린 성인들의 병동이었기에, 일반적으로 내가 고령층 성인 병동에서 경험하였던 의학적 치료의 느낌보다는 사람들을 이해하는 방식의 치료에 더 초점을 두었던 것 같다.

협력적이고 지지적인 동맹으로서 형성되는 진실하고, 존중되고 평등한 관계는 자기자신에게 상처를 입히는 사람을 돕는 데 필수적이다(Gallup, 2002; Long & Jenkins, 2010; Taylor et al., 2009). Moyer와 Nelson은 이 관계를 '무조건적인 긍정적 관심, 공감적 경청, 진실함과 수용을 위한 핵심 조건'의 측면에서 설명한다(2007: 47). Emma는 어렸을 때 받았던 도움을 다음과 같이 설명한다: '나는 그들이 내가 매우 끔찍한 감정을 느낀다는 것에 마음을 쓰고, 내가 기분이 나쁜 것에 대해 나를 판단하지 않는다고 믿었다. 그들은 나를 환자가 아닌 사람으로 대했다. 그들은 나의 고통을 두려워하지 않는 것 같았다.'

　치료적 관계를 비롯한 모든 관계는 상대방을 통제하려는 시도, 즉 자해를 방지하려는 시도(상처를 확인하려는 시도 포함)와 비밀의 누설로 인해 손상된다(Moyer & Nelson, 2007). 마찬가지로 경시하거나(Taylor et al, 2009) 가혹하고 비판적인(Heslop & Macaulay, 2009) 대응 또한 돌이킬 수 없는 손상을 줄 수 있다. 불행히도, 많은 서비스의 구조에서 종종 이러한 대응들이 정책에 반영되어 있거나 특히 젊은 사람들이나 입원환자들의 환경에서 공통적인 프로토콜이 된다. 이에 더하여, 서비스의 위계적 특성과 전문화는 서비스 이용자와 서비스 제공자 사이의 동등한 동맹이라는 개념이 '보살핌'이 이뤄지는 구조와 상반된다는 것을 의미한다. 따라서 자해에 도움이 되는 대응을 하는 관계에 필수적인 많은 핵심 요소들이 서비스의 성격 및 구조와 상반된다. 이러한 이유로 사용자 주도의 서비스와 동료의 도움이 종종 자해에 대응하는 가장 효과적인 방법이었고, 실제로 이 때문에 사용자 주도의 서비스 및 대응이 유일하게 효과적인 방법일 수 있다고 제안되는 것이다(Simpson, 2006).

도움이 되는 대응하기: 강점 기반 접근법

　도움이 되는 대응의 두 번째 핵심 요소는 강점을 기반으로 해야 한다는 것이다. 이것은 자해를 다루고 해결하는 과정 및 이와 관련된 경험들이 개인의 능력과 자원을 활용하고 강화시킨다는 것을 의미한다. 이를 통해 개인은 자신의 내적 자원과 외적 기술을 개발하여 자신의 삶을 변화시킨다. 자해를 하는 사람들은 이미 엄청난 회복력과 대처 능력이 있음을 보여주었고, 이러한 자질은 인정받고 지지되어야 한다. 게다가, 자해는 그 사람 전체를 설명하지 않는다; 각 개인은 또한 다양한 방법으로 삶에 기여하고 있고, 다양한 범위의 재능과 능력을 가지고 있다. 도움을 주는 과정에서 이러한 자질을 간과할 경우, 개인은 삶의 가장 어려운 측면만을 근거로 판단되고 병적으로 해석되는데, 이는 그들을 더욱 깎아내리고 낙인을 찍을 뿐이다. Mark는 자신의 자해가 전반적인 자신의 모습을 앗아가지 않았다는 점을 강조했다:

내 인생에서 힘든 시간과 자해를 겪었을 때조차도, 그것이 내 인생의 전부는 아니었다. 나는 다른 것들도 하고 있었고, 나는 여전히 성장하고 있었다. 때로는 그저 매달리기도 했지만 그게 전부가 아니었다. 가끔 나는 심각한 자해로 인해 앓다가도, 일어나 나가서 일을 하거나, 무언가를 성취하거나, 아니면 다른 사람을 돕거나, 그저 평범한 일상을 이어가기도 했었다. 음, [장난스럽게] 사회의 생산적인 일원이 되곤 했다!

도움을 주는 과정에서는 개인의 관심사, 목표, 욕구와 함께 개인의 긍정적인 자질과 강점에 초점을 맞춰야 한다. 이 과정은 기쁨과 희망이 수반해야 하며, 그들이 자신의 경험과 세상에서 자신의 위치를 이해할 때, 각 개인을 정당화해야 한다. 그렇지 않으면 이 과정은 오로지 그들이 상처받고 무력했던 삶의 부분에만 초점을 맞춤으로써 개인에게 다시 트라우마를 초래할 것이다.

전반적으로, 자해를 해결하는 과정은 개개인의 강점과 목표, 욕구를 수용하고 발전시키는 진솔하고 지지적인 관계에 바탕을 두는 것이 필수적이다. 개별적인 대응이란 각 개인에 따라 새롭게 만들어지는 대응이다.

체화된/사회적인 개입

체화되고 사회적인 개입을 하는 것은 여러 가지 이유로 중요하다. 여기에는 자해의 기능과의 관계, 전체론적 및 체화된 정신, 그리고 사용자 주도 방식의 기원 등이 포함된다. 자해는 다른 방식으로는 표현할 수 없는 생각과 감정, 경험을 표현하고 소통하는 체화된 수단이다. 그러므로 사람들이 그들의 어려움을 깔끔하고 일관성 있고 선형적인 말로 표현하기를 기대하는 것은 완전하게 역효과를 낳는다. 비록 이는 서비스에서 흔히 요구되지만 말이다. 경험은 일단 처리되고 이해되고 나서야 어떠한 방식으로든 표현될 수 있다. 그때까지는 다른 형태의 표현이 필요하다.

'정말로 말하기 힘든' 사건에 대해 말하는 것은 과거를 처리하는 데 논리적이거나 또는 선호되는 방법이 아닐 수도 있다[……] 서구에서 언어적 증언을 강조하는 것은 기억 및 공개의 다른 중요한 방식들을 무시한다[……] 말하는 치료법[……]은 트라우마 사건을 이해하고 표현하고 처리하는 다른 방법으로 보완되어야 한다(Mallot, 2006: 165).

불행히도 일반적인[2] '서구' 문화, 특히 '서구' 의학은 체화된 의사소통을 평가 절하하는 심신 이원론에 빠져 있다(Hadfield et al, 2009; Mallot, 2006). 이와 같이, 체화되고 사회적인 대응이 강력하고 효과적인 영향력이 있을 때조차도 같은 수준으로 평가 절하되는 경우가 많다. 예를 들어, 젊은 사람들의 한 집단에서:

창조적 기법을 사용함으로써 그들 자신의 문제에 대해 강력하고 긍정적으로 표현을 하게 되었지만, 그 집단은 종종 이러한 기법을 놀이로써 사용하고 말하는 것을 '실제' 작업으로 보곤 했다. 하지만, 집단이 진전되면서 그들은 '놀이'를 훨씬 더 많이 받아들였고, 이는 그들의 집단적인 목소리의 일부가 되기 시작했다(Green, 2007: 57).

최근 몇 년 동안, 일부 법정 서비스는 자기 자신에게 상처를 입히는 사람들을

---

2) '서구'라는 용어를 사용하는 것은 세계를 서구/규범과 비서구/기타 계층으로 나누는 민족 중심적 세계관에 바탕을 두고 있기 때문에 정치적으로 논쟁의 여지가 있다. 그러나 '서구적인' 가치관과 관점은 건강과 질병에 대한 접근방식에 큰 영향을 끼쳤으며, 그중 상당수는 특히 자해를 이해하고 이에 대응하는 데 역효과를 초래한다. 따라서 여러 사상, 신념, 관점의 '서구적' 기원은 이 용어의 무비판적인 사용을 정당화하는 것 없이 인정되어야 한다. 이 책에서 '서구'라는 용어가 사용되는 곳이라면 어디든지 나는 그것을 비판적으로 사용할 것이며, 인용부호 안에 적고, 비판적인 사용을 강조하기 위해 대문자를 사용하지 않는다.

치료하기 위한 더 광범위한 접근법을 채택하기 시작했다.[3] 예를 들어, 로열 에든 버러 병원(Royal Edinburgh Hospital)의 자해 서비스는 여성 전용 수영, 예술 치료, 또래/동료 지원 등 자해에 광범위한 대응을 지원한다.[4]

런던 남부의 모즐리 병원(Maudsley Hospital)의 자해 서비스에는 동작 및 창조적 치료, 요리, 창작, 투영적 예술 및 환자 주도 집단이 포함된다(Crowe & Bunclark, 2000; South London & Maudsley NHS Foundation Trust, 2010). 데리/런던데리(Derry/Londonderry) 지역사회 기반 서비스인 Zest는 법정 서비스 의뢰 경로에 통합되며 지원 프로그램의 필수적인 부분인 대체 치료법을 제공하고,[5] 다양한 환경에서 일하는 치료사들은 일기쓰기와 그림그리기가 자해를 하는 사람들에게 매우 효과적인 표현방법임을 알아냈다(Long & Jenkins, 2010). 따라서 보다 다양하고 사용자 주도적인 접근방식이 자해의 주류적 대응에 포함된다는 증거가 있으며, 이는 위해 감소에도 적용된다(6장 참조). 이 장의 나머지 부분은 자해를 한 사람들에게 변화를 일으킨 체화되고 사회적인 개입들을 알아본다. 이러한 개입들로는 교육, 예술, 시와 창조적 글쓰기, 명상과 마음챙김, 대안적 치료와 또래/동료 집단이 있다.

교육

내 연구에서 나는 항상 참가자들에게 자해를 치료하는 과정에서 무엇이 그들에게 도움이 되었는지 물어봤고, 많은 사람들은 교육이 변화를 일으키고 힘을 주었다고 말했다. 처음에는 이 말이 나를 놀라게 했다. 그러나 곰곰이 생각해 보니, 나는 교육이 자해의 많은 기능과 기저의 경험들을 다루고 있다는 것을 깨달았다. 좋은 교육적 경험은[6] 세상에 대한 비판적인 인식을 키우고 세상이 어떻게 기능

---

3) 의대생을 대상으로 한 교육과정에도 창의적 실습이 접목되어, 이들이 공감능력, 정서적 인식, 대인관계 능력 등을 키울 수 있도록 한다(Thompson, Lamont-Robinson & Younie, 2010; Thompson et al, 2011 참조).

4) www.mwcscot.org.uk/media/176971/royal_edinburgh_hospital_self.pdf (accessed 18 August, 2016) 참조.

5) www.zestni.org/complementary-therapies.html (accessed 18 August, 2016) 참조.

하는지에 대한 학습, 지식, 기술을 제공한다. 학습은 힘을 실어주는 원천이 될 수 있고, 교육적 성취는 자존감, 삶의 선택지와 기회의 범위, 사회적 유동성을 증가시킬 수 있다. 이처럼 학습은 물질적 및 사회적 측면에서의 자율성과 독립성으로 이어진다. 교육은 또한 의사소통 능력을 향상시킬 수 있고, 개인의 관점과 경험을 인정할 수 있다. Clare의 경험에서, 사회 이론에 속하며 공개적으로 많은 비방을 받아온 포스트모더니즘조차도 다음과 같은 중요한 영향을 미쳤다.

> 나에게 있어 해체주의와 포스트모더니즘과 같은 것들이 정말로 이해가 되는 부분은, 현실은 단 하나가 아니며, 나에게 주어진 하나의 현실이 전부이고 최종적일 필요가 없다는 것이다. 그래서 학계나 정보를 제공하는 자료는, 예를 들면 치료와 마찬가지로, 나에게 많은 영향을 끼쳤다고 생각한다.

권력과 지식의 전통적인 구조에 대한 의문을 장려하는 교육도 변화를 일으킬 수 있다. 자해를 하는 사람들에 대해 의료기관들은 대개 그들의 실제적인 경험을 거의 반영하지 않고 그들에게서 힘을 빼앗고 낙인을 찍는 식으로 정의를 내리며, 이는 이전 장들에서 강조되었다. 따라서 비판 기반의 교육은 여러 가지 방법으로 이러한 힘의 불균형에 영향을 미칠 수 있다. Clare는 다음과 같은 방법을 설명했다.

> 난 왜?라는 질문을 매우 좋아하는데, 이는 가장 뛰어난 학습 방식의 근간이다. 그렇지 않은가? 왜? 무엇이? 이것을 바라보는 다른 방법이 있을까? 왜 그것을 특정 방법으로 바라볼까? 그 결과는 어떨까? 이러한 것들이 내 삶에서 가장 핵심이 되는 질문이 되었다.

Emma는 또한 교육이 자신의 삶을 변화시키는데 중요한 역할을 한다고 밝혔

---

6) 교육은 특히 괴롭힘과 소외가 일어나는 곳에서는 해롭고 소외적인 경험이 될 수 있다. 이와 마찬가지로, 고등교육의 시장화로 인해 한때 제공되었던 중요하고 창의적인 잠재성 교육의 많은 부분이 줄어든다.

다. 그녀의 학문적 배움은 정치화되고 권한을 부여하는 구조에서 그녀의 경험을 이해하는 데 도움을 주었다.

나는 사회과학 학위를 취득했고, 이는 내 경험을 보다 넓은 맥락에서 이해하는 데 도움을 주었다. 나는 개인적인 것이 정치적인 것이라는 페미니스트적 생각을 알게 되었고, 이는 나에게 정말로 도움이 되었고, 결국 나는 인간들의 경험의 의료화 및 비정치화에 대한 논문을 쓰게 되었다.

Emma는 또한 학업 밖의 교육 기회가 자신에게 얼마나 중요한 역할을 하는지에 대해서도 설명했다.

나는 상담 기법 수업을 들으면서 시간을 보냈는데, 이는 나의 경계를 확인하고 사람들에게 이러한 경계를 존중받기 원해도 괜찮다는 것을 깨닫게 해주었다. 나는 내가 미친 거 같다는 믿음을 가지고 있었고, 이 수업들은 많은 사람들이 다양한 경험을 하고 다양한 방식으로 반응한다는 것, 그것이 다들 미쳤다는 것을 의미하지는 않음을 배우는 데 도움을 주었다. 이 경험은 이러한 지식과 믿음을 단순한 이론 이상의 것으로 만들었다. 나는 지금 정체성과 가족에 대한 미술 강좌를 듣고 있다. 이게 어떻게 도움이 되는지 볼 것이다!

정보기반 학습은 서비스 이용자와 서비스 제공자에게도 중요한 자원이다. Clare는 새로운 정보가 학문적인 학습경험만큼이나 중요하다고 설명했다.

정신의학과는 완전히 다른 방식으로 자해를 바라보는, 여성을 위한 브리스톨 위기관리센터(Bristol Crisis Service for Women)를 알게 되거나, 자해를 이해하는 다른 방법들이 많다는 것을 생각하는 것이다. 그리고 실제로 나는 이러한 것들을 더 좋아하고, 그만큼 만족스럽다!

마찬가지로, 자해에 대한 대응이 두려움과 편견보다는 지식과 자원에 기초하도록 하기 위해 서비스 내의 정보기반 교육이 중요하다(Jeffery & Warm, 2002). 실제로, 서비스 제공자의 관점에서, 자해에 대한 더 많은 연구보다는 정보, 교육 및 훈련이 현재로서 가장 절실히 필요하다: '정보 및 훈련 또한 필요하다··· 응급실이나 일반의의 수술에서도 매우 어려운 일들이 벌어지고 있기 때문에 교육이 필요한 것으로 보인다.'

교육, 즉 교육적 접근법은 또한 치료적 관계와 과정에 중요한 역할을 할 수 있다. 한 서비스 제공자는 권한의 부여, 선택 및 통제와 같은 부수적인 이익이 수반되는 교육이 자신의 치료 작업에 얼마나 필수적이었는지를 설명했다.

그들은 살아남으려 하고, 대처하고, 그들의 선에서 최선을 다하고, 고군분투하고, 놀라운 용기와 대단한 자신만의 특성을 보여주고 있다. 그래서 나의 역할은 교육적이고, 촉진적이며, 그들이 스스로를 돌볼 수 있도록 우리가 협력할 수 있다는 생각까지 이르게 하는 것이다. 이는 개인이 어느 상태이며 어느 순간에 있건, 거기서부터 교육적인 접근이다.

치료의 범위 내 그리고 그 이상의 교육적 가능성은 사람들의 삶에 직·간접적으로 영향을 미칠 수 있는 수많은 기회를 제공한다. Rachel에게 (아래) 예술학교와 창작실습은 자신의 경험과 자해의 관계를 변화시키는 촉매제가 됐다.

예술기반 작업

시각 예술

회화, 그림 그리기, 콜라주 등의 시각예술은 미술치료에서 공식적인 역할을 하고, 통찰력과 변화를 가져올 수 있도록 사람들이 경험한 것을 '잊어버리고' 표현할 수 있는 안전한 공간을 제공한다(McNiff, 2004: 29). 그러나 창의적이고 예술에 기반을 둔 작업은 경험을 표현하고 통합하는 수단으로써 치료 밖의 영역에서도 강력한 영향을 미칠 수 있다. 회화, 공연 예술, 의상 디자인에 종사해 온 Rachel은 이 모든 작업을 개인적인/치료적인 이유보다는 직업적인 이유로 하고 있긴 하지만 자신이 자해를 하는 것과 관련하여 중요하고 긍정적인 관계가 있다는 것을 알게 되었다. 젊은 여성으로서, Rachel은 예술 대학에 입학하기 위해 상당한 장애물들을 극복해야 했지만, 그렇게 했을 때, 이는 그녀의 삶에 강력한 영향을 미쳤다.

내가 예술학교를 알게되면서 모든 것이 좋아졌다. 알다시피, 모든 것이 저절로 해결된 셈이었다. 그때 나는 방향을 잡았고… 그래서 내 예술 작품은 정말 서서히 자연스럽게 완성되었다. 내가 딱 무언가를 하고 있는 느낌이 아닌, 내가 그림을 그리고 그렇게 작업했던 이유는 이러한 작업이 내가 스트레스를 받지 않고 치료적으로 활용할 수 있는 출구가 되었기 때문이다.

Rachel이 받은 예술 교육은 또한 그녀가 다른 지역으로 이동할 수 있게 해주었는데, 그곳은 그녀가 자란 곳보다 더 다양하고 수용적인 지역이었다. '나는 그곳에서 혼자 다른 사람이라고 느꼈었지만, [도시]에 와서 나는 말도 안 되는 사람들을 발견했고, 그들은 말도 안 되는 행동들을 했고, 나는 이렇게 생각했다: "오, 그들은 다 정상이야! 멋지네!" 수년 후에 Rachel은 의상 작품을 제작했는데, 이 작품에는 그녀의 자해 경험과 관습적인 미에 도전하고자 하는 욕구가 통합되어 있었다. 이 작품은 그녀만의 체화된 경험을 확인시켜주었으며 그녀를 이 분야에서 성공으로 이끌었다.

패션쇼에 사용된 작은 검은 재킷이 있었는데, 그들은 이에 대해 '오, 우리는 이것이 너무 마음에 들어! 정말 아름답고, 너무 아름답고, 정말 멋져.'라고 말했다. 실로 꼬아 만든 술로 꾸며지고 팔 부분에는 상처 모양으로 수가 놓여있는 작은 재킷이었는데, 이것이 뭔지 그들이 이해한 것 같지는 않고, 그들은 내 팔을 한번도 본 적이 없었다.

그러고 나서, Rachel의 예술 작품은 그녀가 자해와의 관계를 통합하고 표현할 수 있도록 했다. 그것은 또한 그녀의 (흉터가 진) 형상을 인정하는 역할을 했고, 그녀가 작품에 그녀의 인생 경험들을 생산적이고 효과적인 방법으로 통합할 수 있도록 했다.

Emma는 또한 치료적 및 미적인 이유를 위해 다양한 예술적 관례들을 탐구했다. 그녀는 자신이 말할 수 없다고 느꼈던 경험을 그림으로 그릴 수 있도록 와

준 치료사와 함께 일했다(123쪽 참조). 이 경험은 그녀가 치료 외의 예술과 판화를 사용하여 그녀 자신과 그녀의 자해 및 흉터와의 관계를 탐구하도록 영감을 주었다. 그녀는 처음에 다른 사람들의 반응에 대응하기 위해 자신의 상처를 예술적으로 다루기 시작했다.

솔직히 말해서 나는 내 흉터들이 다른 사람들에게 어떻게 보이는지 이해하려고 내 흉터의 복사본과 인쇄본을 보여주었다. 사람들은 흉터들에 반응을 보였고, 나는 그들이 무엇에 반응했는지를 알고 싶었다.

그러나 자해를 충격적이거나 이상한 것으로 인식하는 보다 전반적인 관점은 Emma의 창조적인 표현에 여러 가지 측면에서 영향을 미쳤다.

이후, 내 주변 사람들은 내가 자해와 관련된 일을 하도록 격려하였다—나는 한편으로는 그들이 자해가 색다르고/극적이어서 흥미롭고/충격적인 예술이 될 것이라 생각하였기 때문이라고 생각한다. 나는 자해가 극단적이고/충격적인 것으로 표현되는 방식이 마음에 들지 않아 그렇게 하기 싫었고, 그래서 자해로 인한 상처가 분명히 오래되고 부수적인 것이거나 상처가 피부결의 일부분인 패턴이 되는 이미지를 만들고 싶었다. 인쇄 작업은 이를 실행하고 질감을 재현하는 좋은 방법인 듯했다.

전반적으로, 이러한 시각적이고, 예술에 기반한 작업은 자해에 다양한 영향을 미치고, 사람들이 자해의 기저에 있는 경험들을 탐구하고 표현할 수 있도록 한다. 예술은 또한 직접적으로나 간접적으로, 자해에 대한 인식과 낙인에 이의를 제기하는 방법으로 사용될 수 있다. 예술은 또한 물질적, 상징적, 심리적인 측면을 인정하고 이에 힘을 실어줄 수 있다. 예술은 시각적 형태에 제한되지 않는다; 공연, 춤, 드라마와 같은 다양한 신체적 형태의 예술이 있는데, 이는 자기 자신에게 상처를 입히는 사람들에게 도움이 되는 개입이 될 수 있다.

신체적 예술

　공연, 춤, 드라마와 같은 신체적인 예술 형태는 자해와 자해의 기저에 놓인 경험을 탐구하고 표현하는 강력한 수단이 될 수 있다. 신체적 예술의 체화된 특성과 공동체 주도의 집단을 통하여 높아진 접근성은 이러한 것들이 자해를 하는 사람들에게 쉽게 이용할 수 있는 자원을 제공할 수 있다는 것을 의미한다.

　Rachel이 예술 학위를 따기 위해 대도시로 이사했을 때, 그녀는 다양한 사회적, 문화적 공간을 접할 수 있었다. 한동안 그녀는 잠시 그녀의 자해를 대체할, 개인적인 표현의 수단으로써 신체적 행위 예술을 활용했다; '한동안 내가 행위 예술을 할 때, 자해할 때의 느낌이 있었다.' 그녀의 공연 예술에는 낙인을 찍거나 등에 고기 살코리와 피부에 매달린 상식용 날개로 등을 뚫는 등 육체적으로 고통스러운 과정이 포함되어 있었다. 이러한 예술적 형식은 그녀의 자해를 대체하고 표현해 주었으며, 그녀의 공연은 그녀에게 중요한 정서적, 심리적 영향을 주었다.

　　당신은 자신을 칼로 그을 때 패닉에 빠지게 된다: 마치 이걸 하고 싶은 게 맞는지 싶다. 그 순간은 매우 강력하고 그러한 순간을 지나 매우 온화해지고, 당신이 그것을 완전히 통제하는 것이 아니라 방의 소유물이 된 것 같은… [그것은] 놀라운 경험이고, 모든 것이 부드럽게 느껴졌고, 내가 모든 것을 놓아준/보내준 것처럼 느껴졌다.

　그녀의 공연은 또한 그녀가 자해에 대해 경험했던 비밀스러움과 낙인에 도전했고 그녀의 자기표현을 타당하게 만들었다.

　　그곳에서 내가 얻은 반응은 놀라웠고, 그것이 내가 감정을 느끼게 하는 방식, 그리고 그 반응은 나에게 있어서 가장 놀라운 경험이었다. 왜냐하면, 사람들은 공연을 보고 정말로 기겁을 했지만, 나는 그것을 했다는 것에 대해 갑자기 괜찮아졌기 때문이다.

　사용자가 주도하는 자해에 대한 위해감소 접근법의 선구자들 중 한 명이었던 Louise Pembroke 또한 신체적인 예술 형식을 상당히 의미 있게 활용했다. 원래

클래식 댄스를 훈련받은 Louise는 현대무용을 활용하여 정신건강 서비스 사용자로서의 그녀의 여러 경험을 탐구해 왔다. 그녀는 심지어 왕립 정신과의대(Royal College of Psychiatrists)를 대상으로 일곱에 대한 헌신(Dedication to the Seven)이라는 환청에 대한 작품을 상연했는데, 그들이 환청을 듣는 사람들의 경험을 보다 깊이 있고 총체적으로 이해하도록 도왔다. Louise는 자신의 작품이 정신건강관례에 있어 중요한 요소로서 전반적인 예술, 특히 춤을 활용하는 것의 중요성이 강조되기를 원한다.

> 정신건강 운동가로서 나는 정신적 고통의 경험을 다른 예술 형식으로 표현한 다른 사람들에게서 영감을 받아 왔다. 예술, 드라마, 시는 우리 중 일부가 삶에서 가진 다른 점들을 설명하기 위해 사용되어 온 매체이다 […] 나는 이 춤이 교육적 및 창조적인 오락의 목적으로 다른 사람들로 하여금 춤 안에서 그들의 정신적 고통의 주제를 탐구하는 데 기여하길 바란다 (Pembroke, 2007b: 5).

Rachel과 Louise의 예시로 제시된 이러한 형태의 신체적 예술은 예외적일 수도 있고, 많은 사람들이 할 수 없는 것으로 보일 수도 있다. 하지만, 자해를 하는 사람들이 사용해온 훨씬 더 접근하기 쉬운 형태의 신체적 예술 형태들이 있으며, 이는 강력하고 변화를 일으키는 창조적인 실천으로 보고되어 왔다. 예를 들어, Clare는 자신이 참여한 여성 자해 지원 단체들 중 한 곳에서 신체적 예술이 어떻게 창의성 및 소통의 한 형태로 활용되었는지를 설명했다: '무용, 공연 예술, 음악, 많은 양의 글쓰기와 같은 창의적인 의사소통은 단체에 속한 꽤 많은 여성들에게 매우 중요했다.' 또 다른 단체는 정신건강 서비스 사용자로서의 경험을 공개적으로 탐구하고 비판하기 위한 방법으로 캬바레에서 진행하였다(아래 참조). 간단한 형태의 신체적 예술도 입원환자 자해 서비스에 포함되었다. 런던 남부의 모즐리(Maudsley) 병원의 자해 서비스는 회복 프로그램에 춤과 드라마를 모두 활용한다(SLaM, 2010).

지역사회에는, 자기 자신에게 상처를 입히는 사람들이 자해와 관련된 그들의 체화 또는 감정과 경험을 탐구할 수 있도록 돕는 데 유용한 신체적 예술을 기반으로 하는 다양한 단체가 있다. 예를 들어, 펠덴크라이스(Feldenkrais) 방식의 일부인 정통 춤은 사람들이 자신의 몸과 연결할 수 있는 안전하고 간단한 방법이 될 수 있다. 마찬가지로, 억압받는 자들의 극단(Theatre of the Oppressed)과 재생 극단(Playback Theatre)과 같은 연극들은 한때 개인의 문제처럼 보였던 것의 정치적 및 사회적 차원을 강조하는 방식으로, 사람들이 그들의 경험을 다시 설명하는 강력한 수단이 될 수 있다. 연극은 또한 여러 정체성과 불평등을 아우르는 공동체를 형성하는 강력한 방법이 될 수 있다—예를 들어, 자해를 하는 사람들의 학습장애를 다룬 Heslop과 Macaulayd의 연구(2009)에 대해 드라마를 DVD로 공동 제작한 미스핏츠 극단 회사(Misfits Theatre Company)가 있다.

전반적으로, 예술에 기반한 작업들은 시각적이든 신체적이든 간에, 자기 자신에게 상처를 입히는 사람들에게 중요한 개입을 제공할 수 있다. 그들은 의미를 전달하고 표현하기 위해, 선형적이고 언어적인 말이 필요하지 않은 가시적이거나 신체적인 형태로 표현을 한다. 따라서 이러한 관행은 강력하게 변화하는 방법을 통해 경험과 감정을 연결하고 외현화할 수 있다.

또한 '진실'을 반드시 선형적이고 일관성 있는 서술로 표현하지는 않는 창의적인 글쓰기는 복잡하고 충격적인 경험을 전달하는 중요한 수단이 될 수 있다.

창의적 글쓰기 및 시 쓰기

창의적 글쓰기와 시 역시 감정과 경험을 표현할 수 있는 방법이다. 창의적 글쓰기는 논리적일 필요가 없고, '말이 되거나' '진실을 말하기'와 같은 방식으로 타당할 필요도 없다. 이는 아직 일관된 이야기가 없을 때 부분적이고 혼란스러운 이해를 표현하도록 허용할 수 있다는 뜻이다. 창의적인 글쓰기는 이런 이야기들을 전개할 수 있게 하고, 작가는 덜 위협적이고 덜 경직된 방법으로 의미를 부여할 수 있다. 이것은 은유, 과장, '사실의' 과소평가 또는 과대평가, '다른 사람'의 이야기를 전달하는 방식 등을 통해 표현되는 것과 마찬가지로 해방감을 준다. 창조적 창의적 글쓰기는 또한 결과를 안 뒤에 실행을 하거나 이야기를 다시 말할 수 있게 하는 데, 이것은 치료적 해결책을 탐구할 수 있게 한다.

Clare에게 창의적인 글쓰기는 그녀가 이전에 자신의 몸을 통해 전달했던 것을 말로 표현할 수 있게 해주었기 때문에, 이는 자해를 치료하는 여정의 핵심 요소였다. 그녀는 창의적 글쓰기를 '몸에서 종이로 은유를 옮기는 것'이라고 표현했다.

> 나 자신의 자해, 그리고 내가 왜 그랬는지, 그리고 그것이 어떤 기능을 했는지를 되돌아보면, 나는 정말로 소통이 가장 중요한 부분이었다고 생각한다. 그래서 극심한 고통과 욕구가 절실했던 시점에서 시작된, 나를 위한 진전은 다양한 방식의 생각과 다양한 방식의 소통에 대한 것이었다고 생각한다. 기본적으로 창의적 글쓰기는 이 두 가지 모두에 해당하지 않는가? 세상을 바라보는 여러 방법들, 그리고 이 여러 방법들을 표현하는 여러 방법들이 있다. 그리고 그것들은 가능한 한 효과적이고 분명하게 표현된다.

창의적 글쓰기, 특히 시 쓰기는 생존자 주도의 자료 및 출판물에 강하게 등장한다(예를 들어, 생존자 예술재단(The Survivor's Art Foundation)[7]과 Grant, Biley and Walker(2011)의 다양한 작가들과 Harrison(in Pembroke, 1996) 참조). 생존자들에게, 이러한 종류의 글쓰기는 '실제' 삶에서 가능한 것보다 경험에 대한 더 많은 표현과 의사소통을 가능하게 한다. 이는 또한 사례 노트와 진단에서의 경험에 대한 표현과는 직접적으로 대조된다: 오로지 '과학적이거나 현실주의적인 이야기에 의존한다면, 때때로 참여자들의 "두서없는" 이야기들을 잘못 표현할 위험이 있다'(Carless & Douglas, 2009: 1547). 이와 같이 창조적 글쓰기는 경험의 선형적, 일차원적 설명뿐만 아니라 특정한 표현과 관점만을 인정하는 권력 구조에 도전한다.

내담자와의 작업에 창의적 글쓰기를 접목하는 서비스가 점점 더 많아지고 있다. 예를 들어, 한 서비스 제공자는 시를 쓰거나 편지를 쓰는 것이 내담자들이 어려운 경험을 치료 회기에 언급하도록 하는 데 얼마나 유용한 방법이 될 수 있는지를 설명했다. 여기서 글쓰기는 내담자가 자신을 드러내는 것에 대해 안전함과

---

7) www.survivorsartfoundation.org/gallery/poetry1.html (accessed 18 August, 2016) 참조.

통제의식을 느끼게 하고, 이를 선택할 수 있게 한다.

그들은 그것에 대해 말할 것인지 하지 않을 것인지에 대해 확실한 정보를 가지고 결정을 내린다. 그러고 나서 우리가 [그것]에 대해 어떻게 이야기할지, 또 우리가 그 이후로 어떻게 더해나가는지 글을 쓰기 시작해서, 어쨌든 무언가를 쓴 사람들이 있다. 그래서 만약 누군가가나에게 편지를 쓰거나, 그들이 말하고 싶어 하는 것을 써내면, 우리는 선택을 하게 된다: 당신이 소리 내어 읽을 것인가? 내가 소리 내어 읽어주길 바라는가? 아니면 내가 조용히 읽고 돌아오기를 원하는가? 내가 그것에 대해 질문하기를 바라는가? 내가 그것에 대해 질문을 하지않기를 바라는가? 심지어 그러한 것에 대해서도 당신은 선택을 할 수가 있다.

데리/런던데리의 Zest는 서비스 이용자의 경험에 대한 창의적인 탐구를 지원하고 서비스 이용자들의 시 및 그림 모음집을 출판했다(Harkin, 2000). 마찬가지로 브리스톨의 '자해지원센터'는 자해를 한 경험이 있는 젊은 여성들의 시집인'라이드 온(Ride on)'을 제작했다.[8] 창의적 글쓰기는, 예술에 기반한 모든 개입들과 마찬가지로, 복잡하고 어려운 경험을 표현할 수 있게 하며, 이에 대한 타당화와 의미부여를 가능하게 한다. 스스로를 타당화하고 다양한 경험에서 의미를 찾는 것 또한 명상이나 마음 챙김과 같은 총체적인 작업에서 필수적이다.

명상과 마음 챙김

보다 광범위한 영적 작업의 일환으로 불교의 전통에서 유래된 마음 챙김은사회복지(Hamer, 2006), 인지행동치료(Hayes, Follett & Linehan, 2004), 심리치료(Germer, Siegel & Fulton, 2005), 임상치료(Baer, 2006) 등 최근 몇 년간 전통적인 사회 및 의료 서비스의 하나로 채택되어 왔다.[9] 마음챙김과 다른 형태의

---

8) www.selfinjurysupport.org.uk/files/docs/Ride%20On_0.pdf (accessed 18 August, 2016) 참조.
9) 마음챙김과 명상은 '서구' 의학과는 아주 다른 정신과 전통에서 유래하지만, 근래에는 점점 그 속으로 통합되어 가고 있다. 명상이나 마음챙김이 넓은 정신에서 떼어져 '서구의' 의학 문화로 옮겨질 경우, 이들의 효능에 관한 몇 가지 의문들이 있다.

명상은 우울증(Vohra-Gupta, Russell & Lo, 2007), 중독(Bowen, Chalwa & Marlatt, 2011), 불안(Grenson & Brantley, 2009)을 포함한 모든 범위의 문제를 '다루는' 데에 효과가 있는 것으로 밝혀졌다.

명상과 마음챙김은 의식적 현존과 비판단적인 자세의 실천에 바탕을 두고 있다. 이러한 식으로, 자아의 어려운 측면을 없애려 하기보다는, 이러한 측면을 관찰하고, 배우는 과정의 하나로 받아들인다. 호흡에 집중하는 것은 명상 연습을 기반으로 현재 순간에 집중시키는 일반적인 방법이다. 이로써 대개의 경우 부인하거나 왜곡하거나 무시하는 내면의 자아와 공존하고, 이를 관찰하고, 이로부터 배우는 것이 가능해진다(Chodron, 2001 참조). 명상은 명상을 하는 사람이 내적 갈등을 통제하고 인식된 문제의 범위 안에서 선택지를 발견하도록 한다. [이는] 통합의식과 응집력을 높이는 것과 함께 자기인식을 확장시키는 것을 목표로 한다.(Vohra-Gupta, Russell & Lo, 2007: 58). 하지만, 이것은 쉽지 않다: 명상과 마음 챙김을 배우는 것은 단번에 빠르게 성취되는 것이 아니다. 이는 평생의 과정이다. 이처럼 평생 지속되는 배움은 즉각적이고 도달할 수 없는 완벽함을 위해 노력하기보다는 인내하고 자신을 수용하는 것 또한 가르쳐준다.

명상 작업은 또한 특정한 것에 집중하기도 한다. Colm은 회복을 하는 여정에서 신체에 집중하는 명상을 실천하였다. 그가 성장하는 과정에서 경험한 것들은 자신과 자신의 몸과의 관계에 있어서 매우 힘겨운 생각들을 하게 했고, 자해뿐만 아니라, 마약, 술, 음식 등으로도 자신을 해쳤다. 그는 '솔직히, 내가 망치지 않은 신체부위는 단 한 군데도 없다고 생각한다.'라고 말했다. Colm은 12단계 회복 프로그램의 단계들을 해내는 과정에서 명상에 대해 알게 되었고, 그는 자신과 화해하기 위한 방법으로 자신의 몸에 보상을 하도록 격려되었다.

이제 나는 [명상] 기술을 사용한다. 처음 [내가 사용하게 된] 것은 우리가 9단계라고 부르는 것에서부터 시작됐는데, 이는 보상을 하는 것이다. 나는 당신의 몸에 보상을 하는 명상을 시작했는데, 발가락부터 시작하여, 발가락을 생각하고, 그 다음은 발, 그 다음은 발목, 그리고 당신의 몸의 끝까지 움직이기 시작하고, 그 다음 당신은 스스로가 몸에 가한 상처와 아픔을 생각하고, 사랑과 평화와 평온을 전달한다. 그리고 당신은 '이제 내가 너를 돌볼 테고, 더 이상 너를 해치지 않을 테고, 내가 보상해 주겠다.'고 몸에게 말한다.

명상 기법(및 대안 치료—아래 참조)은 마법 같은 치유법이 아니다. 그들은 즉각적이거나 쉽게 해결하는 방법을 제공하지 않지만, 이들은 수용, 선택, 통제에 대한 감각이 삶을 구성하는 경험을 만들어낼 수 있다. 이러한 특징들은 종종 자해를 하는 사람들의 발달적 경험과는 이질적이기 때문에 여러 가지 이유에서 중요하다. Colm은 여전히 때때로 자해의 근원에 있는 어려움과 고통을 마주했지만, 명상 작업은 그가 보다 힘을 얻는 방법으로 대처하도록 도왔다.

여전히 내가 극심한 좌절과 스트레스를 느낄 때, 여전히 나를 때리거나 상처를 입히려는 생각을 하는 순간이 있지만, 나는 보통 '나는 너를 해치지 않을 거야, 너에게 보상을 줄 거야.'라는 명상으로 돌아가고자 노력한다. 나는 내 몸에게 말을 건넨다. 내 몸은 나의 가장 오래된, 가장 충성스럽고, 가장 신뢰하는 친구이다; 내 몸은 항상 나와 함께 있었고, 항상 나를 돕고자 노력할 것이다. 그래서 나도 내 몸을 돕고자 노력할 것이고, 상처를 주지 않도록 노력할 것이고, 사랑하고 보살피고 가꾸고자 노력할 것이다. 그래서 나는 내가 명상을 하고 나에게 말을 건네면, 처음의 생각이 점차 사라진다는 것을 알아냈다.

사용자 중심의 서비스 또한 넓은 지역사회에서 마음 챙김 또는 명상을 지지하는 경우가 많다.

[지역사회]에는 마음 챙김과 호흡이 있다. 실제로 보면 정말 굉장하고, 그곳에 가기 위해 자해를 꼭 경험할 필요는 없지만, 이는 자해를 경험했을 수도 있는 사람들을 위한 것이다. [마음 챙김, 호흡은] 여러분의 경험을 창의적으로 전달하도록 돕는다. 그리고 당신은 그것의 더 깊은 의미를 알게 되고, 그것이 당신에게 무엇을 의미했는지를 보다 깊이 이해하게 된다.

전반적으로, 마음챙김과 명상은 보다 광범위한 형태의 괴로움뿐만 아니라 자해를 하는 사람들에게도 도움이 되는 자원인 것으로 밝혀졌다. 아직 전통적인 서비스에서는 덜 인정받는 다른 대안적인 치료법들 또한 마찬가지로 유익할 수 있다.

대체요법: 치료가 아닌 치유

대체요법은 자해와 관련된 문제를 해결하는 데 중요한 역할을 한다는 것이 증명되었음에도 불구하고 주류 정신건강 서비스에는 쉽게 통합되지 못했다.[10] 이는 대체요법이 인간의 건강과 안녕감에 대해 기존의 의학과는 근본적으로 다른 인식에 기초하고 있기 때문일 것이다(McNiff, 2004; 2장 참조). 대체요법은 '병리적인' 특징을 없애버리는 '치료'에 초점을 맞추기보다는 어려움과 질병을 통합하고, 이것에서 배움을 얻고, 성장하는 것에 초점을 맞춘다. 이러한 부분은 종종 치유와 치료를 대조하여 표현된다. '치유란 어떠한 것(질병, 문제, 증상, 장애)'을 제거하는 게 아니라 사람, 곧 육체적인 존재를 변화시키는 것이다(Csordas, 2002: 3). 이와는 대조적으로, 치료는 사람을 이전의 상태로 회복시키고자 시도한다. 치유는 누군가를 이전의 자신으로 회복시키려 하거나 미리 정해진 결과를 제공하는 것이 아니라, '씨앗을 심거나 구르는 공을 밀어서 궤적을 약간 바꿈으로써 다른 곳에 이르도록 하는 것'과 같이 변화를 일으키는 방식을 의미하며, 경험을 다루는 과정으로부터 시작한다(Csordas, 2002: 5).

척추 부상의 경우처럼 의학적 해결이 불가능한 경우에 치유의 정신은 특히 중요하다(Smith & Sparkes, 2005 참조): '치료가 불가능할 때도 치유는 가능할 수 있다'(McNiff, 2004: 4). 치유의 정신은 다양한 개입을 제시하는데, 이 모든 개입은 의학적 진단과 상관없이, 개인에 대한 수용과 삶의 가치 및 목적에 대한 신념을 바탕으로 한다. 모든 사람들에게 도움이 될 단 하나의 치유법이나 대안적인 치료는 없지만, 사용자 중심의 서비스에서는 다양한 선택지가 있는 것을 더 선호한다.

많은 사람들은 스스로에게 도움이 되었던 자신의 어떤 행동들과 전통적인 정신건강 시스템 밖에서 자신에게 도움이 됐던 방법들에 대해 말한다. 하지만 이러한 방법들은 매우 다양하다.

---

10) http://zestni.org/complementary-therapies.html (accessed 18 August, 2016) 참조.

어떤 사람들은 마사지, 동종요법, 아로마테라피와 같은 것들이 도움이 된다고 말하는가 하면, 다른 사람들은 이러한 것들이 도움이 되지 않는다고 말한다. 그래서 나는 한 가지의 특정한 방법이 매우 도움이 되는 것이 아니라, 많은 사람들이 다양한 방법들에서 도움을 얻는다고 말한다.

또 다른 서비스 제공자는 '그림 그리기, 연극, 아로마테라피와 같은 것들'의 이점을 설명했고, 나는 최근에 감정자유기법(EFT)을 가르쳤던 사람을 알고 있다. 위에서 언급했듯이, 데리/런던데리에 위치한 자해 및 자살 서비스 제스트(Zest)는 대체요법들을 그들의 서비스 목록에 포함시켰다. 이용자들은 인도식 머리 마사지, 뜨거운 돌 마사지, 아로마테라피, 반사요법, 스웨덴식 바디 마사지 등 이 중에 선택할 수 있다. 이러한 대체요법들은 제스트의 총체적 접근법에 뿌리를 두고 있으며, 다양한 이점들을 제공하는 것으로 보인다: '면역력을 증진시키고, 독소를 제거하고, 통증을 완화시키고, 순환을 개선하고, 수면 패턴을 개선하고, 에너지 수준을 향상시키고, 깊은 이완을 유도하고, 스트레스와 긴장을 줄이고, 신체체계의 균형을 회복시킨다.[11]'

예를 들어, 마사지를 통해 치유의 손길을 경험하는 것은 자신과 타인으로부터 부정적인 신체 접촉을 자주 경험한 사람들에게도 매우 강력하고 영향력이 있을 수 있다. 한 서비스 관리자는 치료적 접촉의 중요성을 다음과 같이 설명했다.

사람의 기분을 조금이라도 나아지게 하는 대체요법이라면 모두 엄청난 것이다… 마사지를 생각해보면, 이것은 자기돌봄(self-care)이지 않은가? 누군가 화가 나고 당신이 그들을 문지른다면, 마사지야말로 완벽한 문지름이 아닌가?

모든 대체요법의 기본은 수용과 비판단의 정신이다. 이는 그 자체로 받아들여지고 함께 작업하는 사람들보다는 진단을 받고 작업의 대상이 되는 것에 익숙해진 사람들에게 엄청난 변화를 가져올 수 있다. Amanda는 정신과 의사 및 영적 치유자와 동시에 작업하는 긍정적이고 특이한 경험을 했는데, 두 사람 모두

---

11) http://zestni.org/complementary−therapies.html (accessed 18 August, 2016) 참조.

Amanda와의 작업에서 지지적이었다. 영적 치유사가 작업할 때 가졌던 정신은 Amanda에게 특히 중요했다:

> [치유자의 이름]은 나를 있는 그대로 받아들였다. 그녀는 절대 의학적인 부분에 개입하지 않았다: 그녀는 항상 '만약 도움이 필요하면, 의학적 치료를 받으세요.'라고 말했다. 그녀는 매우 조건 없이 사랑하고 수용적이며, 삶에서 당신만의 길과 당신만의 여정, 즉 일종의 온전함을 찾도록 도와주고, 이는 당신을 스스로에게 되돌려준다.

치료 자체뿐만 아니라 치유자와의 관계 또한 Amanda에게 힘을 실어줬고 자신을 정당화할 수 있게 했다. 이 치료에서는 시각화 기법을 사용하였는데, 이는 문제에 중점을 두는 것이 아니라 Amanda의 경험을 스스로에 대한 이해와 삶의 과정에 통합시키는 것이다.

> [시각화는] 내 삶에서 무슨 일이 벌어지고 있던, 내 삶 전체에 대한 것이었다. 시각화는 당신을 여행으로 안내한다. [치유자의 이름]이 했을 시각화는 스스로를 발견하고 자신의 삶과 스스로를 치유할 수 있도록 하는 여행으로 당신을 데려간다.

치유 작업은 Amanda에게 여러 방법으로 힘을 실어주었는데, 이를 통해 그녀는 자신의 경험을 분명히 말하고 자해를 하는 것에서 벗어나기를 시작할 수 있는 자신감을 기를 수 있었다.

> 영적 치유자는 나에게 무슨 일이 일어나고 있는지 내가 직접 말할 수 있도록 했다. 가끔씩 자해를 할 것 같은 느낌이 들지만 그런 일은 일어나지 않을 것이고, 나는 그러지 않을 것이다. 나의 모든 영적인 측면이 자해를 하고 싶지 않도록 도왔다고 생각한다.

Amanda의 경험은 그녀에게 큰 변화를 일으켰기 때문에 그녀는 대체치료 및 영적 치유법이 훨씬 더 널리 받아들여지고 치료에 포함되기 바랐다.

나는 정말로 한 사람의 영적인 측면은 그 사람의 생물학적 측면만큼이나 중요하다고 믿는다. 니는 정말로… 나는 정말로 그들[정신적 치유자]이 종합적 팀의 일원이 된다면 큰 변화를 일으킬 것이라고 믿는다.

치료보다 치유를 장려하는 대체요법은 개인에게 강력한 영향을 미칠 수 있다. 이들이 수용, 비판단, 그리고 모든 생명과 경험은 가치가 있다는 신념에 바탕을 두고 있기 때문에 '정상화'와 '치료'라는 전통적인 의학적 접근법과는 현저히 대비된다. 치유의 개입은 어려운 경험들을 병리화하고 없애버리려는 시도를 하는 것이 아니라, 어려운 경험들을 통합시키고 이에 의미를 부여하는, '일종의 성숙'이라고 볼 수 있다(Sutherland, 1997: 3). 이러한 치유적인 관계의 특징 중 몇몇은 동료의 지지에서도 찾아볼 수 있는데, 동료정신 또한 수용하고 경험에 의미를 부여하는 것에 기초하기 때문이다.

동료집단

자해를 하는 사람들에 대한 동료들의 지지에 대해 주류 서비스 제공자들은 종종 부정적으로 생각하는데, 이는 불편한 감정에서부터 노골적인 공포 및 거부감에 이른다. 이러한 반응은 자해 및 자해를 하는 사람들에 대한 고정관념에 큰 바탕을 두고 있다. 예를 들어, 자해가 학습 또는 모방 행위라고 가정하고, 자해를 하는 사람들이 관심을 끌기 원하는 것이라고 가정한다면, 동료지지 집단은 개인들이 서로에게 자해를 하는 새로운 방법을 가르치고 서로 그렇게 하도록 격려하는 곳으로 보일 것이다(Green, 2007)(2장 참조). 그러나 이는 그들의 역할, 목적, 기능측면에서 예상과 정반대이다.

동료지지의 핵심적인 특징 중 하나는 고립과 소외를 무너뜨리는 것이다. '자해 경험을 공유하는 것은 이와 관련된 비밀 유지, 고립, 죄책감, 수치심, 그리고 아마 이에 따라 자해를 하려는 욕구를 분명히 감소시킨다.'(Corcoran, Mewse & Babiker, 2007: 49). 실제로, 자해행위에 전적으로 초점을 맞추는 동료집단보다, 또래/동료 지지 집단은 훨씬 더 광범위하고 총체적인 초점을 두는데, 이는 종종 정치적 및 사회적 행동을 포함한다. 동료집단에서 구성원들은 다양한 문제와 경험을 탐구하고, 서로를 온전한 인간으로서 지지하고 정당화하고, 불의에 대응하여 집단행동을 취할 수 있다. 이에 더해, 지지를 줄 수 있는 행위는 그것을 받는 것만큼이나 정당화된다. 동료집단은 또한 집단의 목적, 기능 및 활동에 대한 자율성과 통제를 허용함으로써 구성원들에게 힘을 실어주며, 이는 구성원들이 가질 수 있는 기저의 여러 경험들에 이의를 제기한다.

동료집단에는 대면 집단과 원거리 집단이라는 두 가지 유형이 있다. 이 두 가지 모두 동료가 운영하고 이끌거나, 또는 전문적인 조력자가 있을 수 있다.

대면 동료집단

전문적으로 운영되는 대면 동료집단은 대개 보다 광범위하고 후원을 받는 서비스의 일부로 운영되기 때문에 회의 공간과 같은 자원을 쉽게 활용할 수 있다는 장점이 있다. 예를 들어, 맨체스터의 지하실 프로젝트(Basement Project)[12]와 42번가(42nd Street)[13]는 모두 동료집단을 진행하는 자해 서비스이다. 동료지지 촉진 집단들은 다음과 같이 서비스 사용자들의 특정 인구 통계학적 특성에 초점을 맞추는 경향이 있다: 지하실 프로젝트는 성인 여성을 위한 집단을, 42번가는 청년들을 위한 집단을 운영한다. 사람들이 소외된 사회집단 출신이고 특정 정체성과 관련된 낙인과 고립을 경험했을 때 특정 인구통계학적 특성에 초점을 맞추는 것이 중요하다(4장 참조).

지하실 프로젝트 여성 지지집단은 참가자들에게 다양한 혜택을 제공했다:

> 많은 여성들은 다른 여성들과 지지와 우정을 느끼는 것, 혼자가 아니라는 것, 무엇인가를 나눌 수 있다는 것, 스스로가 다르고 미친 것이 아니라는 것, 다른 사람들에게 당신 또한 무엇인가를 돌려줄 수 있다는 걸 느끼는 것이 환상적이라고 말했다. 당신은 쓸모가 없는, 엉망진창으로 망가진 사람이 아니라, 다른 사람들에게서 지지를 얻을 뿐만 아니라 그들에게 도움을 줄 수 있다는 것이다.

---

12) https://basementprojectbooks.wordpress.com/ (accessed 18 August, 2016) 참조.
13) http://42ndstreet.org.uk/ (accessed 18 August, 2016) 참조.

전문적인 동료지지 촉진 집단은 참가자들이 집단의 구조와 과정의 핵심 측면들을 통제할 수 있도록 해야 한다. 이는 구성원들이 관습적인 서비스에서 가졌을 수 있는 많은 경험들을 상쇄시킬 뿐만 아니라, 통제력, 안전감, 자기결정력의 부족과 같은 자해의 기초가 되는 많은 경험들을 바로잡는 데에 특히 중요하다. 이처럼 여성의 자해 지원집단은 '사람들이 한 곳에 모이는 것'에 초점을 맞췄다.

우리 [전문적 조력자들]은 그들을 촉진시킬 것이다. 이곳에 오는 사람들은 그들이 이야기하고 싶은 것에 대해 주제를 정하고, 우리는 우리가 할 수 있는 생각들이나 사물을 바라보는 데에 도움이 되는 방법들을 실천에 옮기고, 이에 대한 이야기를 나누지만, [주요 초점은] 사람들이 서로를 지지하도록 격려하는 것이다.

이 집단은 종종 여성들이 자신의 고통과 자해를 둘러싼 주체성과 자기결정력을 처음으로 경험하는 곳이었고, 이는 그들에게 큰 힘을 실어주었다:

사람들은 그 집단이 그들의 것이라고, 그들의 공간이라고 느꼈다. 그리고 그들은 그 곳에서 무슨 일이 일어났는지를 결정할 수 있는 공간을 갖고, 자신이 원하는 것을 알리고, 사람들이 이를 경청하는 것을 특이한 [경험]이라고 느낄 수도 있지만 이러한 것들은 매우 중요하다. 내 말은 사람들이 그들에게 무엇이 일어났었는지를 이해하고 이를 표현하기 위해 실제로 한 일이 매우 중요한 것은 맞다. 하지만 이에 대한 집단적 성격과 서로를 존중하고, 경청하는 것, 그리고 서로로부터 존중받고 경청되는 것이 사람들이 종종 말했던 부분이다.

그 후 동료집단은 집단 자체의 특성뿐만 아니라 집단 그룹작업에 초점을 두는 것을 포함하는 여러 수준에서 자해와 관련된 문제를 해결하는 기능을 한다. 청년단체인 맨체스터의 42번가는 '사회적 행동' 모델로 결성되었는데, 이는 치료사(Professional)의 역할에 담당 '전문가(Expert)'라기보다는 '서비스 이용자의 협력자'라는 것을 의미한다(Green, 2007).[14] 집단은 개인의 병리나 진단보다

---

14) Dale Hunter(2007)의 *진행의 예술(The Art of Facilitation)*은 인간중심의 집단 진행에 대한 훌륭한 안내서가 된다.

는 경험의 사회적 및 맥락적 성격을 강조하면서, 집단 구성원들이 말한 요구를 구체적으로 만족시키기 위해 발달했고, 평등과 집단성의 원칙에 따라 운영되었다. 집단은 집단 활동의 기본 규칙과 목표를 정했고, Green(2007)은 이들 중에는 집단회의나 집단이 만들어진다는 전제하에 자해가 어떻게 다뤄져야 하는가에 대한 복잡한 협의가 있다고 말한다. 이러한 논의는 청년들이 흔히 경험하는 통제, 낙인, 꼬리표가 달리는 것에 이의를 제기했고, 힘을 실어주었다. 집단의 자율성을 허용하는 것 또한 마찬가지로 중요한 경험이었다.

> 집단을 떠나 혼자 실천하는 것은, 이들이 책임감이 충분치 않거나 스스로 대처할 수 없을 것 같다는 태도를 자주 경험했었기 때문에, 청년들에게 자신들이 혼자 남겨질 수도 있다는 강력한 메시지를 전달했다(Green, 2007:59).

일단 설립이 되면, 집단은 목표와 과정을 계속 발전시켰고, 구성원들에게 지원을 제공하는 것과 함께 정치적인 행동을 취했다. 집단의 다면적인 작업은 자해의 복잡성을 다층적인 접근방식으로 해결해야 한다고 강조한다:

> 의미 있게도, 그 집단은 개인적인 관점에서 벗어나, 집단 밖에서 보다 정치적인 동기부여가 되는 행동과 인식을 드높이려는 욕구를 보여주었다. 그들은 정신과 의사들을 요구하고, 청원하고, 전단지를 제작하고, 시위하고, 언론에 연락을 취하고, 회의를 개최하고, 심지어 소리를 지르기도 했다(Green, 2007: 55).

동료집단은 집단의 과정과 활동의 내용을 통해서뿐만 아니라, 자기 자신에게 상처를 입히는 사람들에게 자신의 삶과 신체에 대한 선택권, 통제, 자율성-종종 그들의 삶과 전통적인 서비스에는 없는 경험들을 허용함으로써 기능한다. 전문적인 촉진 동료집단은 사람들에게는 강력한 자원이 될 수 있지만, 전문가들에게는 도전이라고 볼 수 있다. 그들은 자해에 대한 뿌리 깊은 태도와 오해에 대항한다. 그들은 또한 진단이 어려운 문제를 다룰 수 있다는 신뢰를 받기 원하며 전문가들로 하여금 어려움이 발생할 때 통제권을 다시 주장하지 않도록 요구한다. 집단이 효과적이기 위해서는, 어려운 문제이더라도 집단 스스로 다룰 수 있도록 해야 한다. 42번가에서 그룹의 한 멤버가 시실 동반자살의 기회를 바랐다고 밝히면서 이런 일이 일어났다:

집단이 만들어지고 초기에, 한 젊은 여성은 우리의 집단성이 마음에 든다고 말했다. 하지만, 그녀가 좋아했던 것은 이 집단이 자살에 대한 그녀(그리고 잠재적으로 다른 구성원)의 욕망을 집단화할 수 있다는 것, 즉 동반자살의 기회를 제공한다는 점이었다. 이는 치료사인 우리를 아주 놀라게 했다. 우리는 이를 매우 조심스럽게 다루었다. 우리는 과잉반응을 하지 않으면서 고통에 대해 매우 진지하게 받아들였다. 우리는 집단의 목적과 다른 방식으로 변화를 이루기 위해 집단을 이용할 가능성에 대해 강조했다. 우리는 이처럼 매우 부정적이고 자기훼손적인 생각들을 젊은 사람들이 돌려놓을 수 있도록, 그리고 이 에너지를 다른 목적으로 사용할 수 있도록 집단 초기에 열의를 다해야 했다(Green, 2007: 58).

전반적으로, 전문적으로 촉진된 동료집단은 다양한 방법으로 자해를 한 사람들을 지원할 수 있는 중요한 수단을 제공한다. 집단 활동과 목표의 다양성은 자해의 개인적이고 맥락적인 성격을 반영할 뿐만 아니라 여러 기능들과 직접적으로 연결된다. 또한 이러한 집단은 서비스 사용자에게 완전히 다른 경험을 제공할 수 있다. 집단원이 집단 기능과 프로세스를 통제할 수 있게 함으로써, 그들에게 개인 및 집단의 변화를 위한 권한을 부여하고 정당화하는 장을 마련해준다. 이것은 동료지지 촉진 집단(peer-facilitated support groups)에도 해당된다.

동료집단

동료집단들은 전문적으로 촉진된 집단들과 많은 장점을 공유하지만, 추가적인 장점과 단점 또한 가진다. 동료집단이 정기적인 회의에 활용할 공간을 구하는 것이 더 어려울 수 있다. 또한 그들이 자발적 그룹이기 때문에 동료집단들은 부담되고 어려울 수 있는 모든 업무를, 수행할 수 있는 구성원들의 가능성에 의존하고 있다. 반면에 동료집단은 완전히 자율적이고 전문적 정책이나 두려움에 의해 제한을 받지 않는다는 장점이 있다. 서비스 사용자들이 관례적인 서비스의 결점을 바로잡는 것으로, 동료집단들은 특정 권한을 부여할 수 있다. Clare는 여성 자해 지원 단체인 STEPS의 다양한 특징들을 설명했다.

우리는 단지 우리가 규칙적으로 갈 수 있는 꽤 괜찮은 장소를 구하기 위해 STEPS를 준비했다. 그래서 이를 특별하게 만든 것은 이것이 어느 정도는 괜찮았다는 사실이었다! 여자들뿐이라는 사실도 그렇지만, 그 집단이 수평적이라는 사실도 정말로, 정말로 중요했다. 그리고 그 집단에 온 모든 사람들이 자해를 하거나 자해에 대한 개인적 경험이 있는 것으로 확인되었는데, 이는 정말 중요한 부분이었다. 또한 당신이 그 집단에 가서 지지를 받고 동시에 지지를 해준다는 것과, 당신이 그렇게 할 수 있었다는 것[즉, 도움을 주는 것]을 인지하는 것, 심지어 당신이 정말로 극도로 고통스러울 때도 당신은 여전히 다른 사람들은 지지하는 역할을 할 수 있다는 것도 중요하다.

따라서 이 집단은 여러 가지 방법으로 집단원을 정당화했다. 또한 집단원이 경험했던 고립과 낙인을 깨버리는 공간을 제공했다. 이것은 또한 STEPS에 참여한 Rachel에게도 중요했다.

STEPS는 나 말고 또 그런 사람들이 있다는 생각을 하게 했다. 내가 혼자가 아니라는 것을 깨닫게 해주었고 그 소녀들은 훌륭했다. 우리는 그냥 평범하게, 무언가 굉장한 작업도 하곤 했지만, 그냥 평범하게 시간을 보냈다. 그저 차를 마시면서 사람들과 시간을 보냈는데, 그런 것들에 대해 솔직하게 말할 수 있다는 건 정말 믿을 수 없는 일이었다. '좋아, 나는 괜찮은 것 같아.'라고 생각하는 건 내 머릿속에서 일어나는 작은 혁명 같았다.

Emma는 종종 동료집단에서 유용한 정보가 공유된다는 점을 강조했다. 이는 집단 회원들이 자해 방법을 알리기 위해 포럼을 이용하는 것에 대해 전문가들이 느끼는 두려움과 극명히 대조된다.

사람들은 단지 그들이 원하는 것에 대해 이야기했고, 그것이 그들이 어린 시절/치료사/반려견에 대해 느끼는 감정인지에 대해 이야기했다. 나는 우리가 정말 서로를 존중한다고 생각했고,

우리가 자해를 하고, 트라우마를 경험하고, 정신과 시스템으로부터 학대를 당했거나 화가 난 유일한 사람이 아니라는 것을 깨달음으로써 많은 것을 얻었다고 생각한다. [그것]은 상담, 치료, 창의력, 삶의 긍정적인 경험을 공유하는 데도 유용했다.

그 집단은 또한 자해를 다루는 긍정적이고 강력한 방법으로써의 창의적인 표현 방식을 지지했다(위 참조).

게다가 42번가의 젊은이들 집단처럼 더 넓은 사회, 정치적 이슈에 대한 참여도 또한 STEPS 회원들에게 중요해졌다. 이로 인해 또 다른 또래 집단인 'Mad Women'이 만들어졌다. Mad Woman은 회원들의 자해 및 정신 건강 서비스 경험과 관련된 보다 광범위한 사회 및 정치적 문제를 다루기 위해 설립되었다. 회원들은 지역 라디오에서 연설하는 것부터 캬바레에서까지 다양한 활동을 했다.

Mad Women은 우리가 참여했었던 여성 단체들에 대한 좌절감으로 인해 만들어졌고, 그다지 정치적인 단체로 보이지는 않았지만, 여성의 정신건강을 본질적으로 정치적 문제라고 믿었을 뿐이다. 우리는 단지 여성의 정신적 고통을 가난이나 가부장제 혹은 여성의 정신 건강에 영향을 미치는 무수한 정치적 행위와 연관시킬 수 있기를 원했고, 우리는 앉아서 차를 마시며 서로에게 도움을 주는 것보다 그것에 대해 뭔가를 할 수 있기를 원했다. 그것은 정말로 중요하지만, 만약 당신이 초기에 지원이 필요한 원인에 대해 스스로가 적극적인 역할을 하고 있다고 느끼지 못한다면 궁극적으로는 좌절감을 느낄 것이다.

그러고 나서 동료지지 집단은 집단원들이 자해와 관련된 모든 문제를 다룰 수 있도록 허용하고, 종종 전체론적이고 창의적인 개입과 같은 모범 사례 접근법을 사용한다.

최근 몇 년 동안, 자해한 사람들을 위한 동료지지 집단의 장점을 탐구하기 위한 연구가 시작되었다. Corcoran, Mewse, Babiker(2007)은 3개 여성 자해 지지 단체 회원들과 함께 연구를 실시한 결과 이러한 단체들은 집단원들이 직면한 욕구와 이슈를 해결하는 데 상당한 영향을 미친다는 사실을 발견했다. 그 집단은 특히 자해를 삶의 다른 영역들과 구분하지 않고 상호 연결되고 총체적인 방법으로 접근했기 때문에 효과적이었다. 집단 과정의 핵심은 구성원들에게 힘/권한을 실어주는 것이었고, 이것은 소속, 공유, 자율성의 경험을 촉진시켰다. 이러한 환경은 안정적이고, 수용적이며, 영감을 주고, 이것은 긍정적인 감정으로 이어져 변화를 가능하게 했다.

Melanie Boyce(2012)는 동료지지 집단(여성 전용 및 혼성)이 집단원들에게 유사한 긍정적 영향을 미친다는 사실을 발견했다. 그러나 그들은 자원 봉사 주최자에 의존하고 자원에 대한 접근 권한이 부족했기 때문에 종종 오랜 시간 동안 집단을 유지하기 위해 온 힘을 다했다. 그리고 다른 연구(Boyce, 2012; Corcoran, Mewse and Babiker, 2007; Green, 2007; Jones et al, 2010; Simpson, 2006; Warm, Murray & Fox, 2002)에서는 동료지지 집단들은 서비스에 의해 지지되고, 특히 작업 공간을 위한 자원을 제공하고 그들에 대한 태도를 바꾸는 측면에 있어서 엄청난 긍정적인 영향을 끼치며 추천된다고 보고하였다.

전반적으로, 대면하는 동료집단은 동료가 운영하든 전문적으로 실행되든 관계없이 자해의 근간이 되는 욕구, 경험 및 기능 중 일부를 수정함으로써 자해를 한 사람들에게 다양한 강력한 이점을 제공한다. 동료집단들은 또한 다음 장에서 살펴볼 위해 감소(harm-reduction)를 포함하여 자해에 대한 가장 효과적인 대응의 일부를 개발하는 데 필수적이었다. 대면 집단은 이용 가능한 유일한 동료지지가 아니며, 디지털 세대에는 원거리, 온라인 또래 집단, 네트워크 및 자원의 수가 증가하고 있다.

원거리 또래 집단

원거리 또래지지 집단은 인터넷 포럼과 함께 생겨난 것이 아니라, 실제로는 그들보다 사전에 생겼다. 영국에는 상당 기간 동안 SASH(Survivors of Sexual Abuse and Self-Harm; 성 학대와 자해의 생존자)과 같은 펜팔 네트워크와 소식지가 있었다. SASH는 주로 단체 회원들의 제출물로 이루어진 분기별 소식지를 제작했는데, 이것은 시와 창작물을 위한 공간을 제공할 뿐만 아니라, 다양한 자해 관련 문제들을 다루었다. SASH는 회원들이 서로에게 편지를 쓰고 커뮤니티와 지지를 구축할 수 있는 펜팔 네트워크를 촉진시켰다. 이는 2000년대 초반에 폐지되었는데, 주로 자원 봉사의 차원에서 소식지의 발행과 배포를 유지하는 것이 어려웠기 때문이다.

Joseph은 젊었을 때 펜팔 네트워크를 참여하면서 고립감을 어느 정도 극복했고, 이는 그에게 감당할 수 있다는 느낌과 안정감을 주었다.

[펜팔 네트워크]는 연결 고리였다. 그들과 이야기를 나누지만, 대면할 필요가 없다는 것이 좋았다. 왜냐하면 나는 사람들을 대면하기 힘들었고, 그것은 내 인생에 있어서 다른 무언가였기 때문이다. 그리고 물론 그 편지들은 당신이 아니라, 당신의 자해에 관한 내용을 담았을 것이다. 정말로 그건 당신이었지만 당신이 아니었다. 그냥 사람이 아니라 낯선 사람들과 공통점을 갖는 것이었다.

원거리 집단들은 대면 집단에서는 불가능한 안전과 익명성을 제공하는데, 그것은 '나는 그들을 절대로 만나고 싶지 않았다, 그건 말도 안 된다.'고 말하는 Joseph과 같은 사람들에게는 중요한 보호 메커니즘이 될 수 있다. 그럼에도 불구하고, Joseph은 그룹에서의 경험을 긍정적이고 지지적이라고 느꼈는데, 그는 그룹 내에 유일한 남자로 조금 다른 느낌을 경험했음에도 그러했다: '그것은 단지 이름일 뿐이고, 내가 기억하기로는 그들은 모두 여자였고, 20에서 40세 사이였고, 결혼을 했고, 보통 런던 지역에 살고 있었다.'

오늘날 인터넷을 통해 엄청난 양의 작업, 사회 활동, 연결점이 생기고 있고, 이는 자해 동료지지 집단에도 해당된다. 그럼에도 불구하고, 인터넷의 규제되지 않은 특성 때문에 온라인 집단인 동료지지 집단에 대한 두려움이 증폭되는 경우가 많다. 그러나 구글과 같은 주요 검색 엔진은 자해, 자살, 거식증 또는 타인에게 직접적인 위해를 가하는 모든 자료를 삭제하는 (온라인에서 이용 가능한) 정책을 가지고 있다. 게다가, 온라인 집단이 자기 자신에게 상처를 입히는 사람들에게 해로운 영향을 미친다는 연구는 아직 없다. 실제로 온라인 자해지지 집단이 긍정적이고 지지적일 수 있다는 것을 보여주는 반증이 있다. 예를 들어, Murray

와 Fox(2006)는 인터넷지지 집단이 지속적으로 이용가능 하고 회원들이 가치 있게 여기는 깊은 친밀감, 유대감, 지지를 제공하는 등 많은 긍정적인 영향을 미칠 수 있다는 것을 발견했다. 지지가 회원들의 자해 감소에 기여했다는 증거도 있었다. 마찬가지로, Warm, Murray, Fox(2002)는 인터넷 지원 포럼이 하루 24시간 이용 가능한 것과 같은 다양한 혜택을 가지고 있다는 것을 발견했는데, 이는 일반적인 서비스가 이용불가한 시간대에 특히 중요하다. 이 연구는 또한 서비스 이용자들이 정신의학을 비롯한 의료 서비스보다 온라인 포럼을 더 높이 평가한다는 것을 발견했다.

인터넷은 또한 도움을 주는 사람에게 다양한 자원을 제공할 수 있으며 (Moyer & Marbach, 2008), 참가자들에게 부정적인 영향을 주지 않으면서 자해 연구를 수행하는 데 점점 더 많이 사용되고 있다(예: Adams, Rodham & Gavin, 2005; Jeffery & Warm, 2002; Murray, Warm & Fox, 2005; Warm, Murray & Fox, 2002). 최근 몇 년 동안 LifeSIGNS[15]와 같은 온라인 사용자 주도 지원 그룹과 selfharm.co.uk[16]에서 운영하는 Alumina 프로그램과 같은 회복 프로그램이 인기 있고 효과적인 것으로 입증되었다. 실제로, 이러한 동료 운영 웹 기반 조직은 주요 서비스를 개발하고 교육을 제공하기 위해 점점 더 많이 사용되고 있다.

그러나 자해에 대한 모든 대응에는 약간의 주의가 필요하다. 서비스, 실무자 또는 그룹에 의뢰하기 전에 안전하고 보장되었는지 확인하기 위해 이에 대한 조사를 하는 것이 좋다. 대체 실무자는 전문 규제 기구에 속해야 하며(그들의 서비스와 관계없이), 집단과 조직은 명확한 기본 규칙, 가치관 및 행동 강령을 가져야 한다. 브리스톨(Bristol)에 기반을 둔 Self−injury Support는 신뢰할 수 있는 대면 및 인터넷 지지 집단 및 자원의 온라인 안내 책자를 가지고 있다.[17]

---

15) www.lifesigns.org.uk (accessed 18 August, 2016) 참조.
16) www.selfharm.co.uk (accessed 18 August, 2016) 참조.
17) www.selfinjurysupport.org.uk/resources (accessed 18 August, 2016) 참조.

이 챕터에서는 자해한 사람들이 유용하다고 생각하는 구체화되고 사회적 범위의 개입을 탐색했다. 여기에는 교육, 예술기반 작업, 창의적 글쓰기, 또래/동료 집단, 명상 및 대체 치료법이 포함된다. 이는 완벽한 건 아니지만, 단지 자해나 어려움보다는 사람 자체에 초점을 맞추는 구체화·사회적 실천이 얼마나 강력한 변혁적 효과를 낼 수 있는지를 설명하기 위한 것이다. 자기 자신에게 상처를 입히는 사람들을 위한 구체적 및 사회적 개입은 사용자 주도 및 비주류 서비스에서는 확고한 기반을 가지고 있고 법령 및 관습 조항에서도 점점 인정되고 있다.

구체화되고 사회적으로 개입하는 것은 자상의 자해의 여러 기능을 다루기 때문에 특히 중요하다. 이는 개인과 그가 가진 경험들을 정당화하는 것뿐만 아니라 말로 표현할 수 없는 감정과 경험의 시각적이고 신체적인 표현을 제공하는 측면에서 특히 그렇다. 아래 표는 이 챕터에서 살펴본 창의적 작업이 자해의 의미와 기능 중 일부를 다루는 방법을 설명한다.

실무	영향
교육	자율성, 권한 부여, 소통, 정당화, 자존감, 선택
예술 기반 작업	표현, 소통, 정당화, 상징적 묘사
또래/동료 집단	정체성, 강점, 비낙인화, 지지, 소통, 통제
명상	전체론적, 시간, 수용, 상징적 표현, 통제, 강점
대체 치료	전체론적, 수용, 상징적 표현, 강점, 정당화, 선택

이러한 모든 접근방식은 각 개인이 자신의 방식으로 자신의 기준의 틀 안에서 자신의 경험을 표현하고 의미를 부여할 수 있게 해주기 때문에 중요하다. 그렇게 함으로써, 그들은 권한을 부여하고 변화하는 방식으로 어려운 경험을 받아들이고 통합할 수 있게 한다.

마지막으로, 많은 사람들이 예술 기반 혹은 창의적 작업에 대해 상당히 위축

되어 있고, 스스로를 '창의적이지 않다'라고 표현한다는 것을 기억해야 한다. 창의적인 작업은 미술 작품을 만드는 것이 아니다(일부 사람들은 이것을 잘 할 수 있지만). 사람들은 그저 다양한 매체를 이용하여 탐색에 개방적이게 된다. 창의성에는 옳고 그름이 없고, 좋거나 나쁜 것도 없다. 모든 표현은 진실하고 타당하며 의미 있다. 따라야 할 목표나 규칙이 없으며, 단순히 자기 자신이 될 수 있는 공간과 기회이다(McNiff, 2004 참조). 이것 자체가 처음에는 어렵더라도 사람들에게 중요한 경험이 될 수 있다. 궁극적으로, 창조적 실천은 탐험의 과정과 계획이 없고 목표가 없는 기회의 가치를 신뢰하는 것이다. 이와 같이 구체화되고 사회적인 개입은 불확실성을 견딜 수 있고, 협력적이면서 때로는 창의적인 탐색에 개방적인 조력자들이 필요하다.

●○ 학습한 내용 실무에 적용하기

정의	자해는 상징적이고 표현적이다.
작업원칙	• 협력과 창의성 • 병이 아닌 강점이다.
실무적용	• 개방성 • 창의성에는 목표, 순서, 틀린 것이란 없다.

정의: 자해는 상징적이고 표현적이다

자해란 개인에게 중요한 상징성을 가지는 내면세계를 가시적이고 신체적으로 표현한 것이다. 자해와 마찬가지로 구체적이고 사회적 개입도 신체적, 시각적, 표현적으로 나타나며, 마찬가지로 자해 기능의 많은 부분을 반영한다. 구체화되고 사회적 개입은 말할 수 없는 내용의 공백을 채우고 이해하기 쉽고 위협적이지 않은 방식으로 인간 경험의 복잡성에 강력하게 관여할 수 있다.

작업원칙

1. 협력과 창의성

가장 넓은 의미에서 창의성은 자해의 이해와 대응의 모든 차원에서 필수적이지만, 특히 구체화되고 사회적인 개입에서 그러하다. 창의적 대응은 협력적인 대응을 말한다. 아무도 창의성에 대한 권위를 가지고 있지 않다. 고정된 모델과 안건은 조력자와 그들이 지원하는 개인 사이에 동등한 관계가 있을 때는 필요가 없다. 대신에 형태와 내용에서 창의적 접근법이 나타난다. 여기서, 자해에 대응하는 창의성은 단지 유용하게 쓰일 수 있는 구체적이고 사회적인 실천의 범위에 관한 것이 아니라, 대응의 개방성과 창의성에 관한 것이다. 많은 서비스 제공자들은 협력적이고 창의적이며 감정을 기반으로 하는 반응의 필요성을 인식한다. 이러한 반응은 감정에 대처하고 이를 표현하는 방식을 구축한다. 이러한 방식은 그들이 감정을 표현하는 다른 수단을 갖도록 예술과 글쓰기 등을 활용한다.

2. 병이 아닌 강점

구체화되고 창조적인 개입은 모든 인간은 큰 어려움과 괴로움이 있는 시기에도 독특한 기술과 능력을 가진 가치 있는 인간이라는 원칙을 바탕으로 한다. 이와 같은 어려운 시기에는 어려움에 집중하는 것만큼 강점을 탐색하고 강화하는 데 시간을 보내는 것도 중요하다. 너무 많은 사람들이 자신의 삶과 경험의 최악의 요소들에 대한 정보만으로 처리되고 꼬리표가 붙는 서비스 경험을 한다. 이것은 잠재적으로 사람들을 재트라우마화시키고 그들을 더 손상시키며, 그들의 인간성 전체를 인정하고 대응하는 데에 완전히 실패하는 것이다. 그것은 그 자체로 인격의 학대이다. 자신을 해하는 사람에게 도움이 되고 의미 있는 반응은 반드시 그들의 강점과 능력에 기반하고 이를 강화해야 하며 그렇지 않으면 이는 개인을 쇠약하게 할 것이다. 한 서비스 제공자가 지적했듯이, '당신이 무엇을 좋아하고 무엇이 당신의 기분을 낮게 하는지는 매우 중요하다.'

활동

- 주위에 아는 사람 중 당신이 어려워하는 사람을 떠올려보고, 그들에 대해 어렵다고 생각하는 것이 무엇인지 생각해 보아라.
- 이제 그 사람을 다시 한번 생각하고 그들의 모든 강점과 좋은 자질을 나열해 보아라.
- 만약 당신이 그 사람에 대해 생각하거나 상호작용을 할 때마다 그들의 강점과 긍정적인 자질을 우선시한다면, 어떻게 될 것이라고 생각하는가? 이를 시도해보고 결과가 어떤지를 살펴 보아라.

실습 응용

1. 개방성

구체화되고 사회적인 개입은 복잡성, 모호성, 불확실성에 개방적이고 이를 편하게 여기는 조력자들을 필요로 한다. 또한 항상 '문자 그대로의' 진리를 추구하기보다는 경험이 표현되는 상징적이고 추상적인 방법에 대한 감수성을 요구한다. 또한 어떤 창의적인 표현도 정신 건강 서비스에서 전통적으로 그래왔듯이 병리를 밝히고 진단하는 수단으로 인식되지 않아야 한다(McNiff, 2004). 창의적이고 구체화된 표현의 과정은 결과만큼이나 중요하며, 심지어 물질이나 움직임을 탐구할 수 있는 기회조차 강력한 효과를 가질 수 있다(아래 참조). 구체화되고 창조적인 실천을 지지하는 것은 개인이 자신의 감정과 경험을 표현하기 시작할 수 있는 기회를 제공할 뿐만 아니라, 도움이 되는 반응을 수용하고 정당화하게 한다. 한 서비스 제공자는 '그들을 있는 그대로 받아들이고 그들이 겪고 있는 일들을 받아들일 수 있는 것'의 중요성을 강조했다.

2. 창의성에는 목표도, 순서도, 맞고 틀린 것도 없다

창의성은 시험/검사도 진단도구도 아니다. 옳고 그름이 없고, 순서나 목표가 없는 전체론적인 작업이다. 그러므로 '창의적이게 된다'는 관념이 어떤 사람들에게는 위협적일 수도 있고, 또는 멋진 예술과 복잡한 조각에 대한 생각들을 떠올리게 할 수도 있지만, 본질적으로 창의성은 단순히 인간성의 표현일 뿐이다. 그러므로 모든 사람들은 그들만의 탐색 방법을 가지고 있고, 그들이 창조성에 관여할 수 있는 다양한 방법이 필요하다. 랩, 춤, 그림, 콜라주, 신체극, 시, 작사가 모두 가치 있는 창작 작업이다. 실제로, 많은 연구자들에 따르면 단지 재료만 주어졌을 때, 사람들은 많은 과제 설정이나 질문으로는 이끌어낼 수 없는 기억과 경험들을 연결하는 방식으로, 그 재료들을 활용해 표현한다(Frimberger, 2013; McNiff, 2004; Van Son, 2000). 앞서 언급한 바와 같이, 창의적 개입은 창의적 사고를 필요로 하며, 이것 또한 효과적인 정책의 필수적인 요소이다(7장에서 자세히 설명).

활동

- 당신을 진정으로 감동시켰거나 무언가에 대한 당신의 이해를 바꾼 예술적이고, 구체화된 혹은 사회적인 것에 대해 생각해 보아라. 예를 들어, 난민 치료에 대한 항의, 노래, 자서전 또는 시각 예술 또는 연극 작품이 될 수 있다.
- 이것을 통해 무엇을 배웠고, 이것이 왜 그런 영향이 있다고 생각하는가?
- 당신은 이 문제에 대한 단순한 '사실적' 설명이 그 경험을 연상시켰을 것이라고 생각하는가?
- 이제 보건 및 사회 복지 서비스 종사자를 위한 진단 설문지와 사례 노트의 사용, 그리고 창의적이고 구체화되고 사회적 표현 형식을 통해 달성될 수 있는 이해의 차이 측면에서 이것의 의미를 숙고해 보아라.

안전 유지하기:
위해 감소

안전 유지하기: 위해 감소

    이전 장들에서는 자해의 의미, 목적, 기능뿐만 아니라 기저에 있는 디스트레스를 다루는 접근법을 제시하였다. 5장에서는 전체론적이고 인간 중심적인 틀 안에서 자해를 둘러싼 문제를 창의적으로 다루는 방법을 탐구한다. 이 장에서는 위해 감소라고 부르는, 자해를 직접적으로 다루는 개입방법에 초점을 맞춘다.[1] 위해 감소는 자해의 신체적 위험과 정서적 피해 및 그에 대한 반응을 줄이고 자기 돌봄을 증진시킨다. 그것은 사람들이 신체적 및 정서적으로 안전한 상황을 만들고, 그들이 자신의 자해와 관련된 즉각적이고 장기적인 문제들을 탐구하도록 지원한다. 그렇게 함으로써, 비록 직접적으로 자해를 중단하는 것에 초점을 맞추지는 않았지만, 위해 감소는 부상의 정도와 치사율을 감소시키고 개인의 선택과 조절을 증진시킨다.

    이 장은 위해 감소를 정의하고, 기원을 탐구하며, 왜 그것이 자해에 중요한지를 강조하는 것으로 시작할 것이다. 그 후, 사후관리와 자기 돌봄, 고위험 상해,

---

[1] 이 장에 제시된 자료들 중 일부는 이전에 출판된 내용이다: Inckle K (2010). *Flesh Wounds: new ways of understanding self−injury.* Ross−on−Wye: PCCS Books; Inckle K (2010). At the Cutting Edge: creative and holistic responses to self−injury. *Creative Nursing,16,* 4: 160-165, Springer Publishing; Inckle K (2011). The First Cut is the Deepest: exploring a harm−reduction approach to self−injury. *Social Work in Mental Health* 9(5): 364-378, Taylor and Francis Publishing.

클린 키트, 안전 키트, 자해 대안, 속도 늦추기, 정서적 위해 감소, 위기 카드, 안전한 상황과 같이 많은 주요 위해 감소 개입의 개요를 설명한다. 모든 위해 감소 개입은 수용과 비판단의 원칙에 기초하고 신체적 위험과 정서적 피해를 줄이고 자기 돌봄을 촉진하는 것을 목표로 한다. 이를 위해서는 자기 자신에게 상처를 입히는 사람들과 조력자와의 진실하고 신뢰할 수 있는 관계가 필요하며, 서비스의 확고한 근거와 정책적 맥락이 필요하다(7장 참조).

위해 감소는 무엇인가?

위해 감소('위해 최소화'라고도 함)는 주류 서비스의 실패에 직접적으로 대응하여 자기 자신에게 상처를 입히는 사람들에게 의미 있고 유용한 방법으로 대응하기 위해 개발된 사용자 주도의 자해 개입방식이다(Pembroke, 1996; 2007a 참조). 위해 감소는 자해가 신체적 위험을 가함에도 불구하고, 개인에게는 깊은 의미와 목적을 가지고 있다는 인식에 기반을 두고 있다. 위해 감소의 목적은 개인이 안전을 유지하고, 돌이킬 수 없고 원치 않거나 치명적인 손상을 피할 수 있도록 위험을 줄이는 것이다.

> 위해 최소화는 사람들의 자해를 막는 것을 목표로 하는 예방적 접근법의 대안이다. 위해 최소화 접근법은 특정 시점에서 자기 손상이 필요할 수 있다는 것을 받아들이며, 그 대신에 자신의 자기 손상에 내재된 위험과 피해를 줄이기 위해 그 사람을 지원하는 것에 초점을 맞춘다. (Shaw & Shaw, 2009: 6)

위해 감소는 자해가 주어진 시점에서 누군가에게 최선의 선택일 수 있고 유일한 대처, 생존의 수단일 수 있다는 것을 인정한다. Mark에게 있어 자해는 '단지 어떠한 것들을 다루는 하나의 방법이었다… 때때로 자해는 내가 할 수 있는 최선이었다.' Elaine도 마찬가지로 자해의 생존적인 기능을 강조했다.

그 당시에는 자해를 하는 것이 나한테 옳았고, 건강한 방법은 아니었지만, 다른 수단이 없었기 때문에… 만약 내가 뭔가 다른 무언가를 할 수 있었다면, 나는 뭔가 다른 것을 했을 것이다.

자해는 자살 시도와 근본적으로 다른 대처 메커니즘이라는 이해(1장)는 자해에 대한 위해 감소 접근법에 필수적이다. '위해 최소화는 다른 수단으로 생존이 가능할 때까지, 자기 손상이 생존 수단으로 필요할 수 있음을 받아들이는 것이다'(Pembroke, 2007a: 166). 따라서 위해 감소는 개인이 그들만의 대처방식을 사용하는 것을 막으려고 하기 보다는 대처 메커니즘을 가능한 안전하게 만드는 것에 우선순위를 둔다. 또한 이는 '유일하게 효과적인 대처 전략을 제거하는 것이 더 심각한 자기 손상 행위나 자살로 이어질 수 있다'(Gallup, 2002: 25)는 점에서 개인의 대처 메커니즘을 제거하려 할 경우 치명적일 수 있다는 점을 인식한다.

위해 감소는 부상의 위험을 줄일 수 있는 실질적인 방법을 제공하고 개인과의 총체적인 작업을 위한 맥락을 제공한다. 그것은 '비판단적, 비차별적, 필요 – 주도적 접근'으로 설명된다(Cadman & Hoy, 2009: 55).

위해 감소의 기원

때로는 위해 최소화, 위험 감소, 간혹 위험 관리 또는 이차 예방(Riley & O'Hare, 2000: 7)이라고 불리는 위해 감소는 성 건강과 약물 사용에 관한 정책에서 비롯되었다.[2] 이는 1980년대 후반 HIV/AIDS의 발병과 확산으로 국제적으로 널리 알려졌다(Inciardi & Harrison, 2000). 이에 앞서, 약물 및 성 건강 정책과 서비스는 '무관용 원칙' 또는 금욕적 정신을 따랐으며, 여기서 주된 목표는 행동 중단이었다(Riley & O'Hare, 2000; Riley & Pates, 2012). 그러나 사람들에게 단순히 성관계를 그만 두라고 말하는 것이나 특히 성관계와 관련된 직업으로 가족을 부양하고 있다면 혹은 (신체적 및 심리적인 중독성이 있는 약물을 포함한) 약물 사용을 중단하라고 말하는 것은 현실적이지도 않고 도움이 되지 않는다는 것이 명백해졌다(Inciardi & Harrison, 2000; Vuylsteke et al., 2009). 또한 예방 기

---

2) 보다 최근에 위해 감소는 알코올 및 흡연에 적용되어 왔다(Inciardi & Harrison, 2000; McNeill, 2004).

반 정책이 서비스 사용자의 기본적인 보건 및 관리 요구를 충족하지 못했으며, 역효과가 있어 서비스 사용자가 직면하는 위험과 위해를 악화시키는 경우가 많았다(Riley & O'Hare, 2000; Riley et al, 2012).

위해 감소는 무관용 원칙 정책의 오류를 직접적으로 해결하고 서비스 사용자의 건강과 복지를 지원하기 위해 개발되었다. 위해 감소에 대한 정의는 다양하지만(Inciardi & Harrison, 2000), 그것이 기반을 두고 있는 윤리와 가치에 대해서는 어느 정도 일치한다. 여기에는 인간의 행동에 대한 실용적 관점(예: 수용), 비판단적이고 존중적인 태도, 효과적인 개입은 개인 초점적이고 하나의 결과가 아닌 다양한 목표를 포함한다는 사실에 대한 이해(Riley & O'Hare, 2000; Riley et al, 2012; Vuyl Steke et al., 2009)가 포함된다. 위해 감소는 또래/동료 모임과 교육을 장려하고 낙인에 대항하고자 한다(Haley, Bennachie & Marshall, 2012; Gowan, Wurtstone & Andic, 2012; VuylSteke et al., 2009). 또한 사회적·물질적 결핍, 불평등 및 소외(Inciardi & Harrison, 2000; Vuyl Steke et al, 2009)와 같은 광범위한 구조적 및 상황적 요인의 영향에 대해 매우 주의를 기울인다(4장 참조).

위해 감소의 첫 번째 우선순위는 개인에 대한 '부정적 결과 감소'이다(Riley et al., 2012: 10). 이는 개인이 활동에 참여하는 것을 수용하고 위험을 줄이기 위한 지원을 제공하는 것에 기초한다. 성 건강 서비스에서는 안전한 섹스에 대한 교육과 콘돔, 덴탈댐, 라텍스 장갑 등을 제공하는 것을 통해 개인은 자신을 안전하게 지킬 수 있는 지식과 자원을 갖추게 된다(Sylla, Harawa & Grinstead Reznick, 2010; Vuylsteke et al, 2009). 약물 사용자를 위한 서비스에서는 위해 감소는 바늘을 공유하는 것이나 신체의 취약한 부분에 주입하는 것과 같은 행동이 얼마나 위험한지 교육하고, 바늘, 면봉 및 증류수와 같은 깨끗한 장비들을 제공한다(Riley & O'Hare, 2000; Stancliff et al., 2015).

요약하면, 위해 감소 접근법은 그 사람이 위험한 행동을 한다는 것을 받아들이고, 이들이 안전함을 유지하고 원치 않거나, 돌이킬 수 없거나 치명적인 손상을 피할 수 있도록 하는 것을 우선으로 한다. 또한, 개인의 행동 상황을 인정하고, 유의미한 반응이 장기적이고 다면적일 것임을 인지한다. 개인의 맥락에 대한 수용, 교육 및 인정의 근본적인 정신은 자해에 대한 위해 감소 접근법에 필수적이다.

그러나 자해의 위해 감소는 다른 주제의 위해 감소와는 근본적으로 다른 점을 가지고 있다. 모든 형식의 위해 감소에는 위해를 줄이기 위해 구체적인 방법에 대한 교육이 포함되지만, 자해에 대한 위해 감소는 자해 도구를 제공하는 것을 포함하지는 않는다. 자해 위해 감소에 대한 도시 괴담이 있는데 실무자들이 서비스 사용자에게 일괄적으로 깨끗한 면도날들을 나눠주고 그들의 몸을 잘라내도록 내버려둔다는 것이다.[3] 이러한 관행은 위험을 줄이기보다 몇몇 형태의 자해를 조장함으로써 위해 감소의 첫 번째 목표를 위반한다. 또한 이것이 어떻게 많은 서비스 사용자 또는 실제로 서비스 제공자들의 물리적, 정서적 피해를 감소시키는지도 알 수 없다. 실제 위험 감소는 개인마다 다르며 개인이 개발한 자해 유형과 방법에 따라 달라진다. 예를 들어, Clare는 '나는 깨끗한 날을 사용함으로써 감염 위험을 최소화하는 방법을 배웠다'고 말하며 깨끗한 날을 사용하는 것이 그녀의 부상 위험을 어떻게 감소시켰는지 설명했지만, 이 같은 개입은 Joseph의 위험을 증가시킬 것이다. Joseph은 다음과 같이 말했다.

나는 유리로 자해하는 것을 훨씬 더 좋아했다. 예전에는 면도날로 자해를 하곤 했지만 날이 무서웠다. 하지만 유리에 대한 두려움이 없었기 때문에 유리에 대한 통제력이 훨씬 더 강했다. 왜냐하면 유리로 더 깊이 찌르려면 힘을 줘야 하지만, 면도날은 그냥 그을 수 있고 그게 다이기 때문이다. 또한 면도날은 깊이가 얼마나 되는지 모르지만, 유리로 그을 때에는 그음과 동시에 그 깊이를 나 자신이 느낄 수 있었다.

마찬가지로, 자신을 때리고, 머리를 흔들고, 담배로 자신을 지지며, '컴퍼스를

---

3) 도시 괴담은 집단의 의식에 큰 영향을 미칠 수 있다. 그러므로 내가 위해감소 훈련을 할 때마다, 나는 그 집단이 '위해 감소는 사람들에게 칼날을 주고 스스로 자르라고 말하는 것이 아니다'라는 만트라를 배우고 반복해야 한다고 주장한다. 훈련생들은 나중에 놀랍게도 다른 경우에 만트라를 사용했다고 보고했다. 이는 자해에 대한 위해성 감소 및 기타 비예방적 접근방식이 일축되는 서비스 내 논의나 훈련 중이거나 더 일반적인 대화에서 발생할 수 있다. (Gutridge(2010)는 상해의 도구를 배부하는 것을 '지원받는 자기 손상'이라고 부르며, 이는 위해성 감소와는 뚜렷이 구별된다.)

나 자신에게 꽂겠다'는 Colm에게는 면도날은 현재 피해를 최소화하기보다는, 추가적인 위험을 초래할 것이다. 따라서 다시 말해, 자해를 위한 위험 감소는 서비스 사용자에게 면도날(또는 다른 자해 수단)을 제공하는 것이 아니다(Arnold & Magill, 2007 참조). 각 개인이 자해를 하는 방법, 그 사람에게 수반되는 위험, 그리고 그러한 위험을 줄이는 데 있어서 그들이 어떻게 지지받을 수 있는지를 이해하는 것에 대한 것이다.

위에서 언급한 바와 같이, 자해에 대한 위해 감소는 다음과 같은 사용자 주도 방식을 따른다. 1990년대 영국에서 개발된 이 방식은 정신과 및 A&E 부서와 같은 주류 의료 서비스에서 자해에 대한 전통적인 대응에서 살아남기 위해 노력하던 서비스 사용자들에 의해 등장하였다(Pembroke, 1996; 2007a 참조). 이들 생존자는 국가 자기 손상 네트워크(National Self-Harm Network, NSHN) 및 생존자 말하기(Survivors Speak Out)와 같은 조직을 설립했으며, 이로 인해 위해 감소의 정보와 자원이 생성되었다(예: Dace et al., 1998; National Self-Harm Network, 2000; Pembroke, 1996). 이후 수십 년 동안 의료, 보건 및 사회복지 모범 사례에 대한 지침을 작성하는 책임을 맡고 있는 영국 기관인 NICE가 위해 감소를 승인하였다. 2004년, NICE는 자기 손상의 단기적인 신체적, 정신적 관리에 대한 구체적인 지침을 만들었다. 이 문서는 전문가에게 창연접착제(tissue adhesive)와 위해 최소화 문제 및 기법과 같은 표면적 부상의 자기 관리에 대한 조언과 지침을 제공하도록 권고한다(2004: 18). 자해에 대한 위해 감소 접근방식에 대한 공식적인 인정은 2011년 장기적인 자기 손상 관리에 관한 NICE의 지침에서 계속되었다. 이 문서는 위해 감소 관행을 지지하며 더 많은 연구와 위해 감소에 대한 더 나은 이해의 필요성을 강조한다(NICE, 2011).

최근 몇 년 동안, 많은 영국 법제 서비스들이 자해에 대한 위해 감소접근법을 도입하였다. 그것은 1990년대 후반에 Bethlem과 Maudsley 병원에서 처음 소개되었다(Crowe & Bunclark, 2000). 최근에는 Selby와 York 일차 진료 서비스(Pengelly et al., 2008)와 South Staffordshire, Shropshire NHS 재단 Trust(Holley et al., 2012)에서 위해 감소가 도입되었으며, 일부 지역사회 및 보안 시설(Birch et al., 2011)에서도 도입되었다. 또한 다양한 서비스에 걸쳐 접근

방식이 변화한다는 증거도 있다. 한 제공자에 따르면:

> … 매우 훌륭하고 현실적이며, 이 모든 것을 실제로 생각해왔고, 실제로 일어날지도 모르는 모든 자기 손상 사건을 우리가 얼마나 예방할 수 있는지 현실적으로 관찰해왔다. 그리고 우리는 그것이 불가능하다는 것과 우리가 일종의 위험 체계 안에서 일해야 한다는 것을 깨달았다.

하지만, 자해에 대한 위해 감소는 아직 완전히 주류화되지 않았고 여전히 논쟁거리로 남아 있다. 이것은 주로 자해와 위해 감소에 대한 두려움과 혼란에서 비롯되는 것으로 보인다. 그러므로 자해에 대한 위해 감소 접근법을 뒷받침하는 증거를 제시하는 것이 중요하다.

왜 위해 감소인가?

'왜 위해 감소인가?'에 대한 아주 간단한 대답은 예방과 통제가 효과가 없다는 것이다. 예방과 통제는 개인의 즉각적이거나 장기적인 요구를 모두 충족시키지 않으며, 부상의 심각성이나 발생률을 감소시키지도 않는다. 실제로, 매우 가혹하고 통제적이며 예방적인 체제는 자해의 빈도와 강도, 그리고 서비스 사용자가 경험하는 감정적, 심리적 위해를 모두 증가시키는 경향이 있다. 즉, 자해의 기저에 있는 맥락과 경험을 반영하는 셈이다(2장과 3장 참조).

자해에 효과적으로 대처하기 위한 예방, 처벌 및 통제에 기초한 접근방법의 실패는 다양한 연구들로부터 명백히 밝혀졌다. 이 연구들은 교도소(Groves, 2004; Lord, 2008), 정신 및 특수 병원(Clarke & Whittaker, 1998; Liebling, Chipchase & Velangi, 1997; Gallup, 2002), 지적 장애를 가진 사람들을 위한 시설(Hesoplaulay & Aulay, Macaulay, 2009), 청소년을 위한 요양 시설(Spandler, 1996; Storey et al, 2005; Swannell et al, 2008)과 같이 사람들이 엄격히 통제되고 자해를 금지시키는 환경과 노숙자와 취약계층을 위한 서비스(Tyler et al, 2003)에서 가장 높은 자해율이 나타난다고 밝혔다. 게다가 투옥은 그 자체로 자해에 대한 강한 결정요인이며, 이는 알몸 수색이나 격리와 같은 트라우마를 유발하는 경험들 또한 마찬가지이다. Clare는 자신의 연구에서 다음과 같이 보고했다.

> 이것에 대해 그들이 일관적으로 이야기하는 것은 통제되고, 저지당하고, 귀 기울여지지 않고, 인정받지 못하고, 감금당하며, 서비스 내에서 학대를 당하고, 온갖 문제를 일으키는 방식으로 약물을 투여 받는 것에 대한 해악이다(Gallup, 2002 참조).

실제로, 자해에 대한 이러한 종류의 예방적 접근법은 서비스 사용자의 요구를 해결하기 보다는 자해, 자살 위험 및 법적 책임에 대한 서비스 제공자의 우려를 완화하는 데 훨씬 더 초점을 맞춘 것으로 보인다.[4]

통제적이고 예방에 기반한 접근법은 자기 자신에게 상처를 입히는 이들의 요구를 충족시키지 못할 뿐만 아니라, 실제로 정서적 고통과 신체적 피해를 증가시킨다. 연구에 따르면 단기적인 예방 기반 개입은 비효율적이고 치명적일 수 있다 (Clarke & Whitaker, 1998; Gallup, 2002; Inckle, 2010b; Lord, 2008; Mental Health Foundation, 2006; Shaw & Shaw, 2009). Gallup은 '자해적' 행동을 중단하려는 시도는 자기 손상을 하려는 노력을 키울 뿐이라는 사실을 발견했고(2002: 25), Clare와 Elaine은 둘 다 예방 기반 환경에서 구금되었을 때 자해가 얼마나 심해졌는지를 강조했다.

Clare는 입원을 했던 성인 정신 병동을 '희롱과 협박은 일상적인 현실이며 직원들과의 지지적인 대화는 거의 없고 두렵고, 당황스럽고, 혼란스러운 곳'이라고 묘사했다. 그녀는 이어서:

> 자기 손상에 대한 나의 욕구가 증가했다는 것은 놀랄 일이 아니다. 나는 나 자신에게 상처를 입히는 데 필사적이었고, 이것이 지난 10년 동안 나에게 지속적으로 효과가 있었던 유일한 대처전략이었다. 그러나 자기 손상은 허용되지 않았다. 그래서 내가 뭘 했을까?
> 나는 자기 손상을 내 목표로 삼았다. 나는 가지고 있던 시간과 에너지를 쏟아 직원들에게 저항했고, 새롭고 독창적인 자기 손상의 방법들을 생각해냈다. 나는 비밀리에 그것을 하고, 기회

---

4) 일부 서비스에서 직원은 이러한 방식으로 개입하도록 강요받는다. 다른 경우 서비스 제공자는 자해에 대한 잘못된 신념이나 관행의 결과로 그렇게 할 수도 있다.

를 포착하고, 기회를 잡았다. 그리고 나는 내가 발각되어 멈추기 전에, 가능한 한 빨리, 그리고 심하게 나를 손상시켰다.

몇 달 동안 다른 입원환자실에서 면도기로 자해를 했고, (수술 부위의) 봉합선을 다시 열었고, 물건을 집어넣고, 상처에 흙을 넣어 문질렀으며, 깨진 유리잔과 도자기 등으로 상처를 입혔고, 포크로 내 몸을 찔렀고, 찢어진 깡통으로 자해를 했고, 반복적으로 나를 때리고 머리를 벽에 박았다. 내가 의식을 잃을 때까지 화장실 문 뒤에 매달렸고, 매일 구토하고 굶었다. 모든 기관들은 자기 손상을 허용하지 않는 곳이었다(In Shaw & Shaw, 2009: 7; 2007: 28-29).

Elaine은 엄격히 금기시되지만 자해가 일어나는 매우 모순되는 접근법을 가진 청소년 집단에서 시간을 보냈다: '[입원환자/거주자]들은 자해를 할 수 없다, 그들은 자해하는 것을 허락받지 못한다, 그들은 정신적으로 병든 것처럼 취급된다.' 그러나 동시에 그녀는 '자해를 하는 것에 대한 사회적 수용가능성이 매우 높은 환경'으로 묘사했다. 그래서 그들은 엉망진창이 되고 아주 오래 후에야 나올 것이다. 역설적이게도, 그런 환경에서 자해는 Elaine이 사랑과 보살핌을 받는다고 느끼는 몇 안 되는 방법들 중 하나였다(2장에서도 보고됨).

예를 들어, 당신이 자기 손상을 하는 사람일 때, 그리고 특히 당신이 청소년 병동에서 자기 손상을 하는 자라면… 외부 세계와 단절되어 있고, 자기 손상은 의사소통의 한 형태이다. 나는 사람들이 관심을 받기 위해서 자해를 한다고 말하는 것이 아니다. 당신이 그러한 환경에 놓여있을 때, 누군가 당신에게 시간을 내어주는 유일한 시간은 붕대가 필요한 상황뿐이다. 내가 보살핌을 받은 유일한 시간은 내 몸의 일부를 꿰매고 있을 때였다. 가족이 없는 사람으로서 보살핌은 간호사가 치료를 해주는 것이었다. 그리고 그것은 부모님의 보살핌을 느끼는 감정과 비슷한 것이었다. 그리고 자기 손상을 할 때, 나의 경우에는, 더 큰 흉터가 있을수록 좋았다.

그 결과, Elaine의 자해는 안녕감을 증진시켜야 할 바로 그 환경에서 더욱 악화되었다.

나는 온갖 종류의 규칙을 가지고 있었다. 그것은 10여 개의 바늘땀을 넘어야지만 자기 손상으로 인정하는 것이다. 나는 그 기준을 올리고, 또 올렸다. 내가 바느질을 한 이유는 오로지 자기 손상때문이었다. 당신도 알다시피 나는 바느질이 어디서 끝나느냐에 중점을 두었다. 그것이 큰 상처를 남길 때만 가치 있고 중요하다고 느꼈다… 피부 이식을 필요로 하지 않는 작은 흉터만으로는 충분하지 않다는 것을 알았다… 이것은 마치 내가 [신체일부]를 긁기 시작한 것처럼, 얼마나 빠른 속도로 3년 동안 매우 경미한 상태에서 매우 심각한 상태로 갈 수 있는지 보여준다. 그리고 이러한 이유로 나는 내가 사춘기 때 현실과 단절되어 청소년 병동에 있었던 것이 도움이 되지 않았다고 생각한다.

자해에 대한 예방적 접근법이 혼란스럽고, 정서적으로 피해를 주는 환경을 조성하고, 자해를 감소시키기기보다는 증가시킨다는 것은 Elaine과 Clare의 경험에서 분명히 알 수 있다. 이것은 자해한 사람들의 연구에도 그대로 나타나며, '자기 손상을 하는 사람들을 멈추려고 해서는 안 된다는 압도적인 관점'을 드러낸다.'(Warm, Murray & Fox, 2002: 77; Inckle, 2010b; Pembroke, 1996; Shaw & Shaw, 2009).

더욱이, 규칙이 그것을 금기시하기 때문에 누군가가 그들 자신을 해치는 것을 멈출 수 있거나 멈추게 해야 한다는 생각은 터무니없다. Elaine이 지적했듯이 사람들은 자기 손상을 그만두지 않는다. 왜냐하면 그것은 재미있기 때문이다… 자기 손상을 멈추게 하려는 것은 그들이 자해를 멈추도록 하게 하지 못할 것이다. 나는 자해가 단지 사람들이 멈추면 되는 행동이라고 생각하지 않는다… 그들은 그것을 애초에 하지 않았던 것처럼 할 수 없다. 마찬가지로, Clare는 '멈추라는 것은 실제로 건설적이거나 의미 있는 대응이 아니다. 그것은 당신의 기분을 악화시키고, 어찌됐건 당신은 자해를 한다.'고 강조했다. Mark도 이에 대해 비슷하게 설명한다:

그때야말로 내가 자해를 멈추기 원했지만 실제로는 그럴 수 없었던 시기였다. 내 말은, 나는 절대 자해를 하고 싶지 않았는데, 그게 이상한 점이었다. 그리고 나는 자해를 했다는 사실이 싫었지만, 실제로 내가 통제할 수 있는 것은 아무것도 없다는 것도 깨달았다.

자해는 심각한 고통에 대처하는 수단이기 때문에 예방적이고 처벌적인 접근은 완전한 역효과를 낳으며, 예방에 기반한 대응은 그러한 고통을 가중시킬 뿐이다. 예방은 상황을 훨씬 더 악화시킨다. 즉, 누군가의 고통과 그 이후의 상처의 범위를 더욱 악화시킨다. 그것은 종종 무효화하고 처벌적이며 통제적이고 트라우마를 유발할 수 있는 환경을 만들며, 이는 자해가 대처 반응으로 나타나는 경험들을 반영한다. Emma의 예방적 개입 경험은 이러한 접근법이 얼마나 해를 끼치고 남용될 수 있는지를 강조한다.

한번은 내가 병원에 있는 동안, 전화로 나쁜 소식을 접하고 나서, 난 좌절했고, 머리를 잡아당기기 시작했다. 그리고 간호사들이 나를 제지하기 시작했다. 한 간호사가 내 다리를 잡고, 한 간호사가 내 가슴에 앉아 있고, 또 다른 간호사는 뒤에서 내 팔을 잡아 당겼다. 이것은 정말 기분이 좋지 않았고, 나를 완전히 겁나게 만들고 정말 무력하게 만들었다. 그 당시 제지당했을 때 내가 보였던 반응은 내가 강간당하고 학대 당했을 때와 매우 흡사했다. 누구에게도 말할 수 없어서 정말 힘들었다. 사실 내가 생각하기에 이것이 내게 얼마나 효과적으로 신경을 끌 수 있는지 상기시켜주었고 내가 이 대처 메커니즘을 훨씬 더 많이 이용했다는 것을 의미했다. 그들이 나를 제지한 후, 병원 직원은 그들이 나를 제지하는 동안 내 갈비뼈가 부러지지 않았는지 확인하기 위해 나에게 옷을 벗으라고 강요했다. 나는 이것이 잘못되었고, 완전히 불필요하고 도움이 되지 않았다고 생각한다.

전반적으로, 자해는 대처 메커니즘이기 때문에, 어떤 사람이 자신의 대처 수단에 접근하는 것을 막는 개입은 비논리적이고 위험하다. 그들은 고통의 근본적인 원인을 다루지 못하고 종종 그것을 악화시킨다. 예방적 체제도 자해 예방에 실패하며 종종 더 높은 발생률로 나타난다. 게다가, 예방 기반 서비스의 부정적인 경험은 종종 사람들이 도움을 구하지 않도록 만든다. '내 인생이 위험에 처했더라도, 굴욕을 무릅쓰느니 차라리 집에 앉아서 내가 살아남았는지 보고만 있겠다는' 것이다(Simpson, 2006, Cadman & Hoy, 2009 참조).

앞서 언급한 바와 같이, 위해 감소는 정신과 병원(Crowe & Bunclark, 2000), 일차 진료 서비스(Holley et al, 2012; Pengelly et al, 2008) 및 보안 시설(Birch et al., 2011)을 포함한 다수의 법적 서비스에서 평가되고 시행되었다. 실실적인 임상 및 법률 조사, 명확한 정책 지침 및 훈련은 예방에서 위해 감소(Crowe & Bunclark, 2000; Holley et al., 2012; Pengelly et al, 2008)로 이러한 실무의 변화를 뒷받침했으며, 이것이 이 책의 다음 장에서 강력한 정책 체계를 개발하는데 초점을 맞춘 이유다.[5) 명확한 정책과 가이드라인이 마련되면서 위해 감소는 장기간에 걸쳐 사고와 부상의 위험성을 감소시키는 데 효과적일 뿐만 아니라 서비스 사용자와 서비스 제공 업체 모두에게 보다 긍정적이고 효과적인 치료 환경을 제공하는 데도 효과적이었다(Crowe & Bunclark, 2000; Birch et al, 2011; Holley et al, 2012; Pengelly et al, 2008). 역설적이게도, 부상 예방에서 초점을 멀어지게 함으로써, 위해 감소는 주류 예방 정책이 추구하는 것, 즉 자해의 발생률과 심각성의 감소, 긍정적이고 의미 있는 지원 작업 등을 달성한다.

위해 감소의 실제

위에서 언급한 바와 같이, 위해 감소는 사용자 주도 개입 방식으로, 점차 주류 서비스와 정책으로 전환되고 있다. 따라서 새로운 접근방식, 관행 및 자원이 지속적으로 개발됨에 따라, 그것은 지속적으로 발전하고 있다(예: Cadman & Hoy, 2009). 이 섹션에서는 위해 감소의 몇 가지 핵심적인 실천요강이 요약되어 있다: 사후관리 및 자기 돌봄, 고위험성 부상, 클린 키트, 안전 키트 및 자해에 대한 대안, 속도를 늦추기, 정서적 위해 감소, 위기 카드 및 안전한 상황. 그러나 이러한 관행은 전체적으로 경직된 프로토콜이 되어서는 안 된다. 경직된 프로토콜이 필요한 유일한 영역은 부상이 결코 안전하지 않을 때이다. 그렇지 않을 경우 여기에서도 현재 실행 중이며 시간이 지남에 따라 계속 발전할 수 있는 개입을 짤막하게 묘사하고 있다. 위해 감소가 더 널리 이해되고 더 넓은 범위의 개인과 상황에 적용되고 있기 때문에 지속적인 위해 감소 실천요강의 개발이 필수적이

---

5) 공식적인 서비스 제공자가 아닌 도우미는 처리해야 할 조직 정책의 제약이 없지만 주변 사람들 또는 실제로 자해를 하는 사람과 연계된 서비스에 의해 위해 감소에 대한 문제가 생길 수 있다. 따라서 기존 서비스의 위해 감소에 대한 정책과 관행을 명확하게 이해하는 것이 유용하다.

다. 이런 상황에서 도움을 주는 사람들, 자해를 하는 사람들 그리고 의료 종사자들 사이의 협력이 부상의 위험과 안전을 유지하는 방법을 이해하는 길을 제공한다.

후속조치 및 자기조치

자해의 위해 감소 접근법에서 첫 번째이자 가장 논란이 적은 요소들 중 하나는 부상 발생 후 부상 관리를 지원하는 것이다. 자기 자신에게 상처를 입히는 모든 사람들은 그들의 부상을 치료하는 데 필요한 모든 것을 포함하는 개인 구급 상자를 지원 받을 수 있다. 이 키트의 내용물은 자기 자신에게 상처를 입히는 개인들에게 특화되어 있어야 하며 일반적인 공급품 세트가 아니다. 예를 들어, 화상을 입은 곳에 하는 상처치료는 베인 자국이나 멍을 치료하기 위해 필요한 치료와는 매우 다르다. 마찬가지로 화학 물질로 만들어진 화상은 불꽃으로 만들어진 화상과 매우 다르게 다루어져야 할 것이며, 물은 화학적 상처를 진정시키기보다는 악화시킬 수 있다. 간호사, 일반의, 약사와 같은 보조 의학적 실무자는 적절한 후속조치에 대한 유용한 조언을 제공할 수 있으며, 사용자 주도 그룹도 부상 치료 방법에 대한 활용 가능한 정보를 제공한다(예: LifeSIGNS, 2004; National Self-Harm Network, 2000; Pembroke, 2007a).

자해를 위한 후속조치에는 위해 감소에 있어 두 가지 중요한 기능이 있다. 첫 번째는 후속조치의 직접적인 신체적 이점이다. 올바르게 치료된 상처는 더 잘 낫고, 감염되거나 장기적인 문제를 일으킬 가능성이 낮아진다. 둘째, 후속조치는 자해 뒤에 있는 긍정적 또는 치유적 동기와 관련된 중요한 감정적, 심리적 영향을 가진다(2장). 후속조치는 이러한 긍정적인 의도에 기반하고 부상에 대한 실제적인 치료를 제공함으로써 그것을 완전히 실현하도록 한다. 따라서 후속조치는 자해의 근본적인 기능에 긍정적으로 작용한다.

또한 후속조치는 많은 사람들이 그들이 만드는 상처와 부상에 대해 느끼는, 오명과 수치심에 대해서도 작용한다. 이러한 오명은 종종 자기 자신에게 상처를 입히는 사람들을 치료 받을 자격이 없다고 보는 예방 기반 관행에서 강화된다(3장). 그러므로 자기 돌봄을 하는 것은 심지어 기분이 좋지 않을 때조차도 개인의 자존감과 보살핌을 받을 자격이 있다는 느낌에 큰 영향을 미친다. 이것은 Emma에게 해당되는 말인데, Emma는 위해감소가 '내가 상처를 입은 후 내 자신을 돌볼 수 있는 선택권/허락을 내게 주었다'고 말했다. Rachel에게는, 후속조치가 통제력을 유지하고 그녀의 행복을 증진시키는 데 중요한 역할을 했다. 그럼에도 불구하고, 여전히 그녀는 긍정적인 방식으로 표현하기 어려워했다: '나는 항상 내 자신의 상처를 꽤나 잘 돌볼 수 있었다. 내 베인 곳을 직접 꿰매는 것은 상당히 정신적인 일이지만, 나는 그것을 해냈다.' Rachel은 자신의 후속조치를 예로 들어 용기 있고, 자원이 풍부하다고 표현하기보다는 '정신적인' 부분으로 기술하고 있다. 그것은 인정과 후속조치를 위한 지원의 필요성을 강조한다.

마지막으로, 후속조치는 도와주는 이들이 자신에게 상처를 입히는 누군가에게 실질적이고 의미있는 방법으로 관여할 수 있는, 위협적이지 않은 기회를 제공할 수 있다는 점에서 중요하다. 이것은 개인을 자세하게 공개하지 않고 자해에 대한 긍정적인 참여를 확립할 수 있는 기회다. 그것은 또한 (자해나 예방보다는) 자기 돌봄을 우선시하고, 이것은 참여의 초점과 개인의 자기 경험을 바꾼다. 그러므로 후속조치는 자기 자신에게 상처를 입히는 사람들에게 상당한 신체적, 정서적 이익을 주며, 간단하고 실용적이며 긍정적인 개입을 제공한다.

위험, 고위험과 위험 감소시키기

모든 형태의 자해는 어느 정도의 위험을 수반한다. 왜냐하면 자해는 본래 손상적이기 때문이다. 그러나 매우 위험하며 안전하지 않은 부상이 있는 반면, 원치 않거나 되돌릴 수 없거나 치명적인 손상을 피할 수 있는 방법으로 관리될 수 있는 부상도 있다.

위험을 감소시키는 주된 방법은 다양한 부상(다음 섹션 참조)과 인체에 대한 명확하고 정확한 정보를 제공하는 것이다. 사람들이 자신에게 돌이킬 수 없고 원치 않는 피해를 입히는 것을 피하기 위해서는 인간의 생리학에 대한 기본적인 이해가 필수적이다. 또한 생리학적인 지식은 어떤 부상이 긴급한 의학적 치료를 필요로 하는지 명확히 해준다. 예를 들어, 동맥이 절단되면 치명적인 부상을 입을 수 있다. 여기서, 혈액 손실은 빠르게 일어나며 저지하기 힘들고, 빠른 속도로 의식을 잃게 할 것이다. 예를 들어, 손목이나 발목의 힘줄이 절단되면 되돌릴 수 없는 손상을 일으켜 손이나 발의 기능이 영구적으로 상실될 수 있다. 또한 절단은 신체의 영향을 받는 부위에서 영구적인 신경 손상을 발생시키고 촉감 및 기능을 감소시킬 수 있다. 따라서 신체에 있는 동맥, 힘줄, 신경의 위치에 대한 기본적인 해부학적 지식은 안전을 유지하는 데 필수적이다. 마찬가지로, 혈액이 동맥에서는 뿜어져 나오지만 정맥에서는 흘러나오는 것과 같이 취약한 부위에 대한 손상 징후를 인식하는 것은 안전을 유지하기 위한 견고한 기초를 제공할 수 있다. 생존자 간행물 Cutting the Risk(National Self-harm Network, 2000)는 신체와 고위험 영역에 대한 기본적인 지도를 포함하며, 사용자 친화적인 자기부상 전용 양식을 따른다. 기본적인 해부학 및 생리학 교과서나 유용한 의료 전문가도 관련 정보를 제공할 수 있다(그러나 온라인상의 모든 것이 신뢰할 수 있거나 정확하지는 않기 때문에 인터넷 자료에 대한 주의가 필요하다).

비록 이것이 항상 정확한 것은 아닐지라도, 자기 자신에게 상처를 입히는 사람들은 자신에게 적용 가능한 해부학적/의학적 지식을 활용하여 부상 위험을 줄이고자 그들 자신의 기술을 개발한다. 예를 들어, Joseph은 자신이 자르는 몸의 부분과 사용하는 도구에 대해 조심함으로써 부상 위험을 줄이려 노력했다고 설명했다: '내가 무엇을 하고 있는지 모르는 사람들은 내가 자살하려 한다고 생각했지만, 나는 내 목을 베려고 하지도 않았고, 손목을 그으려고 하지도 않았다. 위에서 말한 바와 같이, Joseph은 유리로 절단하는 것이 칼날로 절단하는 것보다 훨씬 더 안전하다고 느꼈다. 왜냐하면 그는 자신이 만든 절단 부위의 정도를 느끼고 확인할 수 있었기 때문이다. 그는 또한 특히 몸의 약한 부분이나 눈에 보이는 부분이 손상되지 않도록 조심했다. '나는 얼굴을 베지 않을 것이고, 나는 손목을 긋지 않을 것이다. 그러나 나는 팔, 가슴, 다리 등 다른 사람들이 볼 수 없는 부분들을 절단할 것이다.' 고위험 부위에 대한 그의 평가 모두가 정확한 것은 아니지만(예: 다리에 동맥과 힘줄이 있고, 위가 비교적 안전함), Joseph은 피해를 줄이기 위해 자신만의 전략을 사용했다:

여기는 스스로 긋기 참 좋은 부위였다[팔등을 가리키며]. 이곳은 자기 자신을 다치게 하기 좋은 부위는 아니지만[손바닥과 팔의 아래] 여기[팔등]는 그러기 좋은 곳이다. 왜냐하면, 잘 모르겠다, 그냥 좋은 부위이다. 무슨 의미인지 잘 모르겠지만, 나는 여기[손목의 위]는 베지 않을 것이다. 왜냐하면 내가 손상을 입거나 어떻게 될 수 있기 때문이다. 그리고 나는 항상 여기[팔등]를 자른다. 왜냐하면 여기가 더 강해 보이기 때문이다. 반면에 여기[팔의 아래]에는 직접 상처를 내지 않았다. 그리고 나는 내 가슴을 베었지만 젖꼭지 주변은 하지 않았다. 그리고 나는 결코 내 배는 건드리지 않았다. 그리고 당신의 다리는 자해에 개방적이기 때문에 어디든 베도 괜찮지만, 목과 손목은 그렇지 않다.

Joseph의 경험은 강력한 생존의 기능으로서의 자해와 돌이킬 수 없거나 치명적인 손상을 피하기 위해 그가 사용한 관련 전략을 강조하고 사람들이 정확한 정보에 접근하는 것이 얼마나 중요한지를 보여준다. Clare와 Emma는 다른 서비스 이용자들이 만들어 낸 위해 감소 자원을 발견했고, 이들의 강력한 영향을 설명했다. Emma의 경우:

내가 처음으로 위해 감소에 대한 생각을 접한 것은 내가 맨체스터에서 열린 National Self-Harm Network 회의에 갔을 때였다. 그 곳에 있던 누군가가, 아마도 Louise Pembroke에 대해 이야기하고 있었고, 그들은 이전에 했던 콘퍼런스에서 전단지/책자를 발행했으며 그 안에 동맥과 정맥이 어디에 있는지, 그리고 동맥과 정맥이 표면의 어디에서 더 가까운지에 대한 정보를 보여주는 도표를 가지고 있었다. 이것에는 깨끗한 칼날과 후속조치에 대한 내용과 팔을 길게 베면 신경을 심하게 손상시킬 가능성이 줄어든다는 사실도 담겨있었다. 그것은 정말 기본적이고, 의학적이지는 않았지만 그 당시 내가 가지고 있던 전부였다. 그래서 나는 종종 이것을 사용하여 나중에 후회할지도 모르는 피해의 가능성을 최소화했다. 나는 그것이 내가 자해를 한 후에 내 자신을 돌볼 수 있는 선택권/허가를 주었다고 느꼈다. 또한 그것은 내가 의도했던 손상만을 했다는 것을 의미했으며, 나는 그러한 사실이 매우 기뻤다.

Clare는 또한 어떻게 위해 감소 실천요강의 발견이 마찬가지로 그녀 자신의 삶을 어떻게 보존하고 있는지를 설명했다.

내가 Louise Pembroke와 Self-Harm Network 일을 처음 접한 것은 우연히 손목의 힘줄을 끊은 후였다. 그것은 나에게 일종의 계시였다. [...] 내가 자기 손상을 계속할 것이라고 판단한 기관도 있었지만, 그들은 내가 여전히 선택의 여지가 있다는 것을 알았고; 그리고 나에게는 내 자신을 돌보고 가능한 한 안전하게 지킬 수 있는 실용적인 전략들이 있었다.

그래서 나는 내 몸에 대해 배웠고, 동맥이나 힘줄 같은 신체 구조를 손상시킬 가능성을 최소화하는 방법에 대해 배웠다. 나는 내 상처를 돌보는 방법과 언제 치료를 받아야 하는지 배웠으며, 깨끗한 칼날을 사용하여 감염 위험을 최소화하는 방법도 배웠다. 또한, 나는 약물 과다 복용으로 인한 결과와 도움을 구하는 것의 중요성을 배웠다(In Shaw & Shaw, 2009: 8).

이러한 경험들은 자기 자신에게 상처를 입히는 많은 사람들이 이미 위험을 최소화하려고 시도하고 있다는 것을 강조한다. 이렇게 긍정적이고, 생명을 살리고, 자기 돌봄을 하는 의도가 검증되고 지지받는다는 것이 중요하다. 이것은 부상과 관련된 해부학적 문제와 신체적 위험에 대한 정확한 이해를 발전시켜 그들의 부상을 더욱 줄일 수 있도록 도와주는 것을 의미한다. 정확하고 신뢰할 수 있는 정보를 제공하지 못한다고 해서 누군가가 자기 자신에게 상처를 입히는 것을 예방하지 못하는 것은 아니지만, 그것은 위험을 줄이려는 그들의 노력의 효과를 감소시키고 돌이킬 수 없거나 치명적인 손상에 취약하게 만들 수 있다.

화상, 재발된 상처, 스스로 때리거나 머리를 부딪힌 부상의 경우 안전 한계와 위험 감소에 대한 유사한 지식도 매우 유용할 수 있다. 예를 들어, 영국 동전 크기보다 큰 화상에 대해서는 의학적으로 검사를 받는 것이 좋다(Arnold & Magill, 1997). 감염되는 화상이나 상처(즉, 투명한 액체나 노란색 액체 또는 혈액)도 의사의 진찰을 받아야 한다. 누군가가 일부러 스스로의 머리를 치면서 생기는 뇌진탕 증상, 즉 기억 상실, 실신 증상에 주의를 기울여야 하며, 부상 후 일정 시간 동안 뇌진탕이 발생할 수 있다는 것을 알아야 한다. 그들은 또한 그들이 이런 식으로 자기 자신에게 상처를 입힌 후에 운전을 하거나 기계를 사용하거나 일부 스포츠 활동에 참여하는 것의 위험도 고려해야 한다. 쿠션, 베개, 접은 수건 또는 의류 품목을 표면 위에 놓거나 매트리스나 덮개를 씌운 의자와 같이 부드러운 표면에 부딪히는 시도를 통해 충격의 강도를 줄이려고 하는 것도 유용할 수 있다.

긁거나 떼어내서 부상이 발생하는 경우, 부상의 초점을 분산시켜 피해를 줄일 수 있다. 특정 부위를 반복적으로 긁거나 떼어내는 사람의 경우에도 위해 감소의 효과가 있다. 예를 들어, 상처 자체의 피부를 긁거나 떼어내기보다는, 상처 근처의 다치지 않은 피부를 긁거나 떼어내는 것은 잠깐의 중단과 치유의 시간을 준다. 상처 자체에 초점을 맞추어야 하는 경우, 때로 손끝이나 손톱을 사용하여 아무런 움직임도 없이 누르기만 하는 것이 도움이 될 수 있다. 그렇게 하면 상처의 중심점에 강한 감각과 결합이 기반하지만, 표면의 파손이나 파괴는 수반되지 않는다. 이것은 다시 상처에 약간의 휴식과 회복 시간을 주고 긁히거나 떼어내는 것의 영향을 줄여준다. 손톱으로 긁기 전과 후 손 씻기와 손톱을 닦는 것은 중요한 위생 수단이다. 긁히고 떼어내진 피부에 대한 후속조치 치료는 상처로 인한 즉각적이고 장기적인 손상을 줄이는 중요한 요소가 될 수 있다. 피부가 벗겨지는 것과 관련된 모든 상처에 있어서, Anold & Magill(1997)은 최신 테타누스 예방 접종을 추천한다.

고위험 부상과 절대 안전하지 않은 부상

어떤 형태의 자해는 항상 높은 위험성이 있다. 그리고 그것들은 절대 안전할 수 없고 항상 즉각적인 의학적 치료가 필요하다. 이러한 자해는 약품(즉, 과다 복용) 배터리와 같은 날카롭고/또는 해로운 물체, 그리고 가정용 세제와 같은 물질이나 물건을 삼키는 것이다. 일단 그것들은 삼키면, 이로 인해 어떤 일이 발생하게 될지 예측하거나 제한할 수 없다. 물질을 삼키는 (즉, 과다복용) 많은 사람들은 이전에도 여러 번 그랬을 수 있으며 지속적인 부정적 결과를 경험하지 않고 살아남은 것이다(1장의 Joseph의 경험 참조). 이를 통해 그들이 삼키는 물질의 양을 감시한다면, 그 효과도 조절할 수 있다는 결론을 내릴 수 있다. 그러나 이것은 틀렸다. 왜냐하면 내성이나 사망률을 예측할 수 있는 방법이 없으며, 유해 물질은 섭취할 때마다, 치명적일 수 있기 때문이다. 유해 물질이나 물체를 장기간 부정적인 결과 없이 삼킨 이전의 모든 사례는 단순히 다시 일어날 수도, 아닐 수도 있는 운이 좋은 탈출일 뿐이다. 유해한 물체와 물질을 삼키는 것은 잠재적으로 치명적일 수 있고, 장기 기능 상실, 영구적인 내부 손상 및 신체 기능 상실을 포함한 다양한 돌이킬 수 없는 효과를 야기할 수 있다. 따라서 위험을 줄일 수 있는 방법이 없기 때문에 물체나 물질을 삼킨 후에는 항상 의사의 진찰을 받아야 한다.

특히 위험하다고 여겨지는 자해 방식에 물체나 약물을 섭취하는 것만 해당하는 것은 아니다. 손목, 목, 사타구니 절단과 같은 부상은 매우 위험한데, 동맥이나 힘줄이 이 부위 근처에 있기 때문이다. 배나 대퇴부와 같이 표면에 살과 덜 취약한 구조물이 있는 신체의 다른 부분을 베면 위험을 상당히 줄일 수 있다. 목 주변의 인대도 매우 위험한데, 이는 통제하기 어렵고, 빠르게 정신을 잃게 하기 때문이다. 또한 목을 통과하는 공기의 흐름을 막음으로써 사망이나 영구적인 손상을 일으킬 수 있다.

마지막으로, 알쿠올 및/또는 약물 중독은 약물/알코올로 인한 통제아 자가을 방해하여 항상 자해를 위험하고 예측할 수 없게 만든다. 알코올과 마약은 탈억제제로 작용할 수 있다. 따라서 사람들이 알코올/약물에 취하지 않을 때보다 훨씬 더 상처를 입힐 수 있으며, 결과적으로 치명적이고 의도하지 않은 피해의 위험을 증가시킬 수 있다(Mcafferty, 2012 및 1장 참조). 알코올과 마약은 또한 감정적인 면에서도 위험할 수 있다. 사람들은 종종 기분을 좋게 하려고 그것들을 이용하지만, 결국 부정적인 감정만 증폭시키기 때문이다. 그녀는 취기가 감정적 상태와 상처의 심각성을 악화시켰다는 것을 알게 되었고 이것은 Amanda에게 해당되는 이야기였다. 이렇게 말했다. '나는 약물과 알코올을 남용했을 수도 있다. 나는 물질들이 상처의 심각성을 더하고 더 격렬하게 만들며 더 악화시킨다고 생각한다.' 술과 약물은 다른 물질과 섞이면 더 큰 합병증을 일으킬 수 있다. 따라서 독성물질을 사용하면서 동시에 자해를 하는 것은 매우 위험하다. 알코올과 약물은 위험을 줄이기 위해 필요한 정신적 명료성을 억제하고, 종종 의도하지 않았던 돌이킬 수 없을 정도로 치명적인 손상을 일으킬 수 있는 가능성과 정서적인 고통을 증가시킨다.

대체로, 어떤 형태의 자해는 항상 위험성이 높으며 절대 안전할 수 없다. 그러나 관련된 모든 위험에 대한 정확한 정보를 가지고 있고 도움을 구하는 방법을 알고 있는지 확인함으로써 이러한 상황에 위해감소 원칙을 적용할 수 있다. 위기 카드는 높은 위험의 부상을 가진 사람에게 유용한 자원이 될 수 있다(아래 참조). 그러나 대부분의 부상은 클린 키트나 안전 키트를 사용하는 경우, 안전해질 수 있다.

클린 키트, 안전 키트 그리고 자해의 대체재

피부를 자르거나 망가뜨리는 자해를 하는 사람들은 사용하는 도구가 깨끗하지 않거나 다른 사람이 사용한 경우 일련의 감염에 걸릴 위험이 있다. 이 감염은 먼지나 녹에 대한 패혈성 반응이나 간염이나 HIV와 같은 혈액에 의한 감염을 포함한다. 그러므로 이런 식으로 자기 자신에게 상처를 입히는 사람들은 항상 깨끗한 방법을 사용하고 도구를 다른 사람들과 공유하지 않는 것이 필수적이다. 날을 사용하는 사람들은 깨끗한 날을 공급받고, 이를 안전하게 폐기해야 한다. 유리, 가위 또는 날카로운 물체와 같은 다른 기구로 피부를 자르거나 부러뜨릴 경우 사용 전후에 펄펄 끓는 물이나(이것이 쇠로 된 도구를 매우 뜨겁게 만들 수는 있지만) 쉽게 구할 수 있는 여러 소독제를 사용해 도구를 소독하는 것이 좋다. 이상적으로, 이 도구는 오직 이러한 목적으로만 사용되어야 하며 일상 용품과는 멀리 떨어져 보관되어야 한다. 예를 들어, 자해에 사용되는 가위나 나침반은 가능하면 문구 상자나 부엌 서랍에 다시 넣어서는 안 되며, 소독하여 따로 보관해야 한다.

(필요한 소독제와 함께) 자해 도구를 응급 처치 키트에 보관할 경우 가장 효과적이다(위 참조). 이는 자해 도구 및 치료 수단이 항상 함께 사용 가능하다는 것을 의미하며, 이로 인해 후속조치가 이루어질 가능성이 더 높아진다. 사람들이 그들의 자해 도구를 후속조치 도구 옆에 보관할 때 그것을 안전 키트라고 부른다.

서비스 제공자들과 부모들은 종종 누군가, 특히 어린 사람이 안전 키트를 갖는 것을 불편해 한다. 그들은 종종 가능한 자해의 방법을 제거하는 것이 그들의 의무라고 느낀다. 그러나 우리는 감시와 통제 수준이 높은 상황에서조차 누군가의 자해를 막는 것은 불가능하다는 것을 이미 알고 있다. 더 나아가, 만약 어떤 사람에게 통상적인 또는 안전한 자해 방법이 제거된다면, 그들은 낯설고 안전하지 않은 물체로 자기 자신을 해치게 되고, 따라서 훨씬 더 높은 위험을 무릅쓸 가능성이 높다. 그들은 또한 더 심한 고통과 수치심을 느낄 가능성이 높다. 또는 누군가가 자해 (및 후속조치) 수단과 그것들을 함께 사용할 수 있는 경우, 이는 안도감을 주는 정서적 안전망을 제공할 수 있으며, 이는 흔히 그들이 그 수단을 사용할 가능성이 더 적어진다는 것을 의미한다(Pembroke, 1996). 그들은 또한 수치심, 비밀스러움, 그리고 자해에 대한 불허로 인한 정서적 피해를 덜 경험할 수 있다. 마찬가지로, 자해가 금지될 때, 자해는 종종 고조된 불안과 긴급한 상황에서 발생하게 된다. 따라서 부상이 더 빨리 발생하며, 관리 및 통제 능력이 떨어지게 된다. 안전 키트는 자해의 긴급성과 비밀을 완화하여 신체적으로 더 안전하고 감정적으로 덜 불편하게 해준다.

안전 키트는 위해감소가 가능한 대부분의 형태의 부상에 대해 개발될 수 있다(위 참조). 이는 응급 처치 키트와 마찬가지로 각 개인의 자해 방법과 위험 감소 수단에 특히 주의해야 한다. 또한 응급 처치 키트처럼, 이 안전 키트는 자해에 대해서 누군가를 도울 수 있는 실용적인 수단을 제공할 수 있다. 학교 상담가인 Michael Moyer(2008)는 업무 중 어린 사람들과 함께 안전 키트의 버전을 개발했다. 그는 젊은이들이 자해에 대한 그들의 느낌과 의미를 나타내는 방식으로 그들의 안전 키트를 꾸밀 것을 권했다. 이것은 젊은이들이 그들의 자해의 일부 측면을 외부로 드러내도록 했으며, 꾸며진 키트는 종종 그것에 대한 중요한 대화의 기초가 되었다. Moyer는 또한 젊은이들에게 그들이 자해와 관련된 물건들을 용기에 넣도록 했다. 이러한 물건들에는 자해 수단뿐만 아니라 광범위한 지원을 제공하는 항목도 포함되었다(사후관리 항목도 포함되어야 한다). 그러한 지원 항목은 사진이나 (작은) 봉제인형 같은 편안한 물건이거나 음악 CD, 시 또는 그림, 쓰기 또는 그리기 도구 같은 감정을 표현하는 품목일 수도 있다. 몇몇 젊은이들은 어려울 때 말할 수 있는 친구나 누군가의 전화번호를 넣기도 했다. Moyer는 그 키트를 만드는 과정이 젊은이들의 자해를 이해하고 위험을 줄이는 면에서 그들에게 큰 도움이 된다는 것을 발견했다.

이러한 종류의 안전 키트는 5장에서 살펴본 창의적 접근방식 중 일부를 사용하며, 따라서 직접 및 상징적 수준에서 모두 자해와 관련이 있다. 해당 인물이 공감하는 창의적인 표현 수단은 모두 안전 키트에 포함될 수 있다. 마찬가지로, 어떤 사람이 자신의 감정을 표면화하거나 표현하는데 유용하다고 생각하는 전략도 포함될 수 있다. 이러한 전략에는 연필 부러뜨리기, 스트레스 공 가지고 놀기, 작은 수건 비틀기 등이 있다.

완전한 안전 키트에는 자해 도구, 필요한 후속조치, 편안함 및 자기표현을 제공하는 품목이 포함되어 있다. 이런 식으로, 키트는 자기 자신에게 상처를 입히는 사람에게 특화된 전체적인 응급 서비스를 제공한다. 또한 개인과 함께 안전 키트를 개발하는 도우미는 상당한 수준의 수용, 비판단 및 배려를 보여준다. 이러한 특성을 구현하는, 자해에 대한 상호작용은 그 자체로 중요한 이점이다. 그것은 사람들이 이전에 자신의 자해에 대해 경험했을지도 모르는 오명, 수치심, 적대감에 도전하게 하며, 대신에 자존감과 자기 돌봄을 증진시키는 맥락을 만들 수도 있다.

안전 키트는 자해의 대안 또한 포함될 수 있다. 자해의 대안은 자해와 유사한 신체적 감각이나 경험을 만들어내지만, 신체적인 손상은 일으키지 않는 방법이다. 일반적인 예로는 절단이나 태우는 것 대신 피부에 얼음을 대는 것, 피부에 매운 파우더를 문지르는 것, 긁거나 베는 것 대신 신체 부위에 단어를 쓰는 것 등이 있다. 어떤 사람들은 오렌지나 과일의 껍질을 자르고, 또 다른 사람들은 그림을 그리거나 그들의 사진을 손상시킨다. 그러나 이러한 대안은 신체적 상해를 감소시키지만, 매번 정서적 피해를 감소시키거나 자기 돌봄을 촉진하는 것은 아니라는 점에서, 위해 감소의 전체 기준을 항상 충족하지는 못한다. 예를 들어, 몸에 심한 말을 쓰거나 사진을 손상시키는 것은 정서적으로 해로울 수 있다. 마찬가지로 피부에 얼음을 대는 것은 베는 것이나 불에 타는 것보다 신체적으로는 덜 해롭지만, 명백한 후속조치가 없으며, 따라서 자해를 치유하고자 하는 자극 또한 없다. 마찬가지로, 자해의 대안에 초점을 맞추는 것은 자기 자신에게 상처를 입히는 사람의 필요를 충족시키기보다는 도우미의 고통을 줄이는 데 훨씬 더 초점을 맞출 수 있다. 따라서 자해의 대안은 자해에 더 깊이 관여하지 않고 자기 돌봄보다는 자해를 중지하는 것에 중점을 두는 해결책으로 보일 수 있다. 한 서비스 매니저는 자해의 대안을 '실제로는 자기 손상을 촉진하는 것'이라고 설명했다.

왜냐하면 여러분이 누군가에게 '이봐, 나는 네가 더 이상 스스로를 베지 않고, 대신 이 얼음을 들고 있었으면 좋겠어. 그것도 정말 아플 거야.'라고 말한다면, 이것은 보살핌이 아니라 상처를 주는 것이다. 또한 만약 당신이 누군가에게 자신을 베는 대신 얼음을 들고 있으라고 말한다면, 그것이 그 당시엔 효과가 있을지 모르지만, 결국 나중에 다시 돌아갈 것이다.

단순히 자해를 다른 행동으로 대체하는 것은 장기적으로 효과적일 것 같지는 않다. 예를 들어, Rachel은 자해 대신 물리적 극장과 공연 예술을 포함한 다양한 대안을 사용했지만, 장기적으로는 대안이 비효율적이라는 것을 알았다.

나는 정말로 그것을 해야 했다[ie: 자해]. 그리고 내 친구는 '이곳으로 오면 바늘[피어싱]을 너의 등에 놓겠다.'라고 말했다. 그리고 그것은 마치 효과가 없을 것 같았고, 옳은 방법이 아닌 것 같았다. 그만큼의 강렬함을 가진 무언가가 필요했다.

일반적으로, 자해의 다른 지원이 없는 상태에서는 장기적으로 효과적이지 않을 수 있다는 것을 이해하는 범위 내에서만 고려되어야 한다. 게다가, 대안이 효과적이려면 신체적 위험뿐만 아니라 정서적 해악도 줄여야 하며, 자기 돌봄을 촉진해야 한다. 대안들은 또한 자해의 기능과 의미 있게 연결되어야 한다. 예를 들어, 만약 누군가가 스스로를 위로하기 위해 자기 자신에게 상처를 입힌다면, 자신의 몸에 글을 쓰는 방법은 유용하지 않다. 그러나 만약 누군가가 그들이 느끼는 고통을 표현하기 위해 자기 자신에게 상처를 입히는 것이라면, 그들의 살 위에 글씨를 쓰는 것은 적절한 대안이 될 수 있다—비록 여기서 어떻게 돌봄이 일어날지는 분명하지 않지만. 만약 자해의 대안으로 후속조치나 위안의 요소가 없다면, 그 사람은 결국 자기 자신의 기분을 더 나쁘게 만들 위험을 무릅쓰는 것이다. 예를 들어, 피부에 글을 쓰는 경우 그 글은 그들을 편안하게 해주기보다, 사랑받지 못하고 고립되는 기분을 마음속에 자리 잡게 할 수도 있다. 반대로, 상처를 치료하기 위해 제공되는 후속조치는 고통을 완화시키는 사랑과 보살핌의 느낌을 줄 수 있다.

마지막으로, 대안들은 다음과 같은 관점에서만 고려되어야 한다. 자해의 대안은 자기 자신에게 상저를 입히는 사람에게 도움을 주고자 하는 섯이며 난순히 주변 사람들의 두려움을 덜어주기 위한 것이 아니다. 이러한 모든 문제를 고려할 때, 대안은 위해를 줄이는 유용한 수단을 제공할 수 있지만, 모든 개입과 마찬가지로 모든 사람에게 일방적으로 적용되어서는 안 되며, 대신 각 개인과 협력하여 해결되어야 한다.

전반적으로, 이 안전 키트는 신체적, 정서적 위해 감소와 자기 돌봄을 위한 실질적인 자원을 제공한다. 그것은 깨끗하고 안전한 도구를 사용함으로써 부상에 의한 물리적 위험을 최소화하고, 후속 조치가 항상 가까이에 있도록 보장한다. 키트에 의해 구현되는 자해의 수용과 자기 돌봄의 촉진은 오명과 적개심에 도전하는 자해에 대한 지지적 맥락을 제공한다. 지지적인 맥락에서는 자해를 부끄러운 비밀이라기보다는 이해할 수 있고 수용할 수 있는 경험으로 여긴다. 이렇게 되면 자해에 대해 덜 절박하고 불안하게 되고, 이를 통해 위험을 줄일 수 있는 더 많은 기회가 제공된다.

천천히

자해는 패닉에 빠지고 급박한 상황에서 발생하며 공포와 금지로 인해 감정이 격해지는 경우에 특히 위험하다(위 Clare의 이야기 참조). 자해는 준비와 보살핌을 위한 시간이 있는 상황에서 일어날 때 훨씬 더 안전하다. 위해 감소 접근방식은 명확성과 자해의 시간 및 공간을 허용하며, 안전 키트는 과정의 속도를 늦추고 부상을 더 안전하게 만드는 데 중심적인 역할을 할 수 있다.

누군가가 위해 감소의 정보와 안전 키트를 가지고 있다면, 선택과 통제가 가능해지며, 이는 부상 주위에 시간과 안전을 위한 공간을 만든다. 예를 들어, 만약 누군가가 자신에게 상처를 입혀야 된다고 느낀다면, 그들은 안전 키트를 가지고 안전하고 사적인 공간으로 갈 수 있다. 그런 다음 키트에 있는 모든 지원 품목 또는 대안 품목과 함께 부상 및 후속조치용으로 필요한 품목을 꺼낼 수 있다. 이런 맥락에서, 만약 그들이 자기 자신에게 상처를 입히려고 한다면, 그 과정은 더 느리고 덜 당황스러울 것이며 스트레스 또한 더 적게 받을 것이다. 이 때 부상은 지지적이고 보살핌이 가능한 물질로 둘러싸여 있으며, 돌이킬 수 없거나 원치 않는 손상을 초래할 가능성이 적다.

안전키트를 잘 준비하는 동시에 '15분 규칙'을 함께 활용하면, 부상이 더 느리고 안전한 형태로 발생할 수 있다(LifeSIGNS, 2004). 15분 규칙에서, 부상 준비의 각 단계는 다음 단계로 가기 전에 몇 분—가능하다면 15분—을 기다리는 기간을 동반한다. 기다리는 기간은 개개인이 스스로 압도되기 보다는 자신의 감정을 되돌아보고, 그 감정이 지속되는지를 볼 수 있게 해준다. 감정이 남아 있다면, 부상의 다음 단계도 같은 방법으로 접근한다. 예를 들어, 그 사람은 자신만의 안전하고 조용한 공간에 가서 안전 키트를 풀기 전에 15분 동안 기다릴 수 있는지 볼 것이다. 이렇게 오래 기다릴 수 없거나, 15분이 지난 후에도 여전히 똑같이 느낀다면, 그는 키트를 열 것이다. 일단 자신이 사용할 도구를 정리하고, 필요하다면 깨끗이 한 후에, 자기 자신에게 상처를 입히기 전에 몇 분(또는 15분) 더 기다릴 수 있는지 확인한다. 또한, 추가적인 15분 동안 그들의 키트 속에서 대체재나 표현할 물체를 사용하여 자해의 필요성을 완화하는지 확인할 수 있다. 이와 같이 자해는 항상 선택지에는 있지만, 그 긴급성과 강도가 감소하고 선택과 통제가 증대된다. 따라서 자해가 발생하더라도, 즉시 적절한 사후 관리를 이용할 수 있는, 주의 깊고 고려된 맥락에서 발생하게 된다. (자해와 후속조치 사이에 15분간의 일시 정지가 있어서는 안 된다)

15분 규칙은 또한 시간이 아닌 호흡 패턴과 함께 사용될 수 있다. 호흡운동은 진정시키고 가라앉게 해주며 불안과 위험을 더욱 줄일 수 있다(Inckle, 2010b). 따라서 자해 과정에서 각 단계 사이에 분을 계산하는 대신, 천천히 깊게 심호흡을 할 수도 있다. 한두 번 이상의 호흡이 불가능할 수도 있지만, 이마저도 자해 과정 내에서 약간의 공간과 제어를 허용하기에 충분하다. 천천히 숨을 쉬면 신체의 감정과 감각에 직접 주의를 집중하기 때문에 부상의 강도를 낮출 수 있는 반면 스트레스와 공황 반응은 신체적인 자아로부터 인식을 멀어지게 하고 더 깊은 부상을 가능하게 하는 경향이 있다. 자해하기 전이나 자해 중에 천천히 숨을 쉬는 것도 공포, 충격, 공황과 같은 어려운 감정들을 줄일 수 있다. 이런 식으로 호흡에 주의를 기울이는 것도 집중적인 후속조치를 가능하게 한다. 호흡운동은 종종 현재 예약이 필요 없고, 저녁, 온라인 코스로 널리 이용되고 있는 마음 쟁김 요법의 핵심 요소다(5장 참조). 이것들은 자해의 속도를 늦추는 데 유용할 수 있는 귀중한 기술을 제공할 수 있다.

자해의 속도를 늦추는 것은 그것을 예방하는 것과 같지 않다는 것을 기억해야 한다. 그 과정의 각 단계에서, 그 사람이 다음 단계로 넘어가는 것은 완벽하게 허용된다. 목표는 부상을 예방하는 것이 아니라 선택, 반영 및 안전을 위한 시간을 허용하는 것이다. 심지어 모든 과정에서 단지 숨을 한 번 멈추는 것은 자기 돌봄에 있어 중요한 단계다. 위해 감소의 정신은 누군가가 만드는 크고 작은 모든 변화를 용기 있고 가치 있는 성과로 인식한다는 것을 의미한다. 클레어가 강조했듯이, 위해감소는 다음을 수반한다.

어떤 형태로든 회복이나 보살핌을 인식하고 축하한다. 팔뚝 대신 배를 긋는 사람이나, 상처를 입힌 후 상처를 돌보는 사람, 혹은 파라세타몰을 과다 복용을 하는 대신 자신을 베거나, 누군가가 그러한 돌봄을 행했을 때 축하하는 것일 수 있다. 그들이 자기 손상을 하고 있다는 것을 단순히 큰 실패로 보는 것이 아니다.

안전키트와 함께 자해 과정의 속도를 몇 분 또는 호흡 작업으로 늦춘다면 부상의 위험을 줄이고 자해를 더 안전하게 만드는 데 중요한 역할을 할 수 있다. 그러나 이것이 항상 부상의 발생을 막는 것은 아니며, 여기서는 결코 안전할 수 없는 부상(유해한 물체나 물질을 삼키는 것 등)과 마찬가지로, 의학적 주의가 필요할 수 있다. 의료 환경은 종종 감정적(그리고 물리적) 위해가 있는 장소가 될 수 있으며, 신체적 위험을 줄이는 것만큼 감정적 위해감소를 우선시 해야 한다.

감정적 위해 감소

자해가 항상 신체적, 감정적, 맥락적이라 할 수 있듯이, 위해감소도 신체적, 정서적 안녕과 안전한 맥락을 촉진할 필요가 있다(아래 참조). 자해로 인한 감정적 위해는 행위 자체와 관련되거나 외부적 요인에서 비롯될 수 있다. 그러나 어떤 사람이 자기 자신에게 상처를 입힐 때 발생하는 감정적 위해의 상당 부분은 그들에게 외적인 것이고 그들이 대우받는 방식에서 비롯된다. 서비스 제공자들은 자기 자신에게 상처를 입히는 사람들에 대한 반응에 의해 외부적으로 종종 위해가 발생한다는 점을 일관되게 강조하였다.

대체로 자해는 잘 이해되지 않으며, 자해를 하는 사람들은 그다지 좋은 대우를 받지 못한다. 아직도 믿을 수 없을 정도로 오명을 쓴 것 같다. 알다시피 아직도 응급실이나 지역 보건 수술에서 정말 어려운 일들이 벌어지고 있다.

사람들이 고립된 곳에 있거나 또는 그들이 감시당하고 있을 경우-알다시피, 그들은 항상 또는 15분마다 한번씩, 그런 식으로 누군가와 함께 있게 될 때-그것은 당신이 그 사람을 육체적으로 안전하게 하는 것 같지만, 사실, 당신은 그들의 내면에 무슨 일이 일어나고 있는지에 대해 정말로 주의를 기울이지 않고 있고, 그러한 대우를 받으면서 그들의 정서상태가 훨씬 악화될 수 있다. 그들은 신체적으로 안전하기 때문에, 이런 측면에서는 더 나아보이지만, 정서적인 면에서는 실제로 더 나쁠 수 있다.

이러한 종류의 반응에서 발생되는 감정적 위해는 지속적인 손상을 야기할 수 있으며, 종종 자해를 초래하는 부정적인 믿음과 경험을 강화시킨다. 그것은 또한 사람들이 도움을 구하는 것을 주저하게 할 수도 있다. Emma의 경우:

나의 괴로움이 비정상적인 것으로 취급되었을 때, 내 기분을 공유하면 안 된다는 생각이 들었고, 내가 괴짜라는 생각이 들거나, 내가 고칠 수 없을 정도로 무언가를 잘못했다는 생각이 들었다.

루이스 펨브로크는 그가 응급실에서 받았던 지속적으로 부정적이고 적대적인 대우의 부정적 영향에 대해 유사하게 설명했다.

응급실로 가는 것은 자기 손상의 하나의 방식이 되어 있었다. 직원의 판단은 내가 정말로 인생의 가장 밑바닥의 상태라는 것을 확인시켜 주었고, 내가 내 자신에게 가졌던 모든 부정적인 감정을 강화시켰다(Pembroke, 1996: 36).

따라서 자해에 대한 위해 감소 접근법은 신체적 위험과 정서적 위해를 모두 줄이는 데 초점을 맞추어야 한다. 감정적 위해는 신체적 근심과 마찬가지로 피해를 줄 수 있으며, 유사한 장기적 위험도 가질 수 있다. 따라서 도움을 주는 이들은 어떤 수준에서든 자해의 고통과 피해를 가중시키고 누군가를 더 깊은 위험에 빠뜨리는 방식으로 반응하지 않는 것이 필수적이다. Mark는 이미 취약하고 문제가 심화되어 고통을 겪고 있는 사람들을 치료하는 것에 대한 위험성과 불합리를 강조했다.

사람들은 인생에서 정말 끔찍한 일들을 겪는다. 매우 힘든 시기, 매우 힘든 경험을 하고, 그들은 그것에 대처하기 위해 할 수 있는 일을 한다. 판단과 [부정적] 반응을 많이 함으로써 상황을 악화시키지 말자. 내 말은, 사람들이 '글쎄, 자해는 미쳤어'라고 말하는 것이다. 그렇지만 매우 고통스러운 일에 대처하기 위해 자해를 하는 사람들에게, 그들을 더 고통스럽게 하는 방식으로 반응하는 것은 완전히 미친 짓이다!

위해 감소는 신체적, 정서적으로 안전하고 지지적이며 자기 돌봄을 촉진하는 상황을 제공할 것을 요구한다(아래 위기 카드 및 상황 참조). 삶을 향상시키는 방법으로 자해 경험의 통합을 지원하는 것이 감정적 위해 감소의 중요한 측면일 수 있다. Elaine에게 있어서, 이것은 자해가 현재 그녀의 삶에 어떻게 도달하게 했는지에 대한 인식과 관련이 있다.

나는 자해를 한 것에 대해 내 자신을 책망하지 않는다. 왜냐하면 나는 당시 이유가 있었기 때문에 그렇게 했었고, 그걸 하지 않았더라면 오늘 내가 여기에 앉아 있지 않을 수도 있기 때문이다. 당신은 그 순간 가진 지식과 힘을 가지고 할 수 있는 일을 하곤 한다. 뭔가 다른 일을 할 수 있었기를 바랄지도 모르지만, 내가 그렇게 하지 않았고, 할 수 없었다는 것을 알고 있다.

삶의 궤도에 자해 경험을 통합하는 것은 넓은 사회에서 자해라는 오명과 오해에서 비롯되는 감정적 위해에 대한 회복력을 개발하는 데 특히 중요하다. Elaine은 종종 불편함을 느끼게 되었다. 왜냐하면 '사람들이 날 쳐다보고 내가 어떤 상황에 있든, 누구든 간에… 사람들은 상처에 대해 이야기할 것이기 때문이다. 나는 사람들이 상처에 대해 매우 불쾌하게 말하는 것을 경험했다.' Rachel은 비슷하게 묘사했다. 사람들이 '나를 쳐다보지 않고, 상처를 본다. 이는 일종의 방해물이다. 그로부터 알다시피, 나는 상처를 되돌리기 위해 노력해야 한다.'

그것은 마치 누군가가 당신을 사람으로서 완전히 재평가해야 하고, 그들은 마음속에 당신을 완전히 재정의해야 하고, 그리고 나서 당신은 계속 나아가기 위해 노력해야 하는 것과 같다. 아니. 난 아직 여기 있고, 아무것도 변하지 않았고, 난 괜찮아, 그리고 당신은 그들을 당신의 공간으로 다시 들여야 한다.

이러한 문제들을 다루는 유일한 방법은 없다; 어떤 사람들은 숨기는 것을 선택하고, 다른 사람들은, 특히 흉터를 감추는 것이 거의 불가능할 때, 단언을 하는 접근법을 채택한다. 상처를 감추기 매우 어려웠던 Elaine은 다른 사람의 반응에 대처하기 위한 용기 있는 전략을 개발했다:

나는 항상 '확실히 네가 눈치 챈 거 같았어' 또는 '내가 지금 흉터가 있고 [흉터가 드러난 옷]을 입을 거라는 사실을 너도 눈치챘을지 모르겠어, 나는 단지 네가 말하기 전에 내가 먼저 얘기를 꺼내고 싶었을 뿐이야'라고 말하곤 했다. 내가 편안하게 느끼기 위해서 필요한 것은 오직 한 문장만 말하는 것이다. 내가 그 문장을 말하지 않는다면 나는 정말 불편할 것이다. 하지만 내가 그 말을 하자마자, 즉 명백한 것을 말하는 순간, 바로 그거다! 그것에 대한 모든 걱정과 근심이 그냥 풀리고, 나는 내가 이미 말했기 때문에 단지 [흉터가 드러나는 옷]을 입고 서 있을 뿐이다. 반면에 내가 말을 하지 않는다면 '그들이 눈치 챘을까?' 나와 비슷한 생각을 할 것이다. 그리고 대부분의 사람들은 그냥 '그래, 멋져'라고 말한다. 그러고 나서는 아무도 그것에 대해 묻는 것 없이 대화를 이어간다.

비록 Amanda는 입을 수 있는 옷에 약간의 제한이 있지만 자신의 상처를 숨길 수 있었다. 하지만, 옷의 선택권이 제한되더라도, 그녀는 이것이 자신에게 가장 긍정적인 선택이라고 느꼈다.

나는 지금도 항상 긴 소매를 입는다. 나는 내가 왜 상처를 가지고 있는지 질문 받지 않아도 되는 것이 더 나을 것이다. 내 생각으로는, 더 이상 그 길로 가지 않기 위해 지나온 치유 여행이고, 나는 내 스스로를 더 이상 설명하고 싶지 않다.

직장에서의 낙인과 편견도 문제가 될 수 있으며, 차별금지법에서 제공하는 보호의 정도가 불확실해 이러한 문제를 악화시킬 수 있다. 이로 인해 Emma는 특히 직장에서 자신의 상처를 감추어야 한다고 느끼게 되었다.[6]

내 상처에 대해 어려움을 느끼는 한 가지는 많은 사람들에게 상처들이 어디서 비롯되었는지가 명백하기 때문에 내가 반팔을 입으면 대부분의 사람들은 내가 과거에 자해를 한 것을 알게 될 것이고, 이것에 근거하여 판단/추정/논평을 할 수도 있다는 것이다. 나는 더울 때 반팔을 입고 출근할 수 있기를 원한다. 하지만 취약한 사람들과 일하고 만약 누군가가 내 자기 손상에 대해 알게 된다면 직장에서 문제가 생길 수 있기 때문에 그러지 못할 것 같다.

일부 사용자 주도(LifeSIGNS, 2004; Pembroke, 1996; 2007a) 및 법정 서비스(Royal Edinburgh Hospital의 자기 손상 서비스와 같은)는 상처를 감추는 데 사용할 수 있는 피부 위장 및/또는 메이크업 시연에 대한 정보를 제공하는 것이 유용하다는 것을 알게 되었다. 적십자사는 또한 이러한 종류의 자원을 제공한다. 이것은 가능한 상처를 잘 감출 수 있게 하고 옷의 선택지를 넓혀주며, 일과 사회적 상황에 의해 일어나는 자의식과 어려움을 감소시킬 수 있다.

마지막으로, 많은 사람들은 또한 그들의 자해를 둘러싼 부정적인 감정을 경

---

6) 2010년 평등법(영국)은 자해가 포함되는 '정신질환'을 '장애'로 정의한다. 시각장애인 버스 운전사와 같이 그 일을 할 수 없게 만들지 않는 한 장애를 이유로 누군가를 차별하는 것은 전반적으로 불법이다. 그러나 이것은 차별이 발생하지 않는다는 의미가 아니며, 행동강령은 예방적이라기보다 반응적이다. 게다가 차별에 대한 법적 규제들은 비용이 많이 들고, 시간이 많이 소요되며, 스트레스를 받는 과정이 될 수 있다.

험한다. 따라서 순간에는 자해 자체가 감정적인 연고로 작용하지만, 장기적으로는 자해 자체가 정서적인 해를 끼칠 수도 있다(2장 참조). 이러한 모든 맥락에서, 자해라는 부정적인 연관성을 바로잡고, 그것을 인간의 모습과 고통에 대한 보다 광범위한 전체론적 이해로 재정립하는 데 도움이 되는, 지원 작업은 중요한 해독제가 될 수 있다. 실제로 이 책의 정신은 자해를 수치스럽고 이상하게 보기보다는 흔하고 이해할 수 있는 것으로 재배치하는 것이다. 이와 유사하게, 또래/동료 지지 집단(5장 참조)도 이와 관련하여 도움이 될 수 있다.

전반적으로, 감정적인 위해는 다양한 방법으로 일어날 수 있다. 그것은 자기 자신에게 상처를 입히는 사람에게는 외적인 것일 수도 있으며, 더 넓은 사회에서의 낙인과 편견뿐만 아니라 적대적인 태도와 서비스에서의 부실한 치료에서 비롯될 수 있다. 감정적인 위해는 부상 자체 또는 그에 대한 대안으로부터도 발생할 수 있다(위 참조). 이러한 모든 경우에서, 감정적인 위해는 신체적 위해만큼 개인의 안녕에 해로울 수 있으며, 지지적 개입은 이러한 위해의 위험과 영향을 줄여야만 한다. 이것은 자기 자신에게 상처를 입히는 사람이 위치하고 있는 상황을 다루는 것을 포함할 수 있으며, 이를 위한 한 가지 방법은 위기관리 카드를 사용하는 것이다.

위기관리 카드

위기관리 카드는 서비스 사용자가 부상 때문에 응급치료를 받을 때 발생할 수 있는 정서적, 심리적 위해의 일부를 줄이기 위해 개발되었다(LifeSIGNS, 2004; Pembroke, 2007a). 위기관리 카드는 사람들이 고위험의 부상을 가지고 있을 때 특히 중요하다. 예를 들어, 술에 취한 상태에서 자해를 하거나, 완전한 의식을 잃거나 정신적 충격을 받고 의사소통을 할 수 없게 된 정도로 자기 자신에게 상처를 입게 했을 때이다. 의사소통이 잘 되지 않고 지속적인 의사소통에 어려움이 있는 경우, 위기관리 카드는 치료 환경에서 필요한 모든 정보를 즉시 활용할 수 있도록 보장한다.

위기관리 카드는 누군가가 자기 자신에게 상처를 입히고 싶다고 느끼지 않을 때 준비되어야 하며, 그들의 이름, 주소, 생년월일, 그리고 그들의 친척/간호인의 연락처를 포함해야 한다. 또한 그들이 복용하고 있는 의약품이나 그들이 받고 있는 치료의 세부사항과 그들이 가지고 있는 알레르기와 그들이 관여하고 있는 지원 서비스를 포함해야 한다. 위기관리 카드는 또한 심리적인 고통으로 인해 의사소통이 불가능할 때, 그 사람에게 무엇이 필요한지에 대한 간단한 세부사항을 포함할 수 있다. 유용한 정보의 예로는 '나는 자해를 한 오랜 이력을 가지고 있고 주변에서 도움을 구하고 있다;' '나는 읽거나 쓸 수 없다;' '나는 지금 당장은 말할 수 없지만 들을 수는 있다;' '근처에 남자가 있다면 나를 칸막이 안에 혼자 두지 마시오.'가 있다.

이러한 종류의 정보를 제공하면 서비스 사용자와 서비스 제공자 모두에게 스트레스와 혼란을 줄일 수 있다. 그것은 서비스 제공자들이 자기 자신에게 상처를 입히게 한 누군가와 대면했을 때 종종 느끼는 공포와 불확실성을 완화시켜주고 (Hadfield 등, 2009 참조), 복잡하지 않고 효율적으로 적절한 치료를 제공할 수 있도록 서비스에 필요한 모든 정보를 제공한다. 이와 같이, 서비스 이용자의 복지에 필수적인 모든 정보가 존재함을 확인하는 것 외에도, 어려운 상호작용 및 서비스 사용자에게 관련된 피해를 막아준다.

의료 전문가들과 상호작용할 때, 양측이 모두 불안, 혼란, 공포로 가득 차 있고, 때로는 서비스 제공자의 입장에서 노골적인 적개심으로 가득 차 있는 것은 여전히 흔한 일이다. 자기 자신에게 상처를 입히게 사람들은 치료받는 순서가 맨 마지막으로 밀릴 수도 있다; 그들은 마취 없이 꿰매지거나, 자기 자신에게 상처를 입힌 것에 대해 벌을 받고 비난 받을 수도 있다(Harris, 2000; Pembroke, 1996; Simpson, 2006). 그리고 위기관리 카드는 노골적인 적대감을 바로잡지 못할 수도 있지만, 제공자의 훈련과 인식이 부족해 어려움이 발생할 때 매우 효과적으로 기능한다. 위기관리 카드는 추가적인 설명 정보와 함께 필요한 모든 환자 세부 정보를 제공하므로 양자에 대한 압박감이 감소한다. 그것은 서비스 사용자의 요구에 대해 목소리를 내고, 그들이 적절한 대우를 받을 수 있도록 권리를 보장한다. 서비스 제공자의 관점에서, 그것은 불확실성의 감정을 감소시키는데 특히, 자기 자신에게 상처를 입힌 사람에 대해 서비스 제공자의 역할과 책임에 관한 불확실성을 감소시킨다.

일부 법령 서비스들은 위기관리 카드의 사용을 한 단계 더 발전시켰다. 흔히 '녹색 카드'라고 불리는 이것들은 전문가 위기 지원(Wilhelm et al., 2007) 및 응급 병원 입원(Kapur et al., 2010; McDougall, Armstrong & Trainor, 2010)을 포함한 주문형 서비스의 여권으로 작동하는 서비스형 카드다. 이런 식으로, 지원은 언제든지 이용할 수 있으며, 결정적으로, 이미 자기 자신에게 상처를 입힌 사람에 의존하지 않는다. 녹색 카드는 '도움을 구하기'를 장려하고 주문식 위기 입원을 제공했기 때문에 젊은 사람과 성인 모두에게 매우 효과적인 것으로 밝혀졌다 (Kapur et al., 2010: 5).[7] 후속 연구에서 이의가 제기되긴 했지만 녹색 카드가 자해를 감소시킨다는 증거들이 존재한다(Kapur et al., 2010; McDougall, Armstrong & Trainor, 2010). 그럼에도 불구하고 녹색 카드 연구는 자해가 발생할 수 있는 상황에서 비상/위기 지원 서비스에 대한 직접적이고, 의심의 여지없는 접근의 중요성을 강조한다. 병원에 입원하거나 지원에 접근하기 위해 부상을 미리 입지 않아도 된다는 것은 피해를 줄이기 위한 강력한 수단이다. 이것은 또한 자해 이후뿐만 아니라 자해가 발생하기 이전에 도움을 줄 수 있는 존재가 얼마나 중요한지 보여준다.

전반적으로 위기관리 카드와 녹색 카드는 누군가가 자기 자신에게 상처를 입혔거나 그럴 예정일 경우 지원에 접근하는 효과적인 수단을 제공한다. 이 카드는 의료 환경에서 흔히 볼 수 있는 의사소통 문제 중 일부를 중재할 수 있으며, 이에 따라 정서적 피해를 줄이고 적절한 치료가 이루어지도록 보장할 수 있다. 게다가 안전 키트와 마찬가지로, 위기 카드를 작성하는 것은 도움을 주는 사람이 자해와 관련하여 누군가와 관계를 맺는 긍정적이고, 생산적이고, 위협적이지 않은 방법이 될 수 있다.

그러나 위기관리 카드만이 감정적인 위해를 줄일 수 있는 유일한 방법은 아니다; 상황을 덜 해롭게 할 수 있는 다른 자원들도 있다.

---

7) 호주 병원에서는 녹색 카드가 약간 다른 방식으로 사용되었다(Wilhelm et al., 2007): 녹색 카드는 다음날 약속, 비상 연락 목록, 병원 내 구조화된 3세션 지원 프로그램에 대한 접근을 제공했다. 그들은 도움을 찾는 행위와 프로그램에의 참여를 장려하는 측면에서 긍정적인 영향을 미치는 것으로 밝혀졌다. 그러나 지원은 주로 간단한 개입과 '생활형 변화'를 장려하는 데 집중되었다.

상황, 서비스 및 도우미

4장에서는 사람의 삶의 맥락(과거와 현재)이 얼마나 사해에 큰 의미를 갖는지 탐구했다. 또한 환경이 성장과정에서의 부정적인 경험을 반영할 경우 환경이 얼마나 해로울 수 있는지 강조했다. 이러한 맥락에서, 서비스 제공자들은 서비스 자체의 작동 방식이 야기하는 잠재적 위해를 예민하게 인식해야 한다. 내가 인터뷰한 서비스 제공자 중 한 사람은 다음과 같이 말했다:

병원, 교도소 등 관련된 모든 기관들은 사람들이 더더욱 [자해]를 하도록 만드는 '우리가 여기서 하고 있는 것'에 대해 살펴봐야 한다. 알다시피, 때때로 사람들의 자해는 점점 더 심해지는데 이는 개인에 대한 것이 아니라 그들이 처한 상황에 대한 것이다. 그들이 집에 있는 상황일 수도 있고, 그들이 병원이나 교도소에 있는 상황일 수도 있고, 또는 일종의 보호 상황, 주거 상황일 수도 있다.

누군가가 건강하지 못한 상황에서 벗어날 수 없는 경우, 일부 어려움을 줄이기 위해 취할 수 있는 몇 가지 실질적인 조치들이 있다.

자해에 대한 이해가 거의 없거나 전혀 없는 곳에서 종종 피해가 커졌는데, 그것은 부정적이고 오명을 씌우는 방법으로 인식된다. 이러한 맥락에서 어려움은 종종 자해에 대한 두려움과 오해, 누군가가 자기 자신에게 상처를 입히게 하는 이유, 그리고 적절한 대응을 구성하는 것 때문에 어려움이 발생한다. 예를 들어, 가정, 병원, 주거 환경, 고용 또는 교육에 인접한 환경은 피해를 촉진하거나 줄이는 데 상당한 영향을 미칠 수 있다.

자해에 대한 교육과 자원은 매우 유익할 수 있으며 서비스 사용자와 기타 조직에서 광범위하게 이용할 수 있다. LifeSIGNS[8]과 National Self-Harm Network[9]은 가족, 친구, 학교를 포함한 다양한 맥락과 자기 자신에게 상처를 입히는 사람에 대한 구체적인 정보를 제공한다. Self-injury Support[10]는 가족, 친

---

8) www.lifesigns.org.uk/ (accessed 25 August, 2016)를 보시오.
9) www.nshn.co.uk/downloads.html (accessed 25 August, 2016)를 보시오.
10) www.selfinjurysupport.org.uk/publications-about-self-injury (accessed 25 August, 2016)를 보시오.

구, 지원 근로자 및 자기 자신에게 상처를 입히는 사람들에게 온라인 및 저비용 인쇄물 자료를 제공한다. 학교, 주거 시설 및 학부모 단체가 항상 그러한 자원을 사용할 수 있도록 보장하는 것은 좋은 관행이다. 심지어 대처기제로서의 자해와 몇가지 주요한 '행동수칙(dos and don'ts)'을 기본적으로 이해하는 것도 이러한 맥락에서 잠재적 위해성을 줄이는 데 상당한 영향을 미칠 수 있다.

자해의 위해를 악화시키기 보다는 감소시키는 서비스 맥락을 제공하는 것도 자원 제공의 핵심이다. 건전한 지식과 자해에 대한 현실적인 기대가 필수적이며, 자해를 한 사람과 일하는 조직은 다양한 자원과 훈련을 이용할 수 있다.[11] 근로 자들이 자해에 대한 교육을 받지 않았을 때, 그리고 자기 자신에게 상처를 입히는 사람들과 어떻게 일해야 하는지에 대한 명확한 정책이 없을 때, 이는 모든 사람에게 잠재적으로 안전하지 않은 상황을 만들고 불안감을 조성한다.

마찬가지로, 자해에 대해 명확한 정보나 훈련이나 정책이 없는 근로자들은 종종 이를 다루기가 어렵고 괴로움을 느끼며 감정적으로 해롭다고 생각할 수 있다. 이 고통은 특히 자해를 빨리 멈출 수 있다는 기대가 있는 경우, 효과적으로 개입해야 한다는 것에서 오는 절망감과 무력감에 의해 심화될 수 있다. 이것은 근로자들을 더욱 압박하고, 그들에게 부상에 대한 책임을 부여하며 자해를 하는 사람과 긍정적인 관계를 맺거나, 도움을 주는 개입을 할 가능성이 거의 없는 상황을 만든다. 자해 및 위해 감소에 대한 정보와 훈련은 작업자가 겪는 스트레스와 어려움을 줄인다(7장 참조). Clare는 교육 평가에서 다음과 같이 보고했다:

> 우리가 들은 바로는 그들은 [위해 감소]가 자해를 다룰 때의 여러 감정들에 실제로 도움이 될 것이라고 느낀다는 것이다. 그것은 책임감, 죄의식, 실패감, 절망감, 그들이 그저 자해를 멈출 수 없다는 좌절감, 또는 자해를 하는 사람이 이를 멈출 수를 없다는 좌절감을 없앨 수 있다.

안전한 환경은 서비스 사용자에 대한 현실적인 기대가 있고, 직원들이 이러

---

11) 예를 들면, Self-injury Support www.selfinjurysupport.org.uk/training (accessed 25 August, 2016)과 Zest www.zestni.org/ (accessed 25 August, 2016)가 다양한 범위의 훈련 프로그램을 제 공한다.

한 기대와 함께 일하는 방식을 의미하기도 한다. 자해는 대개 오랜 시간 동안 누군가의 삶의 일부가 된 복잡한 경험이다. 이와 같이, 장기적 대응이 필요하며, 빠른 해결책에 대한 기대는 모든 사람에게 도움이 되지 않으며 잠재적으로 유해한 환경을 제공한다.[12) 한 서비스 제공자는 조직으로서 직원 및 자원봉사자들이 현실적인 이해와 기대를 갖도록 보장하는 방법을 설명했다:

직원으로서 내가 모르는 마술 같은 것은 없다. 사실, 난 잘 해나가고 있다. 설명하자면, 이건 복잡한 인간의 문제이며 난 최선을 다하고 있다. [그들]의 생각보다는 '아, 다른 사람들이 알고 있을 법한 어떤 멋진 방법이나 과정 또는 내가 모르는 어떤 것이 있다'고 생각하고, 그래서 나는 성공하지 못한다고 생각하는 것이다. 그리고 나는 '내가 자해 행동을 없애줄 수 있다'보다는 '위해를 최소화'한다고 생각한다. 왜냐하면 없앤다는 것은 너무 비현실적이기 때문이다.

현실적 기대감에서도 자해로부터 멀어지는 것은 선형적인 과정이 아니라는 것을 이해하는 것이 중요하다. 누군가가 치료 과정을 시작할 때 부상은 줄어들 수도 있지만, 일이 진행됨에 따라 또 되돌아 갈 수도 있다. 자해의 복귀는 실패로 볼 수 있으며, 실제로는 그 반대를 나타낼 수도 있지만, 작업이 비효과적이라는 증거가 된다. 즉, 그 사람이 문제의 핵심에 도달했고 부상이 이를 반영하고 있다는 것이다. 여기서 다시, 위해 감소를 실천하는 것은 그 사람이 두려움을 느끼거나 실패하는 느낌 없이 안전하게 치료 작업을 계속할 수 있도록 하는 데 필수적이다. 한 서비스 제공자는 '누군가 자해를 한다고 해서 그것을 반드시 쫓아갈 필요는 없다. 이는 당신이 하고 있는 다른 작업이 잘 진행되고 있음을 알려주는 것일 수도 있다.'라고 강조했다.

전반적으로 서비스 사용자와 근로자에게 정서적 피해를 주지 않는 맥락에서 자해와 관련된 특정 지식, 자원 및 현실적 기대는 필수적이며, 이러한 모든 것은 특정 자해 정책에 포함되어야 한다. 또한, 자해에 특정되지는 않지만 직원과 서

---

12) CBT－인지 행동 치료－현재 자해를 포함한 다양한 정신 건강 문제에 대한 치료법으로 유행하고 있다. CBT가 자해를 당한 사람들에게 특별히 효과적이지 않다는 증거에도 불구하고(Wilhelm et al., 2007), 서비스 제공자들에게는 여전히 인기가 있다. 인기는 상대적으로 짧은 기간(일반적으로 6회)과 서비스 사용자의 생각을 변화시키는 데 초점을 맞춘다는 점에서 비롯되는 것 같다.

비스 이용자의 복지에 큰 영향을 미치는 서비스 맥락의 다른 측면들도 있다. 여기에는 근로자 간의 자기돌봄과 지원을 촉진하는 직장 문화, 명확한 역할과 경계, 그리고 평등에 대한 진정한 헌신이 포함된다(7장 참조). 마찬가지로 상황 및 도움을 주는 사람들은 사회적 불평등을 반복하고 소수자 스트레스를 강화하는 것을 적극적으로 피해야 한다(4장 참조).

마지막으로, 각 개인의 고유한 경험과 자질을 인식하고 지원하는 협력적이고 강점에 기반한 정신으로부터 진행될 때 상황이 안전하고 도움이 된다(5장 참조). 이는 서비스 사용자에게 적용되는 것처럼 직원에게도 적용된다. 직원이 안전하지 않고 도움을 받지 못하는 조직은 항상 고객과 근로자에게 해를 끼칠 것이다.

챕터 요약

위해 감소는 사용자 주도의 자해 개입으로, 법정 서비스에서 점점 더 채택되고 있다. 위해 감소는 자해가 대처기제라는 이해를 기반으로 하며, 대처기제를 방지하려고 시도하는 대신 자해를 가능한 한 안전하게 만드는 데 초점을 맞춘다. 여기에는 신체적 위험과 감정적 위해를 이해하고 줄이고 자기 돌봄을 촉진하는 것이 포함된다. 위해 감소는 특정 상황에서 자신을 위해 최선의 결정을 할 수 있는 개인의 능력을 존중하고 인정한다. 그것은 자율, 선택, 통제를 촉진하며, 이 요인들은 서비스 사용자들의 삶과 그들이 받는 서비스에서 부재해왔다. 위해 감소는 낙인과 소외에 대항하여 작용하며 장기적인 지원이 이루어질 수 있는 긍정적인 체계를 제공한다.

위해 감소 접근법에는 다양한 가능한 실천요강이 있으며, 이러한 실천요강은 지속적으로 발전하고 있다. 단, 위해 감소 개입을 시도하기 전에 다음 사항을 명확히 하는 것이 중요하다.

1. 신체 위험 술이기
2. 정서적 위해 줄이기
3. 자기 돌봄 촉진하기

이러한 세 가지 기준을 모두 충족하지 않는 개입은 피해를 감소시키기 보다는 잠재적으로 피해를 유발할 수 있다. 또한, 자해로 인한 위험은 각 개인과 그들이 자신을 해치는 특정한 방식에 따라 달라진다는 것을 기억하는 것이 중요하다. 실무는 자해를 하는 모든 사람에게 일방적으로 적용될 수 없다. 한 사람의 위험을 줄이는 개입은 다른 사람의 잠재적인 위해를 증가시킬 수 있다. 한 서비스 제공업체는 다음과 같이 강조하였다:

그것은 개인적인 것이다. 사람 사이에는 몇 가지 공통점이 있을 수 있지만, 어느 날 자해를 하는 사람은 다른 날에 자해를 하는 사람과 완전히 다를 수도 있기 때문에, '나는 이것을 알고 있고, 나는 이것을 해야 한다.' 또는 '이 사람은 이것을 하고 있어야 해'라고는 생각할 수 없다. 그런 게 아니다. 그것은 그 사람이 특정 시간에 어디에 있느냐에 관한 것이다.

전반적으로, 위해 감소는 개인이 안전하게 유지되고 선택과 자율성을 유지할 수 있도록 지원한다. 그것은 위험, 낙인, 불안을 줄이고, 자기 관리를 촉진할 뿐만 아니라, 자해를 초래하는 문제와 경험에 대한 의미 있는 장기적인 탐구의 가능성을 제공한다.

●○ 학습한 내용 실무에 적용하기

정의	자해는 생명을 보호하며 위험하다.
작업원칙	• 두려움이 아닌 지식 • 천천히 해라.
실무적용	• 위해 감소, 돌봄 촉진 • 위험과 신뢰의 균형

정의: 자해는 생명을 보호하며 위험하다

이 책을 통해 나는 자해가 복잡한 경험이며 공통적으로 광범위 할 수 있지만 개인 간에는 완전히 모순될 수 있음을 강조하였다. 예를 들어, 한 사람은 자신의 편안함을 위해 자해를 하지만 다른 한 사람은 처벌의 한 형태로 자해를 할 수도 있다. 자해의 영향에 있어서도 마찬가지로, 자해는 대처기제이자 생존 수단이지만 이로 인해 영구적이거나 치명적인 피해를 입을 수도 있다. 자해를 이해하고 도움이 되는 대응을 하기 위해서는 모순, 위험 및 불확실성을 견뎌내야 한다. 이를 위해 감소 영역에서 특히 더 요구된다. 위해 감소를 위해서는 생명을 보호하는 측면에서의 자해와 자해에 내재된 위험을 줄이는 것, 동시에 이 두 가지에 대해 집중해야 한다.

작업 원칙

1. 두려움이 아닌 지식

자해의 많은 부정적인 결과들은 잘못 생각하거나 잘못 인식하거나 잘못 접근하였을 때 발생한다. 자해의 의미와 목적, 그리고 누군가가 자기 자신에게 상처를 입혔다면 누구에게 책임이 있는지에 대한 불안은 종종 두려움에 기반한 반응을 하게 만들며, 특히 서비스 이용자이거나 청소년인 경우 더 그럴 수 있다. 두려움에 기반한 반응은 즉각적 또는 장기적으로 도움이 될 가능성이 낮으며 이익보다 해를 더 많이 생성한다. 따라서, 자해에 대한 어느 반응이던, 특히 위해 감소의 경우에는 확실한 지식을 기반으로 하고 명확한 정책에 의해 지원되어야 한다. 지식과 성찰은 긍정적이고 목적이 있는 대응의 기초이다. 두려움은 손상을 악화시킬 뿐이다.

2. 천천히 해라

이 장에서 자해 위험을 줄이는 주요 방법 중 하나는 속도를 줄이는 것이었다. 여기서 '천천히'라는 말은 안전하고, 자해에 있어서 덜 공황상태에 빠지고, 덜 급박하며, 해로울 가능성이 낮다는 것을 의미한다. 속도를 늦추는 것은 조력자들에게도 적용된다. 가장 도움이 되지 않는 반응은 두려움, 공황 및 위기 반응에서 비롯되며, 예방과 통제에 대한 충동이 일어날 수 있다. 조력자 또한 어떠한 행동을 하기 전에 속도를 늦추고, 잠시 멈추고, 숨을 쉬고, 무슨 일이 일어나고 있는지 돌아보며 진행한다면, 정서적 해를 끼치거나 부상을 악화시키지 않는 훨씬 더 유용한 방식으로 대응할 수 있을 것이다.

활동

- 몇 가지 간단한 호흡운동에 대해 살펴보고 매일 몇 분씩 호흡에 집중해 보아라. 호흡운동에 익숙해지면 스트레스 받거나 괴롭힘을 당하거나, 당황스러울 때 시도해보고 어떤 효과가 나타나는지 확인해 보아라.

실무적용

1. 위해를 감소하고, 돌봄 촉진하기

위해감소를 위한 좋은 실무의 중심은 신체적 위험과 정서적 위해를 줄이고 자기돌봄을 실천하도록 자기 자신에게 상처를 입히는 사람을 지지하는 것이다. 대응을 다음과 같은 질문으로 나누어 보는 것이 도움이 될 수 있다.

- 어떤 위험(신체적, 정서적)이 있는가?
- 긍정적인 부분(예: 개인의 강점, 자원 등)은 무엇인가?

- 자기돌봄이 어떻게 증진될 수 있는가?
- 무엇이 도움이 되는가?
  즉시?
  중단기?
  장기?

자기 자신에게 상처를 입히는 사람과 이러한 질문을 탐색하는 것은 그들의 필요와 상황에 맞는 다면적인 맞춤형 대응을 가능하게 할 것이다. 본 장에서 제안하는 위해 감소 기법은 위해성을 줄이고 돌봄을 촉진하는 방법의 출발점을 제공하지만, 이는 결코 완전한 것이 아니며, 여러 가지 가능성이 존재한다. 개입이 신체적 위험과 감정적 위해를 줄이고 자기돌봄을 촉진한다면, 이는 중요한 위해감소 연습을 제공한다. 이는 각 개인이 자해로부터 안전하게 생활하고, 자신의 내재된 욕구와 장기적인 목표를 탐색하는 데 도움이 되는 환경을 제공할 수 있다.

2. 위험과 신뢰의 균형

위해 감소 혹은 자해에 대한 건설적인 대응에 있어 주요 장벽 중 하나는 자해의 대한 편견과 고정관념이다. 예를 들어, 어떤 조력자가 자해는 병들었고 미친 것이며, 자기 자신에게 상처를 입힌 사람들이 상대를 조종하고 일탈하고 관심을 끌려 한다고 생각한다면, 그들은 위해 감소 연습이나 어떤 의미있는 방법으로도 누군가를 지지하지 않을 것이다. 반면, 조력자가 자해가 대처기제이며 역경을 견디는 힘, 생존의 증거라는 것을 이해한다면, 그들은 훨씬 더 긍정적이고 지지적인 방법으로 대응할 가능성이 높다. 또한 그들은 위해 감소를 이해하고 이를 독려할 수 있는 가능성이 훨씬 더 높다. 그러므로 위해 감소는 자기 자신에게 상처를 입히는 사람을 신뢰하는 것에 큰 기반을 둔다. 즉, 생존하려는 그들의 의지와 자해의 목적을 믿는 것이다. 이는 특히 서비스 사용자에게 달린 꼬리표에 의해 그들의 확실성과 신뢰성이 저하된 것으로 여겨지는 상황에서 어려운 일이 될 수 있다. Emma에게는 '사람들이 자기 손상을 하는 사람들의 능력을 신뢰하는 것'이 매우 중요했다.

그러나 신뢰는 양방향 관계이다. 자기 자신에게 상처를 입히는 사람은 조력자에게 어려움을 줄지라도, 최선의 이익을 마음에 두고 자신의 조력자를 진심으로 신뢰할 수 있어야 한다. 사람들은 신뢰할 수 없는 사람의 조언에 마음을 터놓거나 주의를 기울이지 않기 때문에, 신뢰는 위해 감소의 양방향적 특징을 가지고 있다. 또한 신뢰는 위험의 맥락에서 유지되어야 한다(Trust also has to remain in the context of risk). 위해 감소를 할지라도 자해에 위험이 아예 없다고는 할 수 없으며, 이러한 위험들은 걱정과 통제 시도를 야기할 수 있다. 예방의 위험을 알고도 자해의 위험을 감수하는 것은 조력자에게 어려운 과제일 수 있지만, 자기 자신에게 상처를 입히는 사람들에게는 전환의 계기가 될 수 있다. Elain은 위험과 신뢰의 균형을 유지해야 한다고 강조하면서 위해감소가 조력자에게 주는 딜레마를 설명했다.

나는 신체적 상해의 측면에서 자해에 대한 반응이 훨씬 적어야 한다고 생각한다. 누군가가 팔을 그었기 때문에 그들이 위험에 처했다고 생각하지만, 자해 때문에 정신병원에 입원할 필요가 있다고 생각하지는 않는다. 그것은 부상에 대한 반응이다. 이는 큰 혼란의 영역이다. 그들이 다음 주에 다시 왔을 때 팔을 15바늘 꿰매고 왔다면 내보내도 괜찮은가? 그리고 우리는 위험에 처해 있는가? 우리는 우리 자신에게 위험한가? 당신 자신에게 위험한가? 위험이 있는가? 엄밀히 말하자면 그래야 하지만, 나는 자해 때문에 사람들을 정신건강의학과에 보내는 것은 옳지 않다고 믿는다. 나는 그것이 실제로 득보다 실이 많다고 생각한다. 그리고 사람들이 자신을 손상하는 것을 '막는다고 해서' 그들의 행동을 막을 수는 없을 것이다. 이것이 상해에 대한 반응이며, 만약 사람들이 다르게 반응한다면 더 잘 대처할 수 있을 것이다.

위험과 신뢰의 균형을 맞추는 것은 쉽지 않으며, Elaine이 지적했듯이, 실제로는 많은 상황에서 생각하는 것과 다르다. 그러나 신체적 위험과 감정적 위해를 줄이고 자기돌봄을 촉진하는 자해에 대한 안전한 대응을 위해서는 위험과 신뢰의 균형을 지지하는 것이 필수적이다.

- 사람들이 자기 자신에게 상처를 입히려 할 때 사용하는 한두 가지 방법에 대해 생각해 보아라. 이것은 당신의 일이나 경험 혹은 이 책의 내용에서 나온 것일 수 있다.
- 각 부상의 유형에 대한 모든 위험(즉시적, 장기적) 목록을 작성한 다음, 이러한 위험을 줄일 수 있는 몇 가지 방법을 반영하라.
- 이러한 위험을 줄이는 데 도움이 되는 다른 정보나 자원에는 어떤 것이 있는가?

CHAPTER

7

정책:
최선의 개입하기

정책:
최선의 개입하기

정책이라는 단어는 대부분의 경우 영감을 주고, 들뜨게 만들거나, 동기를 부여하는 단어가 아니다. 실제로, 현실과 거의 관계가 없거나 기본적인 일상 활동에 터무니없는 제약과 프로토콜을 가하는 지루한 서류작업의 연속으로 '건강과 안전이 나빠진다.'처럼 앞선 형용사들과는 반대의 이미지로 간주된다. 그러나 정책이 모호하고 폐쇄적이어야 할 이유는 없다. 사실, 좋은 정책은 정확히 반대이다: 최선의 실습이 이루어지도록 하는 것이다.

정책은 '행동의 확실한 과정이나 방법' 또는 '현재와 미래의 결정을 내리는 것'으로 정의되어 왔다(Goldman & Schmalz, 2010: 9). 이러한 이유로, 자기 자신에게 상처를 입히는 사람들과 작업하는 조직들에게 구체적인 자해정책은 필수적이다. 자해정책은 해당 조직 내에서의 역할, 책임, 관행 및 프로토콜을 분명한 언어로 규정한다. 이는 혼란과 역효과를 낳는 관행으로 이어질 수 있는, 자해를 둘러싼 공포, 불확실성, 오해를 없앤다.

정책에 관한 이 장은 자기 자신에게 상처를 입히는, 서비스에 참여하는 사람들뿐만 아니라 모든 유형의 분야에서 일하는 사람들에게 유용하도록 만들어졌다. 이 장에 제시된 정책개발 체계는 조직적 관행을 구체화할 수 있으며, 더 중요한 것은 정책과 실무의 재검토에 관한 서비스와 관련된 자원을 제공할 수 있다는 것이다. 서비스 맥락에 속하지 않는 사람들이, 정책, 그리고 정책의 발전 가능성을 이해하는 것은 자해에 관한 흔한 몇 가지의 통념과 프로토콜을 이해하고, 혹시 이에 부딪히게 되면 그것에 이의를 제기하는 측면에서 또한 유용할 수 있다.[1]

이 장은 자해정책을 개발하기 위한 이론적 근거와 실무적 지침을 제공한다. 여기서 채택된 정책적 접근법은 간단하고, 접근가능하며 실용적이다. 이는 효과적인 자해정책의 모든 핵심 구성요소를 포함한다. 일반적인 인식(및 관행)과 달리 종합적인 정책은 두세 페이지가 넘지 않아야 하며 그래야 읽고, 이해하고, 실행하기가 쉬울 수 있다. 그러나 자해정책의 필수적인 특징들을 설명하기 이전에, 자해정책을 개발하기에 적절한 맥락인지를 확인하는 것이 중요하다.

훌륭한 자해정책을 위한 맥락

훌륭한 자해정책은 근로자, 서비스 사용자, 그리고 경영진이 협력하여 개발된다. 다양한 근거에 바탕을 두고 있으며 초점과 목적이 뚜렷하다. 정책은 아무것도 없는 상태에서 나오는 것이 아니며, 조직의 문화와 가치를 반영하고 강화한다. 조직의 광범위한 맥락, 정신 및 자원은 자해정책의 개발과 효과에 상당한 영향을 미칠 것이다. Hilary Lindsay(1999)는 '자해를 하는 사람들을 치료하기 위한 좋은 실무 가이드라인(Good Practice Guidelines for Working with People who Self-Injure)'에서 자기 자신에게 상처를 입히는 사람들과 작업하는 모든 서비스는 좋은 실무가 이뤄지기 위해 반드시 핵심 조건을 갖춰야 함을 강조한다. 이는 다음과 같다.

---

1) 또한 자기 자신에게 상처를 입히는 사람들에게 도움이 되도록 대응하는 데 있어서 서로 다른 맥락들은 각각의 특정 장점·단점을 가진다는 점 또한 주목할 필요가 있다. 예를 들어, 서비스 맥락은 사회 및 가족 지원 네트워크에 존재하지 않는 정책 및 법적 의무에 의해 종종 제한되고 체계화될 것이다. 따라서 '비전문가' 지원이 훨씬 융통성 있다. 그러나 사회적, 가족적 지원은 서비스 제공자와의 관계보다 훨씬 깊고 복잡한 감정적 유대에 얽매여 있으며, 경계와 의무 측면에서 훨씬 더 모호하고 혼란스러울 수 있다. 따라서 각 맥락은 구체적인 가능자와 제약조건을 동반하며, 정책 분석은 어느 맥락에서나 이러한 문제를 탐구하고 명확히 하는 수단이 될 수 있다.

- 권리와 평등
- 분명한 업무 시행
- 힘을 실어주는 실무
- 융통성
- 경계
- 직원 교육 및 지원

권리와 평등은 정책 개발을 포함한 정책 과정의 모든 단계에서 필수적이다. 이는 조직 각층의 서비스 이용자와 근로자가 정책 개발 과정에 참여해야 한다는 것을 의미하며, 그렇지 않으면 '평등'은 의미 없는 미사어구에 지나지 않는다. 평등은 원칙으로서, 그리고 실재적이고 실질적인 이익의 측면에서 모두 필수적이다.

최근 몇 년 동안 '경험에 의한/경험을 통한 전문가'(예: 서비스 사용자)가 의미 있는 서비스를 개발하고 제공하는 데 필수적이라는 인식이 법령 및 자발적 서비스 전반에 걸쳐 높아지고 있으며, 서비스 사용자 상담은 법정 서비스에서 점점 더 의무화되고 있다(Thomas & Holynrake, 2014).[2] 로열 에든버러 병원에서의 수상 경력에 빛나는 자기손상 서비스와 성격장애 프로젝트는 둘 다 서비스 이용자와 제휴하여 개발되었으며, 현재는 사용자가 주도하고 지시하는 서비스가 되고 있다. 마찬가지로 맨체스터 42번가의 청년 자기손상 서비스도 사용자 주도의 모델에서 개발되었는데, 서비스 제공자는 촉진자 및 서비스 제공의 전달자 역할을 한다(Green, 2007). 자원봉사 분야 전반에 걸쳐 서비스 제공자들은 또한 서비스 사용자로서의 경험에서 전문지식이 나온다는 것을 인정한다: '나는 솔직히, 내가 훌륭한 사람들에게서 지도를 받았기 때문에 지금 자살 및 자기손상 전문가가 되었다고 믿으며, 이 사람들 또한 이를 겪었었다.'

전반적으로, 서비스를 이용하는 사람들과 서비스를 제공하는 사람들 사이의 협력에서 좋은 정책과 실무가 이루어진다. 그러나 정책은 또한 서비스 사용자에

---

2) 정책과 서비스 개발에서 서비스 사용자 협의가 점점 의무화되고 있지만, '협의'는 종종 형식화되고, 이를 극복하기보다는 권력 계층과 불평등을 강화할 수 있다. 진정한 힘의 분산을 위해서는 평등에 대한 진정한 믿음과 헌신이 필요하다(Thomas & Hollinrake, 2014 참조).

게 무엇이 효과적인지에 기초해야 한다. 최근 몇 년 동안 '근거 기반 실무'의 권한은 의료 현장에서 보건 및 사회복지 분야로 이동했다(Glasby, 2011a; Warner & Spandler, 2012). 그러나 '근거'를 구성하는 것은 객관적 사실인 분명한 사례가 아니라 권력과 불평등에 얽매여 있다. 근거에 있어서 확실한 위계가 존재하는데, 의학 연구와 같은 특정 형태의 근거는 서비스 사용자 경험과 같은 다른 유형의 데이터보다 더 가치 있게 여겨진다. 그러나 근거의 가치는 종종 특정 환경의 적용 가능성과는 거의 관련이 없다(Glasby, 2011b). 예를 들어 의료 환경에서는, 무작위 통제 실험에서 나온 결과가 탁월한 근거로 간주된다. 그리고 실험실에서 시작된 무작위 통제 실험의 결과는 어느 정도 가치 있을 수 있지만, 이러한 결과는 사람들의 일상생활의 맥락에서 주관적인 인간의 감정, 인식 및 경험에 개입할 때는 덜 효과적이다. 더욱이 실험실 밖에서 근거로 간주되는 것은 불평등하게 정의된다. 예를 들어, 의학적 소견은 근거나 연구결과가 되는 반면, 서비스 사용자의 경험은 타당한 데이터로 간주되지 않는다(Falkner & Thomas, 2002).

이처럼 사용자의 경험을 벗어난 '근거'의 왜곡은 서비스 사용자를 포함시키고 협의하는 움직임을 저해할 수 있다. ─만약 그들의 경험이 근거에 의해 무시될 경우, 여러 사람들과 협의를 할 이유가 없다. 이러한 변칙으로 인해 연구자들과 실무자들은 '근거'를 위한 새로운 체계를 개발하게 되었다. 이러한 체계는 다른 형태의 데이터와 동등한 수준으로 서비스 사용자의 경험을 활용하고 평가할 뿐만 아니라 실무자들의 지식과 경험을 통합한다(Glasby, 2011b; Thomas & Hollinrake, 2014; Warner & Spandler, 2011). 이러한 종류의 데이터는 '실무 기반 증거'(Warner & Spandler, 2011), '지식기반 정책과 실무'(Glasby, 2011b), '사용자 주도 연구'(Faulkner & Thomas, 2002)로 재구성되었다.

따라서 강력하고 의미있는 정책은 폭넓은 지식에 기반해 만들어져야 한다. 여기에는 출간된 연구가 일부 포함될 수 있지만, 때로는 출간된 지식에 반대하는 것처럼 보이더라도 서비스를 활용하고 서비스 안에서 일하는 사람들로부터 나온 근거를 포함해야 한다. 위해 감소 정책 및 실무의 개발은 수년 동안 명백히 '전문가' 지식과 '근거'에 반하는 것이었으며, 그럼에도 불구하고 이제 이들은 과거에는 거부되었던 맥락에 정확하게 통합되고 있다(6장 참조). 따라서 근거가 다양한 것은 매우 중요한데, 이는 정책이 서비스 사용자의 요구에 직접적으로 관련되어 있는지 확인시켜주어 동시에 권리와 평등을 강화하기 때문이다(Thomas & Hollinrake, 2014).

정책 개발 과정에서 평등과 포괄성, 그리고 어떤 종류의 근거가 필요하고 적절한지에 대한 분명한 이해 외에도, 정책 개발 맥락에서 중요한 다른 요소들이 있다. Arnold와 Magill에 따르면(2007), 좋은 자해정책을 입안하려면 (독서, 토론, 반영, 및 작성을 포함하여) 작업을 수행할 시간과 공간의 적절한 할당, 자해와 관련한 서비스의 역할 및 반응에 대한 명확성, 바람직한 변경사항 및 관련 문서가 필요하다. 자해정책의 중요한 문서로는 직무기술서(예: 근로자의 역할과 경계), 비밀유지 및 보건안전정책(자해와 관련된 법적·실무적 문제를 다루기 위한 것)이 있다. 베이스먼트 프로젝트(The Basement Project)(Anold & McGill, 2007)와 자해 지원(Lindsay, 1999)에서 발표한 자해정책 지침도 자해정책 개발에 매우 유용한 문서이다.

마지막으로, 자해(또는 어떤) 정책과 관련하여 두 가지 중요한 주의사항이 있다. 첫째는 정책이 조직의 일상적인 역할 및 활동과 직접적으로 관련된 명확한 목적을 가지고 있어야 한다는 점이다. 한 서비스 제공자가 설명했듯이, 정책의 목적은 '왜 주어진 장소와 시간에 무언가를 하고 있는가'를 명확히 하는 것이다. 정책은 일어나는 모든 절차에 대해 간단하고 이해할 수 있는 근거를 제공해야 한다. 정책은 모호하거나 애매한 조치를 취해서는 안되며 의심스러운 규범/방법에 대한 변명거리를 제공해서도 안된다.

두 번째 주의사항은 정책이 절차적이어서는 안 된다는 것이다. 즉, 규정된 관행은 개인에 미치는 영향이나 적절성과는 무관하게 준수된다. 절차주의는 서비스 이용자와 서비스 제공자 사이의 상호작용을 비인간적이게 만들며, 심지어 생명을 위험에 빠뜨릴 수도 있다. 이를 설명하는 두 사례가 있으며, 이 중 첫 번째는 내담자의 경험을 설명했던 서비스 관리자의 이야기이다.

…그녀는 스스로 목숨을 끊으려 했고, 약물을 과다복용 했다. 그녀는 [정신건강] 센터 중 한 곳에 다녔고 그녀가 가지고 있는 모든 약물을 복용했다. 그녀는 그것을 조금씩 따로 챙겨 두

었다가, 가지고 있던 모든 약을 한꺼번에 복용했다. 신에게 감사하게도, 그녀는 살아남았지만 다시 센터로 보내졌다… 그녀는 센터에 있는 정신과 의사에게 다시 진료를 받았고 그는 그녀를 위해 또 다른 처방전을 작성하였다. 그리고 그녀는 이것 때문에 어리둥절하고 혼란스러워했다. 그녀는 약으로 목숨을 끊으려 했고, 여기서 그들은 그녀가 같은 행동을 또 하게 할 수 있는 약물을 그녀에게 더 많이 주고 있었다.

약물 과다복용으로 가끔씩 자기 자신에게 상처를 입히는 Joseph 또한 절차주의적인 대응을 보고했다: '도움을 받으러 갔던 나의 경험에 의하면 그들은 당신에게 약을 주고 당신을 보낼 뿐이다.' 따라서 모든 정책은 실무가 이행되는 이유와 관련한 명확한 목적을 가지고 있어야 하지만, 이는 절차주의적인 접근방식과는 다르다. 절차주의적인 접근방식은 개인의 필요나 그러한 행동의 결과와는 관계없이 융통성 없는 실무를 단순히 따르는 것을 포함한다.

모범 실무

정책 문서 자체로 넘어가기 전에, 서비스 이용자와 서비스 제공자가 이상적인 자해 서비스의 주요 특징으로 무엇을 식별하는지를 고려하는 것도 중요하다. 이는 자해정책을 개발하는 데 유용한 근거를 추가로 제공하기 때문이다.

서로 다른 분야, 서비스 사용자 및 전문가의 관점에 걸쳐, 그리고 영국과 아일랜드에서, 모범 사례와 관련하여 현저하게 유사한 주제가 나타난다. 여기에는 무료 서비스에 대한 직접적인 접근, 비임상적 또는 가정적인 환경에서 운영되는 서비스, 다양한 지원 옵션을 사용할 수 있는 서비스가 포함된다. 한 서비스 제공자는 이러한 특징은 서비스 사용자의 요구를 충족시키며 자해를 둘러싼 낙인을 줄이는 측면에서도 중요하다고 강조했다:

나는 낙인을 찍지 않는 지원에 훨씬 더 쉽게 접근하기 원한다. 상담사를 일반병원에서도 만날 수 있거나, 일반병원에 가지 않아도 만날 수 있는 것이다: 정신과 의사에게 진단받거나 정신질환자라는 꼬리표가 붙지 않아도 받을 수 있는 지원; 쉽게 접근할 수 있는 지원; 그냥 갈 수 있는 곳; 개인 및 단체 지원; 필요하다 느낄 때 갈 수 있는 곳.

Emma 또한 병원진료 없이도 직접적인 이용이 가능한 대면 및 전화지원이 필요하다고 강조했다:

그것은 융통성이 있고 빠른 시일 내에 이용할 수 있기 때문에 의사 등을 거치지 않고도 스스로를 위탁할 수 있고, 또한 집에 있을 때도 상담자로부터 전화지원을 받을 수 있기 때문에 시기마다 어떤 지원이 가장 적절하다고 느꼈는지를 선택할 수 있다. 당신이 원한다면 시간이 흐름에 따라 어느 정도의 신뢰를 쌓을 수 있을 것이다.

전화지원의 유용성은 서비스 사용자와 서비스 제공자들에게 아주 중요한 것으로 자주 강조되었다. 전화지원은 사람들이 고립감을 느끼고 대처하고자 고군분투하는 저녁과 주말 동안 특히 중요하다. 그러나 역설적으로 이때는 대부분의 서비스를 이용할 수 없거나, 주문형 방식으로는 분명히 이용할 수 없는 시간대이다. 한 서비스 제공자는 다음과 같이 설명하였다:

나는 훨씬 더 많은 전화상담 서비스를 이용할 수 있기를 바란다. 사마리아인들이 있고, 그들이 개선하려고 노력해왔다고는 생각하지만, 그들이 항상 자기손상과 관련된 문제를 잘 다루는 것은 아니다. 알다시피, 우리는 우리가 받는 모든 전화에 대처할 수는 없고, 심지어 우리는 전화상담 서비스라고 광고하지도 않지만, 사람들에게, 여성이든 남성이든 어린아이들이든 자기손상 및 관련된 문제들에 대해 이야기하기 위해 전화를 걸 곳이 정말로 필요하다.

또 다른 서비스에서는 자원 부족 시간에 특별히 이용할 수 있는 전화상담 서비스를 개발하였다:

나는 우리가 전화상담을 운영하는 시간대가 사람들의 상태가 나빠질 수 있지만 주변에 다른 서비스가 없을 때라고 생각한다. 우리가 위기상담을 운영하는 시간대는 주로 당신이 밖에서 즐거운 시간을 보내는 때이기 때문에, 당신이 그렇지 않다면 오히려 상황이 훨씬 더 악화될 수 있다. 그래서 [전화상담이 이용 가능한] 시간은 꽤 제한되어 있지만, 그 시간들이 [중요하다].

주문형 접근 외에도 서비스를 위한 물리적 환경 또한 중요한 것으로 강조되었다. 직접 접근과 자기 위탁이 임상 환경에서 일부 어렵고 잠재적으로 낙인을 찍을 수 있는 측면들을 피하는 것과 같은 방식으로, 서비스가 운영되는 물리적 환경 또한 그렇게 해야 한다. 한 서비스 매니저는 비임상적이고 가정적인 환경이 그들의 서비스 정신에 어떻게 필수적인지 설명했다:

우리는 비임상적인 환경을 원했다. 우리 중 누구라도 곤경이나 위기에 처할 때 흰 가운을 입은 사람을 보러 갈 필요가 없다는 뜻인데, 우리가 봐야 할 사람은 친구이거나 우리에게 정말 이해심과 동정심이 많은 누군가라는 것이다. 따라서 이는 비임상적인 환경인 것이다. 이는 마치 누군가의 집을 방문하는 것과 비슷하기 때문이다.

Emma는 가정적인 환경의 중요성을 강조하면서, 그녀가 이상적으로 생각하는 서비스를 상세히 설명했다.

안전한 곳이라는 나의 유토피아가 어떤 모습일지는 설명하기 어렵지만, 거실과 주방, 욕실, 침실이 있는 평범한 집처럼 보일 것 같다. 만약 당신이 원한다면 이야기를 나눌 상담자들도 있겠지만, 반드시 대화를 해야 한다는 압박은 없을 것이다. 원한다면 소리를 지르고 쿠션을 치러 갈 수 있는 방이 있을 것이고, 집에서 잘 것인지 선택할 수 있을 것이다.
거실에는 당신이 무언가를 할 수 있도록 게임이나/예술 공예품들이 있을 것이고, 당신이 원한다면 조각조각 이야기를 할 수 있다. 왜냐하면 이 방법이 훨씬 덜 부담스럽고, 여러분이 더 이상 말하고 싶지 않을 때 주제를 바꿀 수 있는 핑계거리를 줄 수 있기 때문이다. 예술품은 또한 말하기 어려운 것들을 표현하기 위해 사용하는 또 다른 유용한 방법이다.
마지막으로, 서비스 이용자와 서비스 제공자는 서비스의 무료화의 필요성을 강조하였다. Emma는 비용이 서비스 이용에 상당한 영향을 미치고 따라서 이상적인 서비스는 오가는 수단을 포함하여 '무료가 될 것'이라고 강조했다. 이것은 서비스 매니저에 의해 한번 더 강조되었고, 그는 '서비스가 무료라는 사실이 실제로 필수적'임을 강조했다.

우리 서비스는 무료로 이용할 수 있다. 왜냐하면 당신이 겪고 있는 일에 더하여 또 다른 불안을 느낄 필요가 없기 때문이다. 그리고 만약 당신이 일주일에 두세 번 우리를 찾는다면 당신은 일주일에 200유로까지 내야 하고 아무도 그 금액을 감당할 수 없을 것이다! 그래서 우리는 그러한 걱정을 없애려한다. 나도 무료 서비스가 되어야 한다고 생각한다. 아주 솔직히 말해서, 누군가에게 금전적 도움을 받아야 할 위기에 처했을 때, 나는 그것이 너무 불쾌하다.

따라서 정책을 개발할 때 가능한 한, 서비스는 유료로 이용되며 자기위탁을 기준으로 이용할 수 있어야 하며, 서비스 이용자들의 서로 다른 요구에 서로 다른 시간에 대응하고, 비임상적 환경에서 작업할 만큼 충분히 유연할 수 있도록 해야 한다. 물론, 이 모든 것이 각 서비스에 대해 모두 가능하지는 않을 수 있다; 비용 및 의뢰 과정과 같은 문제는 외부 구조에 의해 결정될 수 있다. 그럼에도 불구하고, 이러한 이상이나 열망은 자기 자신에게 상처를 입히는 사람들을 위해 사용자 중심적이고, 목적성이 있고, 효과적인 서비스를 개발하는 중요한 기준으로 남아 있다.

자해정책 작성하기

자해정책을 개발하기 위한 배경과 맥락을 살펴보았으며 본 장의 나머지 부분은 이제 효과적인 정책에 필요한 주요 구성요소에 초점을 맞춘다. 이는 아래 템플릿에 근거하며, 어떤 서비스에서든 자해정책의 기초로 사용될 수 있다.

정책 템플릿은 자해정책의 주요 기능을 실행하도록 설계되었다. 첫 번째 기능은 서비스의 주요 특징, 즉 조직의 철학과 목적, 서비스가 (내담자 집단을 위해) 누구를 위해 운영되는지, 내담자에게 어떻게 서비스를 제공하는지, 조직 내에서 자해가 어떻게 이해되는지/정의되는지, 그리고 자해를 둘러싼 조직의 절차를 명확하게 설명하는 것이다.

두 번째 기능에서는 자해정책에 대한 보건 및 안전, 기밀성 및 불만사항 절차, 근로자의 권리와 책임, 기타 서비스와 서비스 이용자의 참여 방법, 이용 가능한 자원, 성책이 어떻게 실행되고, 관찰되고, 검토되는지를 비롯하여 기존의 다양한 법적 및 정책적 문제 또한 다룬다.

챕터 내내, 주요 구성요소에 대한 실제적인 설명을 제공하기 위해 다양한 자해 서비스 및 서비스 사용자 경험의 예시를 활용할 것이다.

이 장의 끝에는 좋은 실무를 설명하는 몇 가지 정책의 예시를 설명한다. 42번가(42nd Street) 및 자해지원(Self-injury Support)에서의 비밀유지 및 불만사항 정책에 대한 두 가지 사례가 있으며, 이는 아래에서 설명된다. 또한 이 템플릿에 기초해 작성된 자해정책의 예시가 있다. 자해정책은 Depaul이 운영하는 더블린의 투스 누아 프로젝트(Tus Nua project)에서 고안되었으며[3], 이는 출소하는 여성들에게 주거서비스를 제공한다. 2011년에 개발된 이 정책은 존중과 비판단과 같이 자해 대응의 일부 핵심 원칙과 명확하고 실질적인 프로토콜이 결합되는 방식으로 템플릿의 일반적인 주제가 특정 서비스 맥락에 어떻게 적용되어 왔는지를 보여준다.

---

[3] Depaul에 대한 추가적인 정보는 다음에서 이용 가능하다: https://ie.depaulcharity.org/ (accessed 5 September, 2016).

```
┌─────────────────────────────────────────────────────────────────┐
│                      자해정책 템플릿                              │
│                                                                   │
│  1. 조직의 철학 및 목적(2-3문장).                                 │
│  2. 내담자 집단 및 접근방식: 서비스 운영 방법 및 대상(2~3문장).   │
│  3. 내담자 서비스 제공 방법: 실무의 목적/정신(2~3문장).           │
│  ┌─────────────────────────────────────────────────────────┐    │
│  │  4. 정의: 자해를 이해하는 방식(3~4문장).                  │    │
│  │  5. 다음의 절차: (각각 한 단락/주요 항목).                │    │
│  │      a) 자해 이력이 있는 서비스 사용자                    │    │
│  │      b) 최근에 자해를 한 서비스 사용자                    │    │
│  │      c) 자해를 하려는 서비스 사용자                       │    │
│  │      d) 서비스 이용자에 대하여 자해와 관련한 지속적인 지원 │    │
│  └─────────────────────────────────────────────────────────┘    │
│                                                                   │
│  6. 법률 및 정책 문제(법적 요건 및 관련 정책과의 교차참조, 정책   │
│     영역당 짧은 1단락):                                          │
│      a) 기밀성(범위 및 제한).                                    │
│      b) 보건 및 안전 문제 및 정책(직원의 역할 및 절차).          │
│      c) 불만사항(절차 및 프로토콜).                              │
│  7. 근로자 권리 및 책임: (직무설명과의 교차참조, 짧은 단락 1단락).│
│  8. 자원(서비스 사용자, 직원, 가족/보호자, 기타 조직에서 사용할  │
│     수 있는 자원 목록).                                          │
│  9. 시행(정책 채택(또는 시범 실시)의 방법 및 시기에 대한 설명 및  │
│     담당직원 지정, 2-3문장).                                     │
│  10. 모니터링 및 검토(공식 및 비공식 검토에 각각 2~3문장).        │
└─────────────────────────────────────────────────────────────────┘
```

1. 조직의 철학과 목적

이 성명은 서비스 또는 조직의 전반적인 기풍을 파악해야 한다. 이러한 내용이 서비스에 대한 모든 문서와 정보에 표시되어야 하며, 간략하고 명확해야 한다. 철학적 성명은 정책과 실무를 뒷받침하는 신념과 윤리, 원칙을 강조하는 데 있어서 중요하며, 고객과 직원이 서비스로부터 무엇을 기대할 수 있는지를 보여준다. 맨체스터에 본사를 둔 청년들의 서비스인 42번가(42nd Street)는 서비스의 정신과 목적을 '스트레스를 겪는 젊은이들이 그들의 잠재력을 최대한 발휘할 수 있도록 지원하기 위해서'라고 정의 내린다.[4] 이는 누구를 위해 서비스가 운영되는지와 이것의 목적 및 정신―예를 들어, 모든 청년은 잠재력을 가지고 있으며, 이는 그들의 현재 어려움과 상관없이 도움을 통해 성취될 수 있다―를 간략하고 명료하게 제시한다. SLaM의 국가 자기손상 서비스에는 다음과 같은 보다 긴 철학이 있다.

> 우리는 모든 사람이 특별하다는 것을 인식하고, 개개인의 안전 욕구가 충족되는 환경을 조성한다. 우리 직원들은 성장, 학습, 변화를 장려하며, 모든 사람들이 자신의 행동에 책임을 지도록 돕는다. 우리는 모든 사람이 다른 사람의 지지자로서 행동해야 하며 손상을 가하지 않도록 노력해야 한다고 믿는다(SLAM, 2010: 5).

후반부의 두 단락에서는 이 서비스가 '질병보다는 건강에 초점을 맞추고 있다'는 것과 '주민들이 삶의 다양한 측면에 걸쳐 가능한 한 많은 책임을 진다'는 것을 명시하고 있다.

대부분의 경우, 조직은 자해정책으로도 전환될 수 있는 철학 성명서를 이미 가지고 있을 것이다. 그러나 만약 자해 서비스가 처음이거나 NHS와 같은 더 넓은 조직 내의 조심스러운 단체라면, 구체적인 철학이 작성되어야 한다(위의 SLaM 성명 참조). 간결한 것이 유용하고, 두세 문장이면 충분하다. 작성 과정은 서비스/조직의 핵심 단어와 원칙을 파악한 후 이를 정의내리는 성명을 작업하는 것으로 시작될 수 있다. 철학과 목적이 서비스 및 이와 관련된 모든 사람들을 완전히 대표할 수 있도록 하기 위해, 성명서를 다듬고 편집할 수 있는 토론의 시간을 갖는 것이 중요하다.

---

4) http://42ndstreet.org.uk/about―us/ (accessed 5 September, 2016).

2. 내담자 집단 및 이용: 서비스는 누구를 위해 운영되는가

모든 문서에는 서비스가 누구를 위해 운영되는지에 대한 간략한 설명이 포함되어야 한다. 즉, 특정 내담자 집단 및 서비스 이용방법에 대한 것이다. 예를 들어, 42번가는 11~25세의 젊은 층의 사람들과 작업한다. 청년들은 전화나 다운로드가 가능한 소개서를 통해 교사나 사회복지사 등 관련 성인에 의해 의뢰되거나, 스스로 의뢰할 수 있다.[5] 자해지원(Self-injury Support)에서 운영하는 문자 및 이메일 지원 서비스(TESS)는 내담자 집단을 '자기 손상을 한 영국 내 24세 이하의 소녀 및 젊은 여성'으로 정의 내린다.[6] 서비스가 가능한 요일(일요일~금요일)과 시간(오후 7~9시)과 이메일 및 문자메시지 정보도 명시한다. SLaM은 입원 및 외래 서비스를 제공하고, 내담자 집단을 '자기 손상이 주요한 임상적 문제'(2010: 6)인 사람 중, 18세가 넘으며, 지역사회 보건 팀으로부터 지원을 받는 사람들로 정의 내린다. 위탁은 일반의, 정신과 의사 또는 지역사회 정신건강 팀 등의 의료 서비스를 통해서만 가능하다.

이러한 설명들은 정책 문서에 단순하고 모호하지 않은 언어로 함께 표시되어야 하며, 이로써 누가 서비스를 사용할 수 있으며, 어떻게 이 서비스를 활용할 수 있을지가 명확해야 한다. 또한 이용 가능한 지원의 종류(예: 정보, 정서적 지원, 신체적 관리 등)를 강조해야 한다. 조직의 철학 및 목적과 마찬가지로 이 성명은 두세 문장만으로 이뤄져야 한다. 또한 내담자 집단, 연락 가능한 시간 및 서비스의 속성에 문제가 있을 가능성이 낮기 때문에 작성하기에도 명확하고 간단해야 한다.

3. 내담자들은 어떻게 서비스를 제공 받는가: 실무에서의 목표/정신

이 장은 서비스 사용자에게 제공되는 것과 도움이 제공되는 맥락을 설명하는

---

5) http://42ndstreet.org.uk/individual-support/ (accessed 5 September, 2016).
6) www.selfinjurysupport.org.uk/tess-text-and-email-support-service (accessed 5 September, 2016).

측면에서 정신이 어떻게 이행되는지를 보여주기 때문에 중요하다. 이 성명은 조직의 목적을 포함할 수 있다. 42번가는 '스트레스를 받고 있는 청년들과 어울림; 회복력과 회복을 증진시키는 개입을 제공함; 청년들이 개인적 발전을 위한 기회에 참여할 수 있도록 함; 다른 전문가들과 더 넓은 대중들 사이에서 어린이와 청년들의 정신건강 필요성에 대한 인식을 개선함'을 목표로 한다.[7] 이러한 목표들은 상담/치료 및 일대일 지원(keyworking)을 통해 실현된다. 북아일랜드의 지역사회에 기반한 자해 및 자살 서비스 단체 제스트(Zest)는[8], 단체의 목적과 목표를 활용하여 고객들이 어떻게 서비스를 받는지 설명한다. 서비스의 목표는 '받아들여짐을 느끼지 못하고, 안전함을 느끼지 못하고, 희망을 잃고 있는 사람들에게 진실한 수용과 적극적인 안전, 살아있는 희망의 장소를 제공하는 것'이며, '이러한 가치관을 우리 자신의 삶에서 실천하기'와 '청년과 취약한 어른들을 위해로부터 보호하기'(Zest, 날짜미상) 등의 목표에 대한 목록도 함께 제시한다. 또한 여기에는 1대1 상담, 가족 지원, 전화 지원, 보완 치료, 정보 및 사별 지원 등의 구체적인 서비스 목록을 포함한다. 그러나 이러한 성명들은 상당히 장황하고 일반적이며, 정책 문서에는 간단한 요약을 사용하는 것이 좋다.

4. 정의: 자해는 어떻게 이해되는가

자해에 대한 모든 정책 문서는 서비스 내에서 자해가 어떻게 정의되고 이해되는지를 명확히 설명해야 한다. 다른 정책 성명서와 마찬가지로, 이는 개인이 어떻게 이해되고 다뤄질지에 대한 명확하며 모호하지 않은 개요를 제공한다. 몇 개의 짧은 문장으로 자해를 명확하고 실질적으로 정의내릴 수 있다. 예를 들어, TESS는 자해를 다음과 같이 정의 내린다.

자해는 누군가 자신의 몸에 고의적인 상처나 고통을 줄 때 발생한다. 긋거나, 태우거나, 멍을 들게 하거나, 머리카락을 잡아당기는 형태로 보일 수도 있지만, 그 외에도 여러 가지 형태가

7) http://42ndstreet.org.uk/about−us/ (accessed 5 September, 2016).
8) www.ZestNI.org (accessed 5 September, 2016).

있다. 자기손상은 흔히 누군가가 어떤 식으로든 정서적으로 상처를 입고 있다는 신호로, 자해는 정서적 고통과 괴로움에 대처하는 흔한 방법이다.[9]

제스트(Zest)는 자해를 '규칙적으로 또는 큰 스트레스와 불안이 있을 때 신체적 상해나 약물 과다복용을 하는 것'으로 정의하고, 그 다음으로 '독성물질 삼키기', '할퀴기', '신체 망가뜨리기', '긋기' 등 16가지 가능한 방법의 목록들을 제시한다. 이 책의 각 장은 자해에 대한 정의적인 진술로 결론을 내렸으며, 이러한 진술들은 다음과 같은 효과적인 정책적 정의로 적용될 수 있다.

자해란 누군가가 의도적으로 자신의 몸에 직접적인 고통이나 손상을 입히지만 죽을 의도는 없는 것을 말한다. 이는 해방감, 제어, 자기 처벌, 위안, 표현과 같은 다양한 기능을 가진 대처 메커니즘이다. 이는 자신을 때리기, 물체나 물질을 삼키기, 할퀴기, 태우기, 절단하기 등의 다양한 형태로 나타날 수 있다. 자해는 개인이 곤경에 처해 있음을 나타내며, 민감하고 주의 깊게 치료되어야 함을 나타낸다.

일부 정책 및 정책 템플릿에는 우울증 및 불안증처럼 자해와 관련된 정신질환들, 또는 문제해결기술의 부족이나 충동성과 같은 성격적 특성들로 구성된 자해 '위험요인' 목록이 포함되어 있다(LifeSIGNs, 2008).[10] 그러나 이는 불필요하고 문제가 있다. 이는 낙인을 찍을 수 있고, 또한 자해가 매우 현실적인 주제나 문제에 대한 대응인 대처 메커니즘이라기보다는 개인적인 결함이나 기능장애와 어떠한 관련이 있다는 인식을 강화할 수도 있다.

5. 자해에 대한 절차

이는 자해정책의 가장 중요한 부분이기 때문에 다른 부분들보다 내용이 많을

---

9) www.selfinjurysupport.org.uk/files/docs/What%20is%20self%20injury%202014.pdf(accessed 5 September, 2016).
10) www.rcpsych.ac.uk/pdf/Knightsmith%20Jodi%20－%20Self－Harm%20Policy.pdf (accessed 5 September, 2016).

수 있다. 이는 서비스 내에서 이용할 수 있는 자원(예: 자기 자신에게 상처를 입히는 것을 줄이는 워크북(The Hurt Yourself Less Workbook)(Dace et al, 1998) 또는 레인보우 저널(Rainbow Journal)(Lucas, 2003) 등)과 외부지원을 염두에 두며 작성되어야 한다. 또한 제공되는 지원의 종류와 빈도 면에서 정책에 따르되, 융통성 있어야 하며, 서비스 사용자의 참여를 의무화하지 않도록 규정해야 한다. 좋은 정책은 참여할 수 없는 사람에게 '도움'을 받을 것을 강요하지 않을 것이며, 그렇게 하지 않는다고 처벌하지도 않을 것이다.

이 장에서 정책의 문구는 반드시 명확하고 지시적이어야 한다. '확실히 하다'와 같은 모호하거나 일반적인 단어는, 취해야 할 조치를 명확하게 나타내지 못하므로 피해야 한다(DeMarco & Tufts, 2014). 예를 들어 '자해에 사용된 날카로운 장비는 상해 후 안전하게 처리되었는지를 확실히 하라'는 '자해에 사용된 날카로운 장비는 상해 후 칼날 폐기함에 안전하게 처리되었는지 또는 세척하여 안전 키트로 반환되었는지를 서비스 사용자에게서 확인하고 검토하라'보다 훨씬 덜 명확하다.

5a) 자해 이력에 대하여

서비스 이용자는 다양한 방법으로 자해 이력을 드러내거나, 사례 수첩이나 의뢰를 통해 간접적으로 공개될 수 있다. 자해가 진행 중이든 아니든, 정책은 어떻게 후속 조치를 취할지를 지시해야 한다. 자해가 사후관리, 위해감소 등의 자기 돌봄 차원에서 논의될 것이며 자해에만 특정된 요구가 아니라 기저에 놓인 문제들에 대한 도움의 요구를 탐색하고 해결하도록 규정해야 한다. 여기에는 장기적 지원(아래 섹션(d) 참조)뿐만 아니라, 만약 그들이 다시 자기 자신에게 상처를 입힐 것이라고 느낄 경우 도움이 될 사항에 대한 개인별 계획을 당사자와 함께 작성하는 것이 포함되어야 한다. 이 정책은 서비스 기관이 자해 문제를 직접 해결할 의무가 있음을 분명히 하고, 후속 조치를 취해야 하는 기간을 규정해야 한다.

5b) 누군가가 방금 자해를 한 경우

이 절에서는 자해를 뒤따르는 신체적, 정서적, 사회적 문제를 다룬다. 신체적 측면의 경우, 본 섹션(및 아래의 섹션(c))은 의학적 관리가 필요한 경우, 상해에 대한 관리의 책임과 함께 상해, 혈액 및 날카롭거나 위험한 도구를 다루는 보건 및 안전정책과 연계되어야 한다. 또한 신체적/의료적 관리에 대한 책임 측면에서도 직원의 직무 설명과 연관되어야 한다. 정책에서는 부상을 치료하고 도구를 안전하게 보관하는 방법에 대해 지시해야 한다(예: 칼날보관함에 처리하거나 세척한 후 안전키트로 반환). 이는 어떠한 상황에서 의학적 치료가 필요하고, 응급실을 찾는 서비스 이용자에 직원이 동행해야 하는지를 규정해야 한다. 여기에서는 물질 또는 물질 섭취에 의료진의 주의가 항상 필요하다는 점을 명심해야 한다.

자해의 정서적, 사회적 측면 또한 이 절의 정책에서 다뤄져야 하는데, 여기에는 자해를 한 사람에게 제공되는 정서적 지원의 종류와 후속조치의 빈도에 대한 규정이 포함된다. 이는 초기에는 매일 이루어져야 하며, 이후에는 서비스 사용자와 협의되어야 한다. 또한 여기에는 자해에 특정적인 자원 및 다른 외부적 형태의 지원에 대한 접근도 포함되어야 한다. 다른 서비스 사용자들(예: 거주 혹은 입원 환자의 경우)이 있을 수 있는 조직에서는, 사건이나 그 이후 결과를 목격했거나 해당 인물에 대해 걱정하는 사람들 또한 규정된 기간 내에 지원을 받아야 한다. 마찬가지로, 근무가 종료되기 전에 관련 직원에 대한 보고와 지원이 의무화되어야 한다. 즉, 보고는 직속상사보고, 동료보고 등의 다양한 방식으로 제공되며 감독과정에서나 전화를 통해 이루어진다. 이 정책은 기밀성 또는 사건보고처럼 다른 정책과 관련하여 발생할 수 있는 의무사항뿐만 아니라 필요한 사건의 기록 유형도 규정해야 한다(Arnold & McGill, 2007).

5c) 누군가 자해를 하려는 경우

이는 아마도 명확한 조직적 프로토콜을 요구하고 각 개인의 특정한 요구와 균형을 유지한다는 측면에서 자해 정책 중 가장 어려운 부분일 것이다. 이 영역은 서비스 분야들 중 가장 많은 불안을 야기하는 경향이 있는데, 자해의 실제 행위를 다른 사람들이 알아차리는 일이 매우 드묾에도 불구하고 그러하다(Lindsay, 1999). 누군가가 이미 자해 이력이 있거나 현재 진행 중인 것으로 알려진 경우, 이에 대한 개별적인 계획이 존재해야 한다(아래 섹션(d) 참조). 이 계획은 관련 직원이 쉽게 접근할 수 있어야 하며, 서비스 사용자와 협력하여 사용되어야 한다.

이 정책에서는 서비스 이용자들이 신체적인 제약을 받지 않을 것이며, 이들의 자해를 물리적으로 막으려는 시도도 하지 않을 것임을 확실히 해야 한다. 그러나 서비스 이용자가 자신이 활용할 수 있는 자해의 대안이나 다른 표현방법을 알아냈다면, 이러한 대안들을 살펴야 한다. 섹션(b)와 마찬가지로, 보건 및 안전 정책은 구내에서 발생한 상해를 다루는 측면에서도 관련이 있다.

자해를 할 예정이거나 자해를 하고 있는 개인과 관련된 직원 및 다른 서비스 사용자들은 가능한 한 빨리, 그리고 늦어도 당일 내에는 꼭 보고할 수 있는 기회가 있어야 한다.

5d) 자기 자신에게 상처를 입히는 사람들에 대한 지속적인 지원

정책에서는 정서적, 실제적, 사회적 지원을 포함하여 조직 내에서 자기 자신에게 상처를 입히는 개인에게 제공되는 지원의 유형과 빈도를 규정해야 한다. 이 정책은 자기 자신에게 상처를 입히는 모든 서비스 이용자에게 자해와 관련된 개별적인 지원 계획을 세울 수 있는 기회를 제공하도록 의무화해야 한다. 이 과정은 이들의 자해가 확인되는 대로 바로 시작돼야 하지만 빨리 완료되기는 어렵다. 이 계획은 해당 인물이 자해에 대해 알아보고 자신의 감정과 경험을 표현할 수 있는 개입의 범위를 탐구하는 과정에서 발전하는 기록 문서가 될 것이다. 여기에서는 장기적인 지원뿐만 아니라 만약 어떤 인물이 자기 자신에게 상처를 입힐 것으로 보이거나 이미 자해를 했을 경우에 필요한 즉각적인 지원을 목록화해야 한다. 이 계획에는 안전키트의 개발을 포함하여 개인에게 적절한 자기돌봄, 추후관리 및 위해감소가 포함되어야 한다. 위해감소 및 안전키트의 개발과 관련된 직원들의 역할은 일대일의 방식으로 직접적이고 실질적인 지원 및 조언을 제공하는 것에서부터 정보와 자원에 대한 링크만을 제공하는 것까지로 다양할 수 있다. 또한 이 계획에는 서비스 사용자가 활용할 수 있는 기관 외부의 서비스 및 자원이 포함될 수 있다. 이 계획은 섹션(a)에 규정된 후속 연락처 및 자원과 일치해야 한다. 마지막으로, 서비스 사용자와 기관은 모두 계획의 사본을 가지고 있어야 하며, 기관의 사본은 적합한 지정된 직원이 쉽게 활용할 수 있어야 한다.

6. 법적 및 정책적 이슈

다양한 법적 의무와 자해 정책간에는 접점이 존재한다. 특히 이 중 가장 중요한 것은 특히 청년 및 취약하거나 의존적인 성인에 대한 비밀유지와 의무적 보고이다. 이 분야의 법적 요건은 상당히 빈번히 개정되며, 지역별로도 차이를 보인다. 예를 들어, 어린이나 취약한 성인이 위험에 처했을 때 보고해야 할 의무와 비밀유지에 대한 제한은 영국, 아일랜드, 스코틀랜드, 웨일스, 북아일랜드에 걸쳐다양하다. 서비스 유형과 특정 내담자 그룹(예: 청년, 주거형, 형사상) 및 접촉 유형(예: 대면 또는 컴퓨터)에 따른 차이도 있다. 따라서 자해정책을 작성할 때는법적 의무에 대한 정확한 최신정보를 참조하는 것이 필수적이다.

6a) 비밀유지

비밀유지는 자해정책에서 가장 어려운 것임이 확실한 법률/정책 분야 중 하나이다. 대부분의 비밀유지 정책에서, 자해가 특히 젊은이들에게 심각한 위험인것으로 제시되며, 이러한 위험은 비밀유지를 위반하는 것을 정당화하는 것으로보인다. 따라서 완전히 통합된 자해정책을 세우기 위해, 일반적인 위험과 특히청소년과 관련하여 기관의 비밀유지 정책을 재검토하는 것이 도움이 된다.

- 위험

대부분의 비밀유지 정책은 서비스 이용자가 '자신이나 타인에게 손상을 가할위험이 있는 경우'가 아닌 한, 내담자−제공자의 상호 작용과 기록은 비밀로 유지하도록 규정하고 있다. 이 표준화된 프로토콜은 자해와 자살을 구분하지 않기때문에 문제가 있다. 따라서 자해가 대처기제이고, 자기 자신을 안전하게 지키는수단임에도 불구하고, 이는 높은 위험, 자살, 타인에 대한 손상과 연결되어 있기때문에 반드시 보고되어야 한다. 따라서 비밀유지 정책은 '다른 사람에게 손상을가할 위험이나 자기 자신에게 생명을 위협하는 위험이 없는 한 비밀은 유지될 것이다'처럼 자해와 관련하여 보다 구체적이고 그리 큰 문제가 아닌 것으로 수정되는 것이 바람직하다. 이는 자해와 관련된 어떠한 모호성이나 불필요한 비밀유지의 위반 없이 자살예방 및 아동보호 정책이 유지될 수 있도록 한다.

▪ 청년과 비밀유지

비밀유지에 관한 사안은 청년들과 관련되었을 때 더욱 복잡해진다. 비밀유지 정책은 '자신에게 손상을 가할 위험'이 있을 때 비밀이 침해될 것임을 규정할 뿐만 아니라, 자녀에게 '위험'이 있을 경우 반드시 부모에게 알려야 한다고 규정하는 경향이 있다. 그러나 '손상'과 '위험'의 정의는 실제로 청년들에게 가장 도움이 되는 것을 충분히 고려하기 보다는 기관을 보호하기 위한 것으로 보이도록 해석되곤 한다. 한 서비스 제공자는 다음과 같이 말하였다:

아이들과 작업하는 사람들은 특히 16세 이하의 어린이들과 청년들에 대한 책임감 때문에 더 불안감을 느끼는 경향이 있다.

그러나 청년들은 종종 부모들을 보호하고자 하는 욕구, 의사소통의 어려움, 또는 자신에게 더 큰 손상을 가할 위험 등의 다양한 이유로 부모에게 드러내기를 피한다. Joseph은 '내가 자해하기 시작했을 때 나는 부모님이 이해하지 못할 것을 알았기 때문에 아무 말도 하지 말아야 한다는 것을 알았'고 분명하게 말했다. 부모에게 보고하는 것을 청년들이 고민하는 이유는 자해가 그들에게 야기할 고통 때문만이 아니라, 어떤 경우에는 부모(보호자 또는 간병인)가 문제이기 때문이다. 이런 상황에 처한 어린이들과 청년들을 보호하기 위해, Childline은 젊은 이들에게 그들의 인터넷 기록을 삭제하고, Childline 웹페이지를 숨기고, 개인 브라우징을 사용함으로써 '자신의 흔적을 감추는' 방법에 대한 자세한 정보를 제공한다.11)

뉴햄 아시아 여성 프로젝트(Newham Asian Women's Project)(1998)의 보고서에 의하면 아시아 배경을 가진 젊은 여성들이 종종 적절하고 비밀이 보장되는 지원을 받는 데 특히 어려움을 겪었다는 것을 발견했다. 일반의와 같은 1차 진료 제공자들은 백인 환자들에게는 거의 일어나지 않는 방식으로 아시아 젊은 여성들의 비밀유지를 자주 위반했다. 이는 같은 지역사회 출신의 일반의들이 상담 내

---

11) www.childline.org.uk/info−advice/bullying−abuse−safety/online−mobile−safety/cover−tracks/ (accessed 5 September, 2016).

용을 젊은 여성의 부모에게 공개해야 한다는 의무감을 느끼거나, 문화적 적절성에 대한 잘못된 생각을 통해 아시아 지역사회 출신의 젊은 여성들에게 적용되는 환자의 비밀유지의 규범과 경계가 다르다고 믿는 경우에 발생했다.

부모에 대한 위반은 청년들의 안녕감과 그들이 필요로 하는 종류의 지원에 접근하는 능력에 상당한 영향을 미칠 수 있다. 예를 들어, 십대 초반이었을 때 Emma는 '비밀유지를 위반하고 내가 자살하고 싶어 한다는 것을 부모님에게 알린' 전문가에게 맡겨졌다. 이는 Emma가 '그녀를 믿지 않았기' 때문에 이 사람으로부터 효과적인 도움을 받을 수 있는 가능성을 파괴했을 뿐만 아니라, 그녀가 이후 십대 후반이었을 때 받은 지원에도 영향을 주었다.

> 나는 그녀에게 나의 학대 경험을 말하지 않았고, 깊은 얘기를 전혀 하지 않았다. 왜냐하면 내가 준비가 되지 않았기 때문이기도 했고, 내가 18살이 넘으면 비밀유지에 대한 권리를 더 갖게 될 것임을 알았기 때문이다.

전반적으로, 표준화된 비밀유지 정책은 청년들이 그들이 필요로 하는 종류의 도움에 접근할 수 없게 만들 수 있다. 이는 즉각적이고 장기적인 안녕감에 영향을 미칠 뿐만 아니라 자해의 중요한 특징이 될 수 있는, 자기결정과 통제에 영향을 미친다(2장 참조). 한 서비스 제공업체는 '청년들이 반복하는 것 중 하나는 단지 그것을 빼앗기기를 원하지 않는다는 것'이라고 보고했다.

비밀유지 정책에 관한 이러한 문제들로 인해, ChildLine[12]과 같은 기관들은 학교환경과 같이 청년들의 비밀유지를 가능한 한 높은 수준으로 유지하는 접근법을 개발하게 되었다. 그러나 그럼에도 불구하고, 어린이의 이름과 장소가 알려질 경우 자살경향성과 학대와 관련하여 몇 가지 제한점을 갖는다. 비슷하게, BME 커뮤니티 배경의 젊은 여성들에게 효과적인 서비스를 제공하기 위해서는 '명확하고 입증 가능한 서비스 기준[…] 기본 서비스 권리[…] 및 명시적인 비밀유지 조치'를 보장하는 '절대적인 비밀유지'가 필수적이라는 사실이 밝혀졌다(Newham Asian Women's Project, 1998: 35). 그러나 현재 비밀유지의 수준은

---

12) www.childline.org.uk/Pages/Home.aspx (accessed 5 September 2016).

결과적으로는 서비스의 종류에 따라 달라질 것이다: 대면 서비스는 기술에 영향을 받는 것과 똑같은 수준의 비밀유지를 제공할 수 없을 것이다. 예를 들어, 전화, 문자, 이메일 서비스를 운영하는 서비스는 발신자의 신원을 암호화하는 소프트웨어를 통해 비밀유지를 확보할 수 있다. 이는 한 서비스 제공자가 다음과 같이 설명했듯이, 발신자가 '위험에 처한' 상황임을 밝혔더라도, 발신자가 원하지 않는 조치를 강요받지 않고 이에 대해 이야기 할 수 있음을 의미한다.

[전화상담 서비스]는 사람들이 원하는 대로 이야기를 나눌 수 있는 비밀의 공간이다. 만약 그들이 어떤 것을 말하거나 보고하기를 원한다면, 이는 일종의 공개를 하는, 첫 단계가 될 수 있다. 합법적인 것을 원한다면 갈 수 있는 곳은 충분하지만, 무엇인가 비밀이 보장되는 것을 원한다면 그렇게 많지는 않다.

이러한 종류의 접근법은 서비스 이용자들, 특히 청년들이 자신의 시간에 자신의 통제하에 자신의 경험을 탐구하고 이해할 수 있도록 하는데 매우 중요하다. 이는 법적 절차에 관하여 올바른 정보와 조언을 제공할 수 있다는 책임에 있어서 서비스를 포기하지는 않지만, 동일한 서비스 제공자가 설명했듯이 이것이 청년들에게 강요되는 것을 피한다:

사람들이 정보를 공개하고 싶고 그러한 조치를 취하기를 원한다면, 우리는 그들에게 무엇을 조언해야 할지를 알아야 한다. 그래서 우리는 그 수준에서 대응해야 할 책임이 있다. 하지만 우리는 그것을 의무적으로 하고 싶지는 않다.

서비스가 비밀유지를 위해 내담자-중심 접근방식으로 작업하고자 시도하는 또 다른 방법은 비밀유지가 침해될 상황, 그리고 어떤 종류의 정보공개가 이 과정을 촉발할 것인지에 대한 명확한 정보를 제공하는 것이다. 예를 들어, TESS는 암호화 소프트웨어를 사용하여 모든 연락처 세부사항을 삭제한다. 그러나 비밀유지 정책은 서비스 사용자들에게 '위험' 상황과 함께 식별 정보를 공개할 경우, 이에 의무적인 후속조치가 뒤따름을 상기시킨다(이 장 말미에 복사된 정책 참조). 비슷하게, 42번가는 비밀이 유지될 수 있고 유지될 수 없는 조건 또한 강조하여, 청년들이 무엇을 밝히고자 선택하는지와 그 결과에 대해 완전히 정보에 입각한 선택을 할 수 있도록 충분한 정보를 제공한다(이 장 말미에 반복됨). 마찬가지로, 자기 자신에게 상처를 입힌 어린이들에게 대면 지원을 제공하는 아일랜드 서비스는, 서비스에 처음 참여하는 청년 및 성인 보호자에게 비밀유지의 경계와 한계를 명확히 제시한다:

부모나 보호자를 처음부터 데려오고, 우리가 무엇을 할 것인지를 설명한다. 그들에게 아이와의 대화 대부분이 아이를 위해서 비밀로 유지된다고 말할 것이다. 하지만 만약 우리가 느끼는 어떤 것이 있다면, 방치가 발견되거나 무엇인가 다른 일이 일어나고 있다면, 우리는 [법정 서비스에] 보고할 것이며, 반드시 그래야 한다. 또 하나는 우리는 아이가 어떠한지에 대해 반드시 부모에게 말하며, 이는 아이가 말하는 것을 전달하는 것이 아니라, 아이가 어떻게 지내는지를 이야기하는 것이다. 부모보다 아이에게 관심을 가질 사람이 누가 있겠는가?! 그래서 우리가 항상 그들에게 지속적으로 보고하고, 그들에게 도움을 제공하는 것이 정말 중요하다.[13]

어머니로서 Emma는 부모 입장에서, 아이들이 제공받는 서비스가 믿을 수 있고 책임감이 있는 한 그들의 권리와 비밀유지가 존중되는 것이 중요하다고 느꼈다:

부모로서 나는 내 아이가 비밀유지가 보장된 상담을 받는 것에 대해 괜찮겠지만, 나는 아이가 상담 과정에 대해 정말로 어느 정도 이해를 하고 있는지와 상담자가 좋은 상담자였는지를 알고 싶을 것이다 – 나는 취약한 아이들이 전문가들에 의해 추가적인 피해를 받지 않았는지를 확인할 수 있는 방법이 있었으면 한다.

전반적으로 비밀유지 정책과 특정 '위험'요인을 보고해야 하는 의무는 효과적인 자해정책에 상당한 어려움을 초래할 수 있다. 그러나 비밀 유지에 대한 문제

---

13) 제스트는 또한 자신의 업무 내에서 가족에 대한 지원을 자기 자신에게 상처를 입히는 사람들과 통합시키고, 이것은 자원(제8장)과 상황 개입(4장, 6장, 에필로그)의 두 측면에서 모두 중요하다.

와 문구에 대해 주의 깊게 고려하는 것은 법적 의무를 준수하는 동시에, 자기 자신에게 상처를 입히는 사람들에게 분명한 경계 있는 비밀지원이 제공되도록 보장할 수 있다.

6b) 보건 및 안전

위에서 언급된 바와 같이, 보건 및 안전 정책은 자해의 실질적 영향, 그리고 이에 대처하는 직원의 역할과 책임 측면에서 특히 자해정책과 관련될 것이다. 여기에는 부싱, 출혈, 및 싱처와 감염의 위험을 수반하는 도구(예: 피에 젖은 유리)에 대한 대처 방법이 포함될 것이다. 자해정책이 직원의 직무를 통상적인 직무 소관을 벗어나 신체적/의학적 치료를 직접 제공하는 것으로 확대하지 않는 한, 보건 및 안전 사안은 일반적으로 비밀유지 프로토콜보다는 덜 복잡하다.

보건 및 안전 사안에는 상해, 도구 및 환경적 영향을 해결하기 위한 분명한 절차와 점검표가 필요하며, 칼날 폐기함이나 응급처치 키트와 같이 이를 실행에 옮기기 위해 필요한 자원들 또한 제시되어야 한다. 그럼에도 불구하고, 절차와 체크리스트를 개발하려면 가능한 상황의 범위와 그것들을 처리하는 가장 효과적인 방법을 다루는 데 세심한 주의를 기울여야 한다. 일부 보건 및 안전 정책에는 정신적/정서적 안녕감에 대한 위험도 포함되며, 이러한 위험은 자해의 규정(위의 제 5절 참조)과 연계되어, 영향을 받은 개인(예: 자기 자신에게 상처를 입히는 사람, 근로자 및 기타 서비스 사용자)에게 후속 조치, 보고 및 지속적인 지원이 제공되도록 보장해야 한다.

6c) 불만사항 처리절차

불만사항 처리절차는 특히 자기 자신에게 상처를 입히는 사람들에 대한 적절한 치료와 관련하여, 서비스에서 평등과 책임감을 유지하는 데 필수적인 역할을 한다. 좋은 불만사항 처리절차는 명확하고 비판적이지 않으며, 직원, 서비스 사용자, 방문자 모두가 쉽게 접근할 수 있다. 프로토콜 또한 서비스 사용자가 기관이나 직원에게 불만사항을 제기하는 경우와 같이 가장 쉽게 예상될 수 있는 불만사항뿐만 아니라 가능한 여러 가지의 불만사항을 위해 마련되어야 한다. 이러한 상황들에는 신입직원이 직속 상사에 불만을 제기하는 경우, 부적절한 직원의 행동을 목격한 방문자, 또는 서비스 사용자 한 명이 다른 이용자를 상대로 불만을 제기하는 경우 등이 포함될 수 있다. 42번가는 철저하고, 사용자 친화적이며, 효과적인 불만사항 처리절차의 예시를 제공한다(TESS의 불만사항 정책과 함께 본 장의 말미에 다시 제시됨). 자해정책은 불만사항 처리절차를 직접 언급하고, 이에 대한 접근과 실행이 용이하도록 해야 한다.

7. 근로자들의 권리와 책임

서비스는 직원들에게 좋은 것이어야만 내담자들에게도 좋은 것이 된다. 기관이 권위적이고 직원의 요구를 무시하며 근로자를 소중하게 여기지 않는 경우, 지지적이고 총체적이며 권리에 기반한 서비스를 제공하는 것은 불가능하다. 따라서 직원의 권리와 책임은 자해정책이 합의되고, 지원이 공급되고, 효과적으로 이행되도록 하는 데 필수적이다. 직무설명서에 직원의 역할과 책임, 경계가 명확히 제시되어야 하며, 이러한 경계가 자해정책에서 존중되고 반복되어야 한다. 자해와 관련하여 특히 중요한 영역에는 응급처치 및 의료 제공, 서비스 사용자와 함께 사건 및 비상상황에서의 수행, 자해에 사용되는 혈액 또는 도구와 같은 '위험'에 대처하는 것이 포함된다. 지적장애인을 위한 서비스(및 일부 정신건강 서비스)에서 신체적 제한은 직무 설명의 일부일 수 있지만, 권리에 기반한 관점에서 이것은 자해정책에서는 허용되지 않는다.

자해정책에서는 또한 자기 자신에게 상처를 입히는 사람들과 작업하는 직원들이 지속적인 훈련 및 개발과 함께 자해와 관련된 포괄적인 정보와 자원을 갖고 기관 내에서 강력한 도움을 얻는 것이 의무화되어야 한다(Arnold & Magill, 2007; Lindsay, 1999). 직원에 대한 지원은 정기적이고 지속적인 슈퍼비전 세션과 자해사건 발생 후 제공되는 현장 지원으로 규정되어야 한다.

8. 자원: 근로자, 내담자, 기타 서비스 및 서비스 사용자

자해를 하는 사람과 직속 직원의 범위를 넘어, 자해정책에 영향을 받을 수 있는 다양한 사람들이 있기 때문에 이들에 대한 고려 또한 필요하다. 여기에는 다른 서비스 사용자 및 기타 서비스가 포함된다.

다른 서비스 이용자들은 종종 직원이 인지하기 전에 개인의 자해에 대해 알고 있으며, 자기 자신에게 상처를 입히는 사람들을 적극적으로 지원할 수도 있다(Jones et al, 2010 참조). 따라서 모든 서비스 사용자들이 자해와 자해에 대한 이해 및 대응에 관한 정보 및/또는 훈련에 대해 아는 것이 필수적이다. 분명히 서비스 이용자들은 자해에 대해 직원과 똑같은 역할과 책임을 가지고 있지 않지만, 서비스 커뮤니티의 일부로서 그들에게 미치는 영향을 이해하고 적절히 자원을 공급해야 한다. 이 정책에서는 서비스 사용자가 이용할 수 있는 정보, 교육 또는 자원이 무엇이며, 서비스 사용자가 그것에 접근할 수 있는 방법을 제시해야 한다. 특히 자해를 목격하거나 상해 직전에 해당 인물과 관계를 맺고 있던 서비스 사용자가 지원 및 보고를 받는 것이 중요하다(위의 섹션5 참조).

자기 자신에게 상처를 입히는 사람들은 둘 이상의 서비스에 참여하는 경우가 많고, 기관들마다 자해에 대한 인식이 매우 다를 수 있다. 이는 서비스 사용자에게 해가 될 수 있으며 서비스 간에 충돌을 일으킬 수 있다. 자해정책에서는 자기 자신에게 상처를 입히는 사람과 함께 작업하는 모든 서비스들을 정해진 기간 내에 초대하여 자해가 어떻게 대응되고 있는지 논의하고, 정보에 입각한 일관된 접근법에 합의하도록 규정해야 한다. 서비스에 대한 자원을 확인하는 것이 유용하다(아래). 서비스 간에 자해에 대한 공통된 이해의 회의나 합의가 불가능한 경우, 기관은 서비스 사용자와 협력하여 자해에 대한 상반된 대응을 다룰 수 있도록 해야 한다.

자해정책이 실효성을 거두려면 적절한 자원이 필요하다. 여기에는 정책 개발에 필요한 시간과 자원뿐만 아니라 정책이 효과적으로 시행될 수 있도록 보장하는 다양한 자원들이 포함된다. 여기에는 직원과 서비스 사용자(위)를 위한 정보 및 훈련과 자해의 영향을 받는 타인을 위한 추가적인 자원이 포함된다. 예를 들어, 청년의 주 보호자 또는 정신과 서비스 이용자의 파트너는 자해와 그들이 자기 자신에게 상처를 입히는 사람을 가장 잘 도울 수 있는 방법에 대한 자원이 필요할 것이다. 많은 기관들이 책자와 정보 비디오를 제공할 재정적인 여유는 없겠지만, 이들은 자해지원[14], LifeSIGNS[15], 또는 지하 프로젝트[16]와 같이 활용하기 쉽고 알맞은 가격의 권장되는 자원들의 목록을 가지고 있어야 한다. 위에서 언급한 바와 같이, 서비스 이용자와 관련 있는 다른 기관들도 자해 관련 정보 및 자원을 필요로 할 수 있으며, 서비스 제공자들을 위한 권장되는 자원의 목록 또한 가지고 있어야 한다. 이러한 자원들은 또한 위에 제시한 기관에서 제공된다.

9. 시행

정책은 적극적으로 활용될 때 효과를 가진다. 정책이 일상적인 실무에 영향을 미치지 않고 서류 뭉치 사이에 보관된다면 아무런 소용이 없다. 따라서 정책의 실행 방법과 시기를 명시하는 진술은 정책의 중요한 요소이다(아래 모니터링 및 검토 참조). 시행기간에는 훈련 시간 및 필요한 자원이 마련될 수 있도록 해야 한다. 정책을 이행하기 위한 적절한 훈련과 자원 없이 정책을 시행하려고 하는 것은 효과적이지 않고, 위험할 수 있다. Arnold와 McGill(2007) 또한 해당 정책이 기관 내에서 시행, 모니터링 및 검토를 책임지는 핵심 인물을 지정해야 한다고 조언한다.

시험적으로나 예비적으로 정책을 실시하는 것도 가능하다. 새로운 접근법의 적절성, 영향 및 효과를 시험하기 위해 새로운 정책을 시범 적용하는 것이 점점 더 일반화되고 있다. 시범은 특정 시험 기간 동안이나 체인이 소유한 그룹에 소속된 돌봄 시설과 같은 지정된 시험 장소에서 시행될 수 있다. Ettelt 등(2015)은 새로운 정책의 시범적용이 전략적인 방법으로도 사용될 수 있다고 제안한다. 즉,

---

14) www.selfinjurysupport.org.uk/publications−about−self−injury (accessed 5 September, 2016).
15) www.lifesigns.org.uk/guidance−for−others/ (accessed 5 September, 2016).
16) https://basementprojectbooks.wordpress.com/books−on−self−harm/ (accessed 5 September, 2016).

시범과정은 위해감소 접근법과 같이 논란이 될 수 있는 정책을 뒷받침할 증거를 수집할 수 있는 기회를 제공할 수 있다. 시행과 마찬가지로 정책 문서에서는 시범적용의 기간 및 위치, 관련된 모든 사람에게 충분한 설명 및 동의와 함께 시범운용 과정을 명확히 명시해야 한다. 시범운용은 또한 이것의 영향과 유효성을 평가하기 위해 명확하게 구조화된 평가 또는 검토 과정과 관련되어야 한다. 그리고 시범운용이든 아니든, 모든 정책을 모니터링하고 검토하여 정책의 지속적인 적절성을 보장하고, 특정 실무에 대한 불만사항과 같은 새로운 문제를 다뤄야 한다.

10. 모니터링 및 검토

모든 정책과 실무는 정기적으로 평가되어야 한다. 여기에는 직원, 서비스 사용자, 가족/보호자 및 기타 기관을 비롯하여 서비스에 관련된 모든 이들의 피드백인 정책에 대한 공식적인 평가가 포함될 것이다. 또한 피드백, 직원 및 서비스 사용자 회의에서의 논의, 불만사항 검토와 같은 덜 구조화된 형태의 검토는 계속되어야 한다. 정책 문서에는 평가를 실시하는 시기, 서비스의 평가 방법 및 평가를 실시하는 사람을 규정해야 한다. 또한 검토와 불만사항의 내용이 정책문서에 어떻게 적용될 것인지를 규정하고, 정책 수정에 대한 프로토콜을 간략히 표시해야 한다.

챕터 요약

좋은 정책은 최선의 실무를 가능케 한다. 이는 자기 자신에게 상처를 입히는 사람들에게 분명하고 합리적이며 일관성 있게 대응하기 위한 틀을 제공한다. 기관의 성격 또한 좋은 실무를 촉진하는 데 중요하다: 기관들이 권위주의적이고 직원들을 소중하게 여기지 않으면, 서비스 사용자를 위해 효과적으로 운영될 수 없다. 정책 개발은 협력적이고 포괄적이어야 한다. 좋은 자해정책을 세우기 위해서는 시간과 자원이 필요할 것이다. 그럼에도 불구하고, 정책을 작성하는 과정과 정책 자체가 수고로울 필요는 없다; 이들은 간략하고, 접근하기 쉽고, 매우 효과적일 수도 있다.

정의	자해에는 일관되고 사려 깊은 대응이 필요하다.
작업원칙	• 내가 행동하는 대로 말한다. • 모두를 위한 명확성과 일관성
실무적용	• 평등과 포용 • 성찰 및 검토

정의: 자해에는 일관되고 사려 깊은 대응이 필요하다

자해는 복잡하고 민감한 인간의 경험으로, 신중하고 명확히 이해되었으며, 사려 깊은 대응을 필요로 한다. 자기 자신에게 상처를 입히는 사람들은 자해를 유발하는 근본적인 감정과 문제뿐만 아니라 그들의 상처에 대한 일관된 반응과 보살핌을 필요로 한다. 자해정책에서는 자해에 대해 사려 깊고, 일관되며, 도움이 되도록 대응하기 위한 메커니즘과 체계를 제공한다.

작업 원칙

1. 내가 행동하는 대로 말한다.

'행동을 따르지 말고 내가 말하는 대로 하라'는 옛 격언은 자해정책이 수반해서는 안 되는 모든 것을 완벽하게 담아낸다. 정책은 단순한 프로토콜의 목록이 아니라 일련의 가치관과 정신에 대한 약속이기도 하다. 이러한 가치는 모든 직원의 행동과 태도에서 나타나야 한다. 결정적으로 자해의 경우, 이는 자기돌봄의 증진을 포함한다. 예를 들어, Zest(날짜 미상)는 그 정신이 '우리 자신의 삶에서 이러한 생활 가치를 실천하는 것'에 기초하고 있음을 강조한다. 이러한 방식으로 서비스 제공자들은 자신이 지지하는 절차를 구체화하며, 조직의 정신과 가치는 모집과 훈련 과정의 핵심이 되어야 한다.

2. 모두를 위한 명확성과 일관성

자해정책의 목적은 자해를 명확하고 일관되게 이해하고 이에 대응하는 환경을 조성하는 것이다. 명확성과 일관성이 없는 환경은 혼란스럽고 좋지 않다. 이는 종종 서비스 사용자들의 발달과정에 중요했던 경험을 반영하고, 직원의 갈등과 소진을 유발한다. 정신과 실무에 있어 명확성과 일관성은 서비스 사용자에게만 적용되는 것이 아니다. 조직에 있는 모든 직급의 직원들도 같은 대우를 받아야 한다. 한 서비스 제공자는 '직원을 어떻게 대하느냐는 서비스 이용자에 대한 당신의 마음을 반영한다.'라고 지적했다. 명확성과 일관성은 또한 자해에 대한 많은 부정적인 대응의 근원이 되는 경계와 책임에 대한 혼란을 완화시킨다.

활동

- 직원의 태도와 행동에 완전히 구현되고 이행된 명확한 정책 지침이 있다고 느낀 상황이나 조직을 경험해 보았는가?
  - 만약 그렇다면, 당신이 알아차린 구체적인 강점으로는 무엇이 있었는가?
  - 이러한 장점 중 일부를 어떻게 자해정책 개발에 활용할 수 있는가?
  - 좋은 정책 상황을 경험해 본 적이 없다면, 왜 그런 것이라고 생각하는가, 그리고 자해정책에서 당신이 피하고자 할 부정적인 측면은 무엇인가?

실무 적용

1. 평등과 포용

모든 사람들의 평등에 대한 진정한 믿음과 전념은 자해정책의 효과성에 대한 열쇠이다. 평등은 정체성이나 삶의 상황에 상관없이 모든 사람이 소중히 여겨지고 존중받는 환경을 만든다. 이는 자해와 관련된 많은 근본적인 경험들을 변화시키는 것뿐만 아니라 정책과 실무를 개발하는 데에도 중요하다. 조직 내 모든 영역의 직원 및 서비스 사용자는 주요 의사결정, 정책 개발 및 검토과정에 참여해야 한다. 이는 조직 내에서 서로 다른 그룹과 개인이 갖는 특정한 역할과 책임을 손상시키는 것이 아니라, 다른 삶이나 업무 상황이 다른 사람들보다 '더 나은 것'이 되지 않도록 보장한다. 가장 중요한 것은, 평등과 포용은 결정 과정에서 이용할 수 있는 지식, 경험, 기술의 폭이 훨씬 넓음을 의미하며, 이것은 모든 사람의 이익을 위한 것이다.

2. 성찰과 검토

성찰적 실무는 정책의 개발, 실행, 검토뿐만 아니라 자기 자신에게 상처를 입히는 사람들과 안전하고 효과적으로 작업하기 위한 열쇠이다. 성찰은 한 걸음 물러서서 문제, 경험 또는 실무를 다차원적 관점에서 개방적으로, 주의 깊게 보는 것을 수반한다. 성찰은 종종 비판적인 것으로 보이지만, 비판적인 것과 비판에는 차이가 있다. 비판적인 것은 긍정적, 중립적, 부정적 등 다양한 관점과 가능성을 보고, 각각의 장점과 영향을 평가하는 것을 수반한다. 비판은 사람, 상황, 또는 행동에 대한 부정적이고 종종 개별적인 이의제기의 형태이다. 성찰은, 개인이 판단되거나 비난받거나 결과적으로 비판받는다는 느낌 없이 완벽하지 않은 행동이나 믿음을 인정받을 수 있는 평등주의적 환경에서 이뤄진다. 검토는 구조화된 평가과정 내에서 성찰이 형식을 갖춘 것이다. 특히 서비스가 운영되는 맥락과 서비스 사용자의 변화하는 요구에 비추어, 효과적이고 목적의식이 있는 프로토콜을 보장하기 위해 정책 및 실무의 협력적 성찰과 검토가 매우 중요하다.

활동

- 매우 정직하게, 하지만 비판단적으로 자신의 행동, 사고 과정, 성과, 목표 및 동기에 대한 상세한 일기를 일주일 동안 써 보아라.
  - 주말에 일기를 읽을 시간을 따로 마련하라. 당신은 스스로에 대해 무엇을 배웠는가?

TESS 비밀유지 정책

TESS의 비밀유지 규칙은 무엇인가.

TESS에서는 당신이 우리에게 말하는 모든 내용을 비공개하며 비밀이 유지된다. 우리는 비밀 유지가 보장되는 서비스가 사람들이 힘든 일에 대해 더 쉽게 말할 수 있게 해준다는 것을 알고 있다. 우리는 당신의 전화번호나 이메일 주소를 볼 수 없고, 당신이 누구이고 어디에 있는지 모른다. 우리는 절대로 전화나 이메일 주소를 추적하지 않는다.

당신은 우리에게 당신이 누구이고 어디에 있는지 말할 필요가 없고, 우리는 묻지 않는다.

그러나 다음과 같은 경우 비밀유지가 깨질 것이다:
- 심각한 손상이나 사망의 위험에 처해 있는 것으로 보이며, 당신이 누구이고 어디에 있는지를 알려줬을 경우
- 당신이 우리에게 손상의 위험이 있는 다른 사람에 대한 정보를 주었고, 그들이 누구고 어디에 있는지 우리에게 알려줬을 경우

만약 당신이 어디에 있을지 우리에게 알려준다면 이는 우리 시스템에 기록될 것이다. 해당 정보는 이후 우리가 당신의 안전이 걱정될 때 당신을 찾기 위해 함께 연계될 수 있다. 기관으로서 우리는 지원 서비스 전반에서 보호에 대한 염려를 공유한다.

만약 당신이 우리에게 당신이 누구이고 어디에 있는지를 말했고 당신이 위험에 처한 상황을 보고해 달라고 요청할 경우, 우리는 다음과 같이 할 수 있다. 그러나 우리는 제한된 시간에만 운영되기 때문에, 하루 24시간, 주 7일 동안 운영되며 해당 업무를 할 수 있는 아래의 기관들을 추천한다.

- Childline 08001111 (대화, 온라인채팅 및 이메일)
- 경찰 999 (응급상황 시) 또는 101(비 응급상황 시)

우리는 또한 테러의 위협이 있는 경우 경찰에 연락을 취할 것이다.

TESS의 직원들을 위해
우리는 우리 직원들에 대해서도 비밀유지를 보장한다. 이는 우리가 하나의 팀으로서 활동하고 구성원이 항상 같지는 않기 때문에 우리는 각자의 이름을 알리지 않는데, 또한 우리는 대화 중 개인적 경험을 드러내지 않는데, 이는 우리에게 연락을 취한 사람에게 집중하는 것을 흐릴 수 있기 때문이다.

© 자해 지원 2016

3) 42번가/스트레스를 받는 청년들을 지원하기/구호단체 등록번호 702687

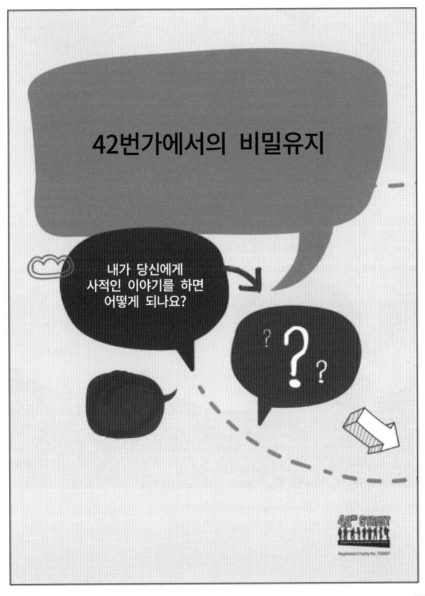

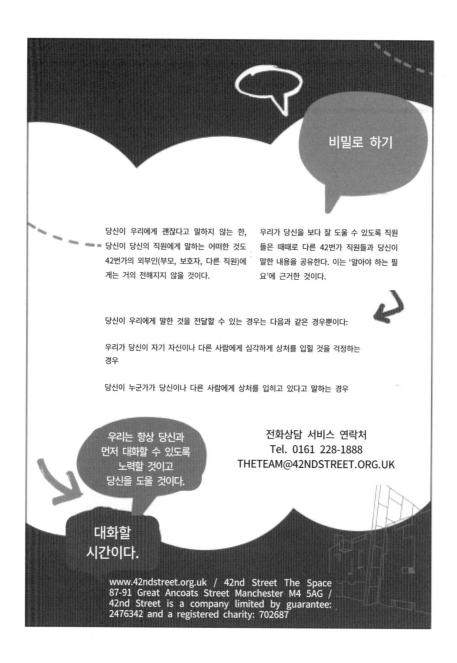

42번가 불만사항 정책

2) 42번가/스트레스 받는 청년들을 지원하기/구호단체 등록번호 702687

도움이 필요하다면, 물어보시오!

만약 우리 서비스에 문제가 있다면, 당신은 당신의 직원과 이에 대해 이야기 할 수 있고 이를 해결하고자 시도해볼 수 있다. 이것이 효과가 없거나 당신의 직원(또는 다른 직원)과 대화하는 것이 불편하다면, 어떤 매니저와도 이야기를 나눌 수 있다. 또한 최고경영자에게 편지를 써 불만사항을 제기할 수도 있다. 이에 대한 도움이 필요하다면 그저 물어 보시오!

당신은 또한 최고경영자를 만나 문제에 대해 이야기를 나눌 수 있다.

42번가는...

→ 당신의 불만 사항이 접수되었음을 알리기 위해 (3일 이내에) 회신 할 것이다.

→ 간부 매니저가 당신의 불만사항을 살펴볼 것이다.

→ 최고경영자가 당신에게 편지를 쓰거나 당신을 만나 결정사항에 대해 논의할 것이다(28일 이내).

위의 사항을 시간 안에 하지 못할 경우, 그 이유를 설명할 것이다. 만약 여전히 만족스럽지 않다면 우리에게 말해 달라. 우리는 이를 해결하고자 노력할 것이다.

전화상담 서비스 연락처
Tel. 0161 228-1888
THETEAM@42NDSTREET.ORG.UK

대화할 시간이다.

www.42ndstreet.org.uk / 42nd Street The Space
87-91 Great Ancoats Street Manchester M4 5AG /
42nd Street is a company limited by guarantee:
2476342 and a registered charity: 702687

TESS 불만사항 정책

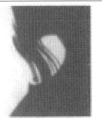

자해 지원
TESS 불만사항 및 피드백 가이드라인

불만사항 및 피드백

TESS는 불만사항을 포함한 어떤 종류의 피드백도 우리의 서비스를 개발하는 데 있어 필수적인 부분으로 간주한다. 이는 우리가 하는 일을 개선하는 데 도움을 주고, 조직 밖의 사람들이 우리를 어떻게 보고 있는지를 되돌아볼 수 있게 해준다.

익명의 피드백을 하려면 온라인 양식을 사용하라.

당신이 공식적으로 불만사항을 제기하고 싶다면, 당신이 편안하게 사용하는 매체를 활용해도 좋다. 연락처 세부정보:

이메일 - info@selfinjurysupport.org.uk
편지 - TESS c/o Self Injury Support, Po BOX 3240, Bristol, BS2 2EF
전화 - 0117 927 9600

당신의 불만사항에 대해서는, 접수된 뒤 근무일 기준 5일 이내에 답변할 것이다. 이 과정은 당신의 경험을 듣기 위한 대화와 당신이 우리에게 말한 것에 대해 응답하기 위한 추가적인 대화를 수반하는 한 단계 이상의 과정으로 진행된다.

ⓒ 자해 지원 2014

디폴 자해 프로토콜

투스 누아
자해 프로토콜

정의:
자해(Self-injury)(자기손상(Self-harm)이라고도 함)는 고의적으로, 자신의 신체에 자살 의도가 없는 상처를 입히는 것을 포함한다. 자해에는 여러 가지 형태가 있다. 가장 일반 적인 형태로는 긋는 것이지만, 화상, 할퀴기, 신체부위를 치거나 때리기, 상처의 치유를 방해하기, 털 뽑기, 독성 물질/물체의 섭취 등의 다양한 범위의 행위를 포함하되, 이에 국한되지는 않는다.

왜 자해를 하는 것인가?
제기되는 이유 중 일부는 다음과 같다:

• 고통스러운 감정을 차단하기 위해서. 이는 주로 큰 고통에 대처하기 위한 것이다. 해당 인물은 방임이나 학대를 당했을지도 모른다. 위험을 감수하거나 도박을 하는 것처럼 위 험을 제공하고 주의를 분산시킬 수 있다.
• 견딜 수 없는 긴장을 풀기 위해서이다. 이는 불안, 슬픔, 또는 분노에 의해 야기될 수 있다. 이는 그들의 고통을 '외부'로, 즉 대처하기 더 수월하게 느껴지는 곳에 둔다.
• 죄책감이나 수치심을 덜어준다.
• '도움을 바라는 외침'으로써 즉, 자신이 시달리고 있으며 고통을 받고 있고, 누군가가 자신의 고통을 알아차려야 함을 드러내는 방법이다.
• 이는 '실제적이고' 살아있음을 느끼는 방법이며, 또는 자신의 삶에서 어떤 것에 대한 통 제력을 갖는 방법이다.

주의사항:
• 자해는 삶을 이어가기 위한 방법이지, 죽기 위한 방법이 아니다. 부상이 생명을 위협하

는 경우는 드물다.

• 자기 자신에게 상처를 입히는 인물의 상처와 분노는 다른 사람이 아닌 자신을 향하고 있다.

• 자해는 고통의 징후로, 반드시 정신질환의 징후인 것은 아니다; 자신의 삶에 최선을 다해 대처하려는 사람의 징후이다. 그들에게는 감정과 정서를 다루는 긍정적인 방법을 배우는 기회가 없었을 수 있다.

자해를 한 사람을 지원할 때 적용되는 일반적인 원칙:

• 항상 서비스 사용자를 존중하고, 동정 및 비판단적인 태도로 대하라.

• 자해와 관련하여 있을 수 있는 고통을 충분히 고려하라.

• 서비스 사용자의 개인정보 보호 및 공개된 정보의 비밀유지를 보장하라.

• 서비스 사용자의 자해 상황과 관련된 모든 정보를 기록하고, 사례노트와 사건보고서를 비롯하여 적절한 문서로 후속조사를 진행하라(부상의 특성, 위험 평가, 직원이 제공하는 정보, 서비스 사용자가 의료적 도움을 받도록 권장하기 위한 모든 노력, 고려된 대안, 서비스 사용자의 결정사항, 기타 조치들).

• 서비스 사용자의 보호와 관련된 필요한 모든 정보는 팀 사이에 공유되어야 한다.

• 모든 자해사건을 서비스 사용자와 함께 추적해야 한다. 그들은 자신의 행동을 뒤돌아보고 이에 대해 생각할 시간이 필요할 것이다.

우리의 주된 목적은 정서적 고통에 처한 서비스 사용자를 지원하는 것이며, 치료와 관련하여 우리가 이용할 수 있는 조언과 정보를 제공하는 것임을 기억하라. 우리는 해당 인물이 자해를 하지 못하도록 막거나 제한하는 것에 대해 책임을 져서는 안 된다.

서비스 사용자가 자해의 상처를 보일 경우:

• 가능하다면, 상처의 정도를 평가하라. 서비스 사용자가 팔을 그었을 경우, 상처가 표면적(표면 수준)인지, 또는 더 심각한(깊은) 상처인지를 살펴라.

• 서비스 사용자가 상처 부위를 스스로 치료하도록 격려하시오. 필요한 경우 상처를 치료하라. 절단면이 표면적인 경우 현장에서 응급처치를 할 수도 있다. 훈련된 직원이 기본적인 응급처치를 한다. 직원들이 상처 부위를 치료하는 경우 개인 보호 장비를 모두 사용해야 한다. 상처가 보다 심각할 경우 서비스 사용자에게 의료 전문가(일반의, 응급의)의 진료를 받아야 함을 조언하라.

• 치료 결정에 서비스 사용자를 참여시켜라. 서비스 사용자에게 사용 가능한 옵션을 제공하시오. 사용 가능한 옵션이 확실하지 않으면 LMT/On Call에 문의하라. 지원 및 조언을 구하기 위해 응급상황실에 연락을 해야 할 수도 있다(999). 부상의 특징 및 부상을 입히기 위해 사용된 것(예: 면도기)에 대해 서비스 사용자로부터 최대한 자세한 정보를 얻어

야 한다.
- 추가적인 자해의 위험에 대해 초기 평가를 하라. 다음을 고려하라:
  - 서비스 사용자의 심리 상태 – 우울증, 절망감, 자살의도의 징후
  - 자기손상 행위에 특징적인 모든 사회적, 심리적, 동기부여적인 요인
  - 자해 이력
  - 서비스 이용자에게 자신이 왜 자해를 했는지를 본인의 언어로 설명하고 감정을 말하도록 한다.
- 서비스 사용자와 상처를 입히는 데 사용되는 물품들을 제거하는 것에 대해 논의하라. 이러한 것들로는 면도기, 다용도 칼, 가위, 바늘, 깨진 유리가 있다. 어떤 사람들은 담배나 라이터로 몸을 태우기도 한다. 그들은 이러한 논의를 거절할지도 모른다. 만약 그들이 이를 거절하고 프로젝트에 계속 참여한다면, 그들에게 다음 24시간 동안 연락을 취할 수 있는지를 규칙적으로 확인하라(다른 사람들의 건강과 안전상의 위험이 있는 물품이라면, 반드시 전달받아야 한다).
- 누군가가 자해를 한다면, 신체적 상해에 대한 치료를 할 뿐만 아니라 정신건강 전문가에게 가능한 빨리 의뢰해야 한다(일반의, 응급실 등은 일반적으로 의뢰를 한다). 서비스 사용자에게 응급실과 같은 즉각적인 지원을 항상 제공해야 한다.

서비스 이용자가 필요한 의료지원(중증 상해)을 받기 거부하고 프로젝트에 잔류하기를 원하는 경우:
- 서비스 사용자에게 감염, 상처, 심각한 혈액 손실 등 치료를 받지 못할 경우 발생할 수 있는 결과에 대해 알려라. 독성 물질을 삼켰다면 바로 병원에 가야 한다는 점에 유의하라.
- 이러한 거절은 서비스 사용자의 심리 상태에 대한 걱정을 일으킬 수 있으며, 추가적인 자해의 위험을 높일 수 있다. 우리의 우려사항과 당신의 보호임무를 서비스 사용자에게 설명하라.
- LMT/On Call의 지원을 받아라.
- 응급상황실에 연락하여 조언을 구하라.

자해하는 거주민을 치료하기 위한 지속적인 전략:
- 위험평가를 작성하라.
- 위험관리 계획 및 위기관리 계획을 적절히 작성하라.
- 서비스 사용자를 지원 서비스에 의뢰하라.–아래 참조.
- 키워킹(keyworking)의 새로운 대처 메커니즘을 살펴라: 긍정적인 대처 기술은 인생의 어느 시점에서나 배울 수 있다. 자해를 하는 사람들은 새롭고 보다 건강한 대처 기제를 사용하는 법을 배울 수 있다. 여기에는 운동, 그림 그리기, 글쓰기, 요가, 또는 춤을 추는

것이 있다. 자기표현을 수반하는 과정이 종종 도움이 된다. 불안감이나 스트레스나 '무감각한' 감정에 대처하는 대안적인 방법으로 도움이 되는 것은 무엇이든지 간에, 이는 종종 회복하기 위한 좋은 출발점이 된다.

• 자해의 감염과 장기적 영향을 줄이기 위해 안전하게 긋는 방법을 교육한다.
• 자해를 하는 사람을 위한 위해감소 전략을 고안한다. 이는 당신의 거짓말 매니저(lie manager)와 함께 진행되어야 한다. 위해감소 전략의 예로는 팔에 얼음 조각을 사용하는 것, 고무 밴드를 팔에 감고 이를 끊는 것, 팔에 빨간색 마커를 사용하는 것 등이 있다.

중요 사항: 자해를 한 사람을 다룬 이후, 다른 직원, LMT, 또는 On Call에 보고할 시간을 가지고 당신에게 필요한 도움을 얻어라.

도움이 될 만한 기관과 웹사이트는 다음과 같다:

Pieta House
Old Luca Road
Lucan
Co. Dublin
전화: (01) 601 00 00
이메일: mary@pieta.ie
www.pieta.ie
여기서는 자해를 하거나 자살의 위험이 있는 사람들에게 무료로 전문적인 치료를 지원한다.

아일랜드 상담 및 심리치료 협회
211 Dublin Road
Bray Co.
Wicklow
전화: 01 2723427
팩스: 01 2869933
www.irish-counselling.ie
여기서는 아일랜드에서 전면적으로 승인되고, 자격이 있고, 등록된 치료자들의 목록을 제공한다. 실무의 범위가 다양하기 때문에 치료자들 개개인이 자해를 경험한 사람들에게 어떻게 치료하는지 확인하는 것이 좋다.

사마리탄즈
전화: 1850 60 90 90

자살로 이어질 수 있는 사람들을 비롯하여, 고통과 절망감을 겪고 있는 사람들을 위해, 비밀이 유지되고 비판단적인 24시간 지원을 제공한다.

디폴 아일랜드 - 본사, 니콜라스 18번가, 더블린 8, 아일랜드
전화: +353 1 4537111.
팩스: +353 1 4537551.
이메일: depaul@depaulireland.org

회사 등록번호 357 828
구호단체 등록번호 CHY 14753

CHAPTER

8

에필로그
끝까지 해내기:
제스트의 사례연구(북아일랜드)

에필로그
끝까지 해내기: 제스트의 사례연구(북아일랜드)

 이 책의 마지막 부분은 데리/런던데리 지역사회의 자해 및 자살 지원 서비스 단체인 제스트의 간략한 사례연구로 구성되어 있다.[1] 나는 제스트의 사례연구로 마무리하기로 했는데, 이는 제스트가 이 책에서 다뤄지는 많은 주제와 이슈를 예시로 제시하고, 이러한 실무와 원칙이 '실제 삶'에서 제공되는 서비스에 포함될 수 있으며, 지방당국에 의해 기본적으로 제공되는 서비스와 통합될 수 있다는 사실을 보여주기 때문이다. 더욱이, 제스트의 접근방식은 서비스 효과(즉, 자해 및 자살시도 비율의 감소)에 대한 지방당국의 조치뿐만 아니라 고객 평가와 피드백의 측면에서도 매우 성공적이다.[2]

 이 사례 연구는 개인의 고통과 자해에 대한 총체적이고, 사회맥락적이고, 구체화된 이해에 기반한 대응이 실현가능하고 효과적일 뿐만 아니라 이미 큰 효과를 발휘하고 있음을 강조한다. 이것이 특히 자금지원, 광범위한 보건정책의 의사결정 및 제약, 북아일랜드 내 복잡한 사회적 불평등과 같은 종류의 업무에 있어서 직면해야 할 어려움이 없다는 것은 아니다. 그러나 제스트는 당사의 기본 정신에 충실했고, 서비스 사용자들과 다른 법적 및 자발적 제공자들이 중시하고 존

---

1) http://www.zestni.org/ (accessed 5 September, 2016) 참조.
2) 2012년에 나는 제스트가 운영하는 자해 및 자살 지원 서비스인 '자기손상 중개 관계망(Self-Harm Interagency Network, SHINE)'에 대한 평가를 의뢰받았다. 이는 북아일랜드의 공중 보건에 의해 금전적으로 지원되었고, 여기서 이 사례 연구를 위한 데이터가 도출되었다.

중하는 단체이다. 예를 들어, 트루츠허츠 보고서(Truth Hurts report)에서 제스트에 관한 특집을 참조하라(정신건강재단, 2006).

탄생과 정신

제스트는 초기에는 보호 거주센터에서 자립하는 청년들을 지원하기 위해 1996년에 자선단체로 설립되었다. 이 서비스는 사회복지사 3명(주 3회의 빈니걸 근무)이 지원되는 'Leaving Care' 팀과 'After Care' 팀의 사회서비스 단체들과 지역사회 자원봉사자들이 협력하여 운영되었다. 이 서비스는 젊은 내담자가 특히 자해와 자살사고에 취약하고 높은 비율을 보였기 때문에 설립되었다. 제스트가 결성된 지 2년 만에 이루어진 예산 삭감은 모든 사회서비스 지원이 철회되었음을 의미했다. 이 시점에서 제스트는 지역사회 전반에 걸쳐 자해와 자살의 위험에 처한 사람들을 지원하며 독립적인 자선단체로 운영되기 시작했다. 제스트의 정신은 사람들이 직접 또는 그들의 일반의나 의료 전문가로부터 의뢰를 받아 접근 가능한 전문적인 서비스를 그들의 요구가 생기면 이를 충족하는 것이 보장되도록 제공하는 것이었다.

오늘날의 제스트는 4명의 정규직 직원, 2명의 시간제 직원, 12명의 상담원을 고용하고 있다. 제스트는 현재 북아일랜드 공중 보건기구의 지원을 받아 서부 보건 및 사회복지 신탁기관과 북부 보건 및 사회복지 신탁기관에서 지원 프로그램을 제공하고 있다. 자해 및/또는 자살시도 사건 이후 사람들은 지역 정신건강 팀에 의해 제스트로 의뢰된다. 제스트의 또 다른 주요 수입원은 북아일랜드 전역에 걸쳐 지방당국 및 공동체 서비스에 자해를 이해하고 치료하는 훈련을 제공하는 것이다.

제스트는 인간 중심적 정신에 근거하여 세워졌는데, 각 사람을 소중히 여기고 존중하며, 그들의 고통을 총체적이고 비판단적인 틀에서 바라본다. 이것은 제스트의 원칙인 '나로 살아도 좋다'에 요약되어 있는데, 이 원칙은 제스트의 모든 치료 실무에 적용되고 수용과 평등의 원칙을 포함한다. 이 정신은 아마도 제스트의 '무-거부' 정책에서 가장 드러난다. 이 정책은 정체성, 삶의 상황, 기타 사안과 무관하게 자기 자신에게 상처를 입히거나 자살 충동을 느끼는 사람은 누구나 제스트에 참석할 수 있음을 의미한다. 이와 같이 제스트는 알코올/물질 남용, 정신과 진단 또는 장기적인 자해 이력을 이유로 다른 서비스에서 배제되는 경우가 많은 내담자들을 지원한다. 제스트는 또한 '재발'을 경험하거나 위험하다고 느끼는 예전의 내담자 누구나 추가지원을 위해 다시 찾을 수 있는, 열린 추후관리 정책을 유지하고 있다.

제스트가 제공하는 지원과 돌봄의 진면목은 서비스 사용자들이 깊은 공감을 느끼고 매우 고마워한다는 점이다. 서비스 평가(Inckle, 2012)에 따르면 99%의 제스트 고객들이 자신이 받은 지원에 만족하거나 매우 만족스러워했으며, 그 결과로 정신건강과 삶의 질에서 상당한 도움을 얻었다고 한다. 서비스 이용자들의 평가에는 종종 개인적인 증언들이 포함되었고, 제스트 직원들의 보살핌, 친절함, 그리고 수용은 다음에 제시된 세 고객의 보고에서 일관되게 나타났다.

당신은 내가 왜 나 자신에게 상처를 입히는지 이해할 수 있도록 도와줬고, 나에게 새로운 대처법을 가르쳐 주었어요. 당신은 이것이 나와 특히 내 아이들에게 얼마나 큰 의미인지는 모를 거예요. 아이들은 엄마를 되찾을 수 있었어요.
제 말을 귀담아듣고 도와줘서 정말 감사해요. 저는 당신의 모든 지혜, 이해심, 다정함을 정말 소중하다고 여겼어요. 당신의 일이라는 건 알지만, 당신은 정말 잘 해줬어요. 경청하고, 시간을 쓰고 노력해줘서 감사해요. 당신은 이야기를 나누기에 정말 좋은 사람이었고 이해심이 많았어요.
내 말에 경청해주고 나를 정말로 보살피는 사람이 있다는 것이 내게 많은 도움이 되었어요. 화가 나고 모든 사람과 싸울 때도 단 한 번도 판단을 받는다는 느낌이 없었어요. 난 이제 내 삶을 되찾았고, 이러한 이유로 당신을 절대 잊지 않을 거예요.

서비스와 성과

제스트는 서비스 정신뿐만 아니라 내담자에게 제공하는 지원의 범위에서도 주목받는다. 여기에는 최소 6회, 최대 12회의 개별 상담이 포함된다. 이 회기는 개인의 특정한 요구와 고민을 해결하기 위해 유연하고 맞춤화된 방식으로 개인과 협력한다. 경우에 따라서는 특정 목표를 달성하기 위해 제스트 밖에서 이루어지는 지원 회기가 포함될 수 있다. 또한 이러한 회기들은 내담자의 주요 사안을 둘러싼 자해 또는 문제해결 기반의 치료와 관련된 위험에 대한 교육을 포함할 수 있다. 제스트의 공동체 기반 정신은 이러한 정신이 지역의 지원시스템과 조직의 범위 내에서 잘 통합되어 있으며, 필요에 따라 내담자에게 LGBT나 주택 지원 및 조언과 같은 특정한 사안 기반의 서비스를 안내할 수 있음을 의미한다. 제스트의 모든 내담자들은 의뢰 시점에 둘 이상의 문제를 보이며, 따라서 이러한 다양한 전문적 지원 네트워크에 포함된 것들은 나타나는 모든 문제들을 해결하는 데 필수적이다. 제스트는 또한 내담자들이 다양한 지원과 치료를 탐색할 수 있는 기회를 제공하기 위해 반사요법, 아로마테라피, 인도식 머리마사지 등 2회기의 보충치료를 제공한다.

제스트는 또한 돌봄 모델의 일환으로 가족 지원을 제공하는 데 전념하고 있으며, 이러한 지원은 자금을 지원받지 않음에도 불구하고 현재 제스트에 의해 유지되고 있다. 가족 지원은 가족 구성원의 충족되지 않은 요구를 해결하고, 지역사회 기반의 강점들과 자해를 둘러싼 이해를 증진시킴으로써 고객을 지원하는 데 특히 효과적인 것으로 입증되었다. 서비스 이용자가 핵심 지원자로 지목한 가족 구성원, 친구 또는 파트너에게 4~6회기의 가족지원이 제공된다. 이 회기는 가족 구성원이 자해를 이해하고, 자기 자신에게 상처를 입히는 사람을 어떻게 도울 것인지에 대한 생각을 발전시키는 데 도움이 될 것이다. 이 회기는 또한 가족 구성원의 고민을 살펴보고 그들 자신의 요구를 충족시킬 수 있도록 할 것이다. 중요한 타인들에게 서비스를 제공하는 것은 즉각적인 환경부터 넓게는 지역사회와 같은 자해하는 사람 주변의 지지적인 환경을 개발하는 데 필수적이다. 아래 보고되었듯이, 가족 구성원들도 깊은 고마움을 느끼고 있다:

나는 그가 너무 걱정되었고, 나의 두려움이 그의 어려움을 가중시킨다는 것을 깨닫지 못했다… 나 또한 얼마나 힘들었는지를 어디에서라도 얘기할 수 있다는 것이 정말 좋았다. 때때로 나도 그저 문제를 가진 사람으로서 도움을 받았던 것 같다. 내가 받은 도움은 값을 매길 수 없을 만큼 소중했다.

자해에 대한 이러한 다면적이고 총체적인 접근방식은 법적 보건조치에 효과적인 것으로 밝혀졌다. 예를 들어, 정신적 고통의 비율과 자해 및 자살시도의 사건 발생률은 제스트 접근법에 의해 현저하게 감소하였다. 게다가 개인 맞춤형의, 인간중심적이고 총체적인 개입 또한 믿을 수 없을 정도로 비용 면에서 효율적이다. 전체 제스트 프로그램에 참여하는 사람이 지불하는 금액은 비슷한 기간 동안 동일인물이 정신과 치료를 받는 비용의 10분의 1 정도일 수 있다(Inckle, 2012).

2009년부터 제스트는 지방당국의 정신건강 및 1차 진료 서비스의 의뢰 방법으로 통합되었다. 이는 자해 또는 자살시도 사건 이후, 응급실이나 지역사회 정신건강 서비스 기관에 다녀간 사람들을 제스트에게 직접 의뢰하고 24시간 이내에 후속연락을 보장하는 SHINE(Self-Harm Interagency Network)에서 시작되었다. 이 프로젝트는 6년 동안 운영되었으며, 특히 전문가의 도움을 즉시 받을 수 있도록 보장하고, 의뢰 서비스에 대한 부담을 줄였기 때문에 제스트의 작업은 의뢰 서비스 직원들로부터 크게 인정을 받았다.

자기손상을 해온 사람들은 연락할 곳, 즉 위기상황이나 장기적으로 자기손상을 어떻게 다룰지에 대해 이야기를 나눌 사람이 필요하다. 그렇지 않으면, 그들은 정신건강 서비스 기관에 있을 것이다. 하지만 그들에게 3단계 서비스가 꼭 필요한 것은 아니다. 그들이 위기에 처해있을지는 모르나, 이것이 반드시 3단계 정신건강 문제인 것은 아니다. [제스트]의 긍정적이고 독특한 특징 중 하나는 그들이 즉각적으로 처리하기 때문에, 당신은 서비스를 통해 환자가 어떠한지에 대한 피드백을 받을 수 있다는 점이다.

SHINE 프로젝트는 2015년에 종결되었으며 SHIP(자기손상 개입 프로그램)으로 대체되었다. 이 프로그램은 북아일랜드 보건 및 사회복지 신탁지역(Northern Irish health and social care trust regions) 전체에 걸쳐 입찰에 붙여졌으며, 각 기관은 두 지역에서만 서비스를 제공할 수 있다. 제스트는 서부 및 북부 보건 및 사회복지 신탁기관의 서비스 제공에 대한 입찰에 성공적으로 응모하여 채택되었다. SHIP 계약은 서비스 제공에 대한 연례 검토에 따라 처음에는 2년 주기지만, 가능한 경우 3년 주기로 추가적인 자금 지원이 가능하다. 이는 제스트가 이 글 작성 당시에는 핵심 제공자로 확고히 자리를 잡았지만, 향후 이들의 재무 상태는 여전히 위태롭다는 것을 의미한다.

2016년에 제스트는 그들의 연례 제스트페스트 모금 축제에서 그해 12월에 있던 20주년 창립일을 기념했다. 2016년에 제스트는 북아일랜드 4대 교회의 성직자들을 위한 새로운 전문가 양성 프로그램을 운영하기 시작했다. 'Flourish'라 불리는 이 프로젝트는 북아일랜드 공중보건당국에서 자금이 지원되며, 자살에 대한 이해를 중심으로 훈련하고, 위험에 처한 사람들을 지원하고, 자살 유가족들을 위한 지원과 목회적인 돌봄을 제공하는 것은 물론, 성직자 스스로에 대한 자기돌봄 또한 제공한다. 이 혁신적이 프로젝트의 성공에 따라, 북아일랜드 전역의 모든 교회의 성직자와 직원들을 대상으로 훈련은 시작되었다.

따라서 불안정한 자금 지원과 지속적으로 변화하는 보건 서비스 구조에도 불구하고, 제스트는 북아일랜드 전역에서 전문가 훈련과 컨설팅을 개발하고 제공하는 것은 물론, 지역 사회의 내담자들을 돕기 위한 작업을 계속하고 있다.

부록
교육 자료

자해 퀴즈

섹션 1: 참인가 거짓인가?	참	거짓
1. 자해의 가장 흔한 형태는 베는/긋는 것이다.	☐	☐
2. 자해는 해당 인물에게 자살충동이 있음을 나타낸다.	☐	☐
3. 자해를 하는 사람들은 자신의 감정을 말로 전달하거나 분명히 표현하기가 어려울 수 있다.	☐	☐
4. 자해를 하는 사람들은 타인에게 폭력적일 가능성이 높다.	☐	☐
5. 폭음과 거식증은 자해의 일종이다.	☐	☐
6. 자해는 일상적인 행동과는 완전히 다르다.	☐	☐
7. 남자보다 여자가 자해를 더 많이 한다.	☐	☐
8. 성인이나 노인은 자해를 하지 않는다.	☐	☐
9. 아동보호법에는 자해와 관련된 명확한 지침이 있다.	☐	☐
10. 자해는 주의를 끌기 위한 행동이며, 이를 무시하면 자해를 멈출 것이다.	☐	☐
11. 자해를 하는 사람을 다루는 가장 좋은 방법은 이를 막고자 노력하는 것이다.	☐	☐
12. 2004년과 2011년의 NICE 자해지침은 위해감소 접근법을 권장했다.	☐	☐

섹션 2: 다음 중 해당되는 것에 동그라미 쳐라.

2a) 사람들은 _____(위해) 자해를 한다:

기분이 좋아지기 위해

다른 사람들을 조종하기 위해

스스로를 위로하기 위해

스스로를 벌주기 위해

소속감을 느끼기 위해

살아있고 실제임을 느끼기 위해

감정을 멈추기 위해

기억과 생각을 차단하기 위해

경험을 표현하기 위해

현실로부터 도망치기 위해

어려움을 드러내기 위해

무엇인가를 바꾸고자 노력하기 위해

정서적 고통을 덜기 위해

살아있기 위해

2b) 누군가가 자해를 하게 될 다른 이유로는 무엇이 있는가?

_____

_____

_____

_____

_____

_____

2c) 자해를 하는 사람들은 다음과 같은 경험을 했을 가능성이 높다:

폭력	아프거나 중독자인 부모	방임
부모의 별거	부모의 사망	트라우마 경험
사회적 소외	집단 괴롭힘	감정/경험의 무시
입원	지적/의사소통 어려움	노숙생활

2d) 자해와 관련될 수 있는 다른 경험으로는 무엇이 있는가?

_____

_____

_____

_____

_____

섹션3: 감정 체크리스트

다음 중 자해를 하는 사람을 돕는 것에 대해 당신이 지금 어떻게 느끼는지 가장 잘 설명한 것은? (맞거나 틀린 답은 없으며, 이 체크리스트는 성찰적인 실무를 돕기 위한 것이다.)

나는 자해에 대해 잘 알고 있다고 느낀다.	동의 / 모르겠음 / 비동의
나는 자해를 하는 사람을 도와주는 일에 자신이 있다.	동의 / 모르겠음 / 비동의
나는 자해를 하는 누군가를 돕는 최선의 방법이 무엇인지 분명하게 알고 있다.	동의 / 모르겠음 / 비동의
나는 자해하는 사람을 돕는 일에 불안을 느낀다.	동의 / 모르겠음 / 비동의
나는 다른 사람의 자해에 책임감을 느낀다.	동의 / 모르겠음 / 비동의

자해에 대한 나의 다른 감정들은 다음과 같다:

간단한 자해에 대한 사고연습

이 질문들은 개별적으로나 소규모 토의 그룹에서 탐구해볼 수 있다. 이 연습은 자해에 대한 일반적인 접근방식의 문제점을 강조하고, 자해에 대한 비판적이고 창의적인 사고를 발전시키는 데 도움을 주기 위한 것이다.

1. 대처 기제

당신이 생각하기에 사람들이 정기적으로 사용하는 모든 대처 기제/메커니즘 (예: 쇼핑하기, 술 마시기, 친구와 말하기)의 목록을 만들어라. 목록이 꽤 길어질 때까지 시간을 들여 이 과정을 진행하라. 다음으로, 대처 기제의 목록을 두 가지 범주로 나누세요: '건강하다'와 '건강하지 않다'. 두 목록을 모두 검토하고 어떤 대처 기제가 가장 흔하다고 생각하는지를 확인하라. 누구든지 건강한 대처 기제만을 사용할 경향이 있는지, 또는 그렇게 하는 것이 가능한 것인지 되돌아보고 나서, 왜 자해에 낙인이 찍히는지 생각해보라.

2. 경청하는가 아니면 꼬리표를 붙이는가?

자해를 하는 사람에게 꼬리표가 될 수 있는, 가능한 모든 정신 질환(예: 불안장애, 경계성 성격장애) 또는 성격 특성(예: 관심추구, 충동적)의 목록을 작성하세요. 목록을 완료한 후, 이러한 꼬리표들이 가지는 영향과 당신이 하나 이상의 꼬리표를 가진 사람과 관계를 맺는 것에 대해 어떻게 느끼는지 생각해보라.

다음으로, 한 사람이 자해와 관련하여 느낄 수 있는 가능한 모든 감정의 목록을 작성하라(예: 외로움, 수치스러움). 목록을 읽고, 이러한 감정 중 하나 이상을 느끼는 사람에게 당신이 어떻게 반응하는지 주목하라. 마지막으로, 다른 관점들(꼬리표나 느낌)이 당신에게 어떠한 영향을 미쳤는지, 그리고 그러한 관점들이 여러분에게 어떤 종류의 반응을 불러일으킬지 생각해보라.

이 연습은 자기 자신에게 상처를 입히는 사람들에게 붙여지는 대부분의 꼬리표들의 부정적인 영향과 이러한 것들이 의사소통과 이해를 어떻게 방해하는지를 강조하기 위해 고안되었다. 이와는 대조적으로, 감정에 집중하는 것은 훨씬 더 공감적이고 도움이 되는 반응을 만들어 내는 경향이 있다. 이 연습은 또한 그들이 한 일에 집중하는 것보다 누군가가 느끼고 있는 감정에 대해 생각하는 것이 얼마나 더 도움이 되는지를 강조한다.

3. 자해가 누구에게 문제가 되는가? 이유는 무엇인가?

이 질문에 답하기 위해, 자기 자신에게 상처를 입히는 당사자에서 시작해 누군가의 자해로 영향을 받을 수 있는 모든 사람들을 적어보자. 영향을 받는 사람들로는 교사, 사회복지사, 간호사, 일반의, 친구, 파트너, 자녀 등이 있다. 그리고 나서 이 사람들 각각에게 자해가 문제가 되는 모든 경로를 적어보자. 다음으로, 영향을 받는 사람들이 갖는 문제들이 자기 자신에게 상처를 입히는 사람이 갖는 자해의 문제와 어떻게 대조되는지를 살펴보라. 관련된 서로 다른 사람들의 요구를 대조한 다음, 예방, 자해의 대안, 또는 위해감소와 같이 두세 가지의 다른 개입들로 인해 누구의 요구가 충족될 수 있는지 고려하라. 마지막으로, 자기 자신에게 상처를 입히는 사람의 요구를 우선시할 경우 어떤 개입을 선택할 것인지를 생각해 보아라.

이 활동은 첫째, 자해를 하는 사람의 문제는 주변 사람들의 문제와 매우 다르다는 것과 둘째, 자해의 일반적인 대응에서는 대개 다른 사람들의 문제가 더 우선시된다는 것을 강조하기 위해 고안되었다.

자해 지침 관련 양식

1. 조직의 철학과 목적(2~3문장)

2. 고객그룹 및 액세스: 서비스의 운영 방법 및 대상(2~3문장)

3. 고객 서비스의 제공 방법: 실무에서의 목적/정신(2~3문장)

---

4. 정의: 자해를 이해하는 방법(3~4문장)

5. 다음에 대한 절차:(각각 하나의 단락/중요 항목)
   a) 자해의 이력이 있는 서비스 사용자
   b) 최근에 자해를 한 서비스 사용자
   c) 자해를 하려는 서비스 사용자
   d) 서비스 이용자에 대한 자해와 관련한 지속적인 지원

---

6. 법률 및 정책 사안(법적 요건 및 관련 정책과 교차참조. 정책분야당 짧은 1단락):
   a) 비밀유지(범위 및 제한)
   b) 보건 및 안전 사안 및 정책(직원 역할 및 절차)
   c) 불만사항(절차 및 프로토콜)

7. 근로자의 권리와 책임: (직무설명과 교차참조. 짧은 1단락)

8. 자원(서비스 사용자, 직원, 가족/보호자, 기타 조직에서 사용할 수 있는 자원 목록)

9. 시행(정책 채택(또는 시범 실시)의 방법 및 시기에 대한 설명 및 담당 직원 지정.
   2-3문장)

10. 모니터링 및 검토(공식 및 비공식 검토 각각에 2~3문장)

찾아보기

참고문헌

본 QR코드를 스캔하시면
『자해행동 이해와 개입, 행동감소를 위한 자해상담 가이드』의
참고문헌을 확인하실 수 있습니다.

공역자 약력

이동훈

미국 플로리다대학교(University of Florida) 박사

현)
성균관대학교 사범대학 교육학과 교수(상담교육전공 주임)
성균관대학교 외상심리건강연구소 소장
전국대학상담센터 협의회 회장,
행정안전부 <중앙재난심리회복지원단> 위원
법무부 법무보호위원
한국연구재단 한국사회과학(SSK)지원사업 <청소년 자해자살 예방과 개입> 사업단장
한국상담심리학회 상담심리사 1급, 한국상담학회 전문상담사 수련감독급, 게슈탈트상담학회 전문가

전)
성균관대학교 카운슬링센터장,
한국상담학회 대학상담학회 회장
부산대학교 부교수
한국청소년상담원 상담조교수
GS-칼텍스정유 인재개발팀

<수상이력>
2022년 법무부 장관상<범죄예방을 위한 학술적 기여>
2021년 행정안전부 장관상<국가연구개발우수성과: 재난분석을 통한 심리지원모델링개발>

이화정

한국연구재단 한국사회과학(SSK)지원사업 <청소년 자해자살 예방과 개입> 사업단
박사후연구원
성균관대학교 박사(상담교육)
청소년상담사 2급

김성연

성균관대학교 박사과정(상담교육)

김해진

성균관대학교 석사(상담교육)

황희훈

서울시청년활동지원센터 매니저
성균관대학교 석사(상담교육)

자해행동 이해와 개입, 행동감소를 위한
자해상담 가이드

초판발행	2024년 10월 1일
지은이	Kay Inckle
옮긴이	이동훈·이화정·김성연·김해진·황희훈
펴낸이	노 현
편 집	배근하
표지디자인	이수빈
제 작	고철민·조영환
펴낸곳	㈜ 피와이메이트
	서울특별시 금천구 가산디지털2로 53 한라시그마밸리 210호(가산동)
	등록 2014. 2. 12. 제2018-000080호
전 화	02)733-6771
f a x	02)736-4818
e-mail	pys@pybook.co.kr
homepage	www.pybook.co.kr
ISBN	979-11-6519-136-8 93180

* 파본은 구입하신 곳에서 교환해 드립니다. 본서의 무단복제행위를 금합니다.

정 가   18,000원

박영스토리는 박영사와 함께하는 브랜드입니다.